AF432921

Les Messages

AmazonKDP, Autoédition

David

Les Messages

Une Vie Plus Abondante

Bienvenue au cœur de messages reçus pour que les secrets voilés à la vue de l'Homme lui soient révélés

Remerciements

À **Danielle**, sans qui rien de tout cela n'aurait pu exister. À ses Lumières, à sa puissante inspiration, et à ses conseils avisés et toujours pertinents.

À **Frédérique**, pour sa précieuse relecture et sa patience pour l'indispensable correction orthographique qu'elle a réalisée ainsi que pour son professionnalisme[1].

À toutes celles et tous ceux qui me soutiennent et soutiendront ce travail de près ou de loin. À mes yeux vous êtes plus précieux(ses) que vous ne pouvez l'imaginez.

---

[1] www.litt-et-ratures.be

SOMMAIRE

C'EST PAR LE SECRET DU NOM DE CELUI QUI N'EN A
PAS, QUE LE SILENCE DÉVOILERA LE SENS QUI N'A
PAS DE FORME.

Introduction

Il nous arrive bien souvent dans la vie de chercher un sens à notre existence. Et parfois, nous tombons sur un ouvrage qui nous touche et nous permet de modifier la lentille de notre regard, celle par laquelle nous voyons le monde ainsi que nous-même. Avec Internet et l'accès aux connaissances en matière de spiritualité et de développement personnel de manière plus directe, nous nous posons tout naturellement des questions du type : Comment avoir une vie meilleure ? Comment développer son potentiel créatif ? Comment réaliser ses rêves ? Comment améliorer sa santé et sa situation financière ? Comment avoir confiance en soi et réussir ? Comment se débarrasser de ses peurs ? Quel est mon but dans la vie ? Etc.

Je propose ici de vous faire découvrir ce qui m'a été donné, ce que j'ai reçu, et que j'appelle tout simplement des messages. Je les reçois depuis 2009, et je vous en présente une partie dans cet ouvrage. Ceux qui me paraissaient les plus pertinents à partager, car ils ont selon moi une portée universelle, s'adressant à tout un chacun, quelles que soient ses convictions religieuses. C'est principalement durant l'année 2020 que m'est venue l'idée de regrouper ces messages et de les partager avec qui voudra bien les lire, et surtout les entendre. J'ai en effet pris conscience de leur portée, et surtout de l'aide, du soutien et de l'éveil qu'ils sont en mesure d'apporter à celles et ceux qui en auraient besoin. Vous trouverez également, pour certains d'entre eux, des commentaires et réflexions que j'ai eus avec Danielle, une dame qui m'a mis sur cette voie spirituelle et avec qui je partage chacun de ces messages.

J'ai reçu ces messages et en aucun cas je n'ai forcé leur venue dans mon esprit. C'est presque comme s'ils s'y invitaient quand cela est nécessaire ou quand je suis suffisamment réceptif. À ce moment-là, je dois absolument les écrire immédiatement sur une feuille, car ils passent dans mon esprit comme une brise, un souffle que je ne peux saisir que sur l'instant. Et si malheureusement je ne suis pas assez attentif, comme cela m'est déjà arrivé, alors ils traversent mon esprit et ne reviennent pas. C'est un peu comme une dictée très rapide où je n'ai le temps de réfléchir ni aux mots ni au sens de la phrase. Je suis moi-même le premier surpris de ce qui y est parfois révélé. À chaque lecture, un sens nouveau apparaît à ma compréhension. Certains de ces messages sont très courts, d'autres plus longs. Certains sont écrits de manière à toucher votre logique, d'autres votre intelligence. Certains sont plus poétiques et s'adresseront à votre cœur. Tous ont pour objectif d'atteindre les différentes parties de votre être. En effet, ces messages n'ont pas pour finalité d'être lus mais étudiés, médités, travaillés au quotidien, afin d'être vécus et expérimentés. Tout enseignement théorique doit s'incarner matériellement, sinon ce n'est que spéculation. Or, ici, esprit et matière sont liés dans le but de l'évolution personnelle, pour apporter un sens à notre existence. Un sens propre à chacun, suivant ses expériences vécues, ses peurs et désirs, ses croyances et ses ambitions. C'est la raison pour laquelle je vous encourage à les lire lentement, presque mot à mot, afin de comprendre non pas avec votre cerveau uniquement mais avec votre ressenti, et surtout de les lire avec un esprit ouvert, sans préjugés car l'état d'esprit personnel impose un sens particulier à ce qui est lu. On croit avoir compris et on tire des conclusions hâtives qui s'avéreront fausses, inexactes ou incomplètes. Vous constaterez qu'il est souvent question de Dieu, ou Conscience Divine, ou Père, ou Divin. Quelle que soit l'appellation utilisée, cela se réfère uniquement à votre Source Créatrice, la Source de votre Être, qui n'a aucun

rapport avec un quelconque dogme religieux. Ces messages n'ont pour but finalement que de vous aider à vous relier en vous-même à « Cela », à votre Source de Vie sans aucun dogme, sans aucune tradition, sans aucun gourou, sans aucune pratique physique particulière, sans aucun intermédiaire, sans aucun objet ou icône particulier. En définitive, sans aucun extérieur à chercher et à rechercher car en définitive, le miracle est en vous. Ceci peut sembler beau et simple, et ça l'est. Mais cela exige en outre une rigueur et une discipline de chaque instant pour arriver à cette source de beauté et de simplicité. Pour avoir expérimenté un peu seulement de
ce qui est écrit dans ces messages, je peux vous assurer que le chemin intérieur à parcourir est étroit. Toute déviation due à une quelconque paresse mentale ou émotionnelle, parfois inévitable, nous rappelle immédiatement à l'ordre de se recentrer sur nous-même. Nous sommes tous en évolution constante, et ce que l'on refuse d'apprendre par sagesse et humilité, on l'apprend bien souvent par la force. Par conséquent, si ce livre se trouve entre vos mains, je ne vous demande en aucun cas de croire ce qui est écrit, mais juste de garder l'esprit et le cœur ouverts pour étudier ces quelques messages et surtout les ressentir et pourquoi pas, les vivre. Ce n'est qu'ainsi que vous serez en mesure non de les comprendre uniquement, mais surtout d'en prendre conscience, à votre rythme. Plus vous avancerez dans la lecture, plus les messages seront complexes, ce qui vous permettra de vous immerger dans la profondeur de leur sens et de leur beauté.

Je vous laisse à présent découvrir quelques-unes de mes expériences vécues, qui ont modifié ma façon de voir la vie et le monde. Je vous les raconte uniquement afin que vous puissiez comprendre comment j'ai pu avoir accès à ce genre d'inspiration au fil des années. Vous découvrirez ensuite ces messages tels qu'écrits sur mes feuilles. J'espère qu'ils vous aideront au quotidien à trouver un nouvel élan de vie et de joie, ainsi qu'une force de volonté accrue à tendre vers tout ce qui vous est donné par la Vie.

Mes expériences

Ma première expérience significative a eu lieu fin juin ou début juillet 2009. Je ne me souviens plus précisément du jour exact. Je n'avais évidemment pas à cette époque le réflexe de noter et de dater ce qui m'arrivait comme je le fais aujourd'hui. Il était en revanche autour de minuit vingt quand j'étais assis sur mon lit, adossé au mur, en train de lire le livre *Les Lettres du Christ* (2001)[2]. Je lisais un passage où Jésus était en chemin et rencontrait une femme triste, les bras chargés de paniers de victuailles pour nourrir les consolatrices qui se lamenteraient à la mort de son fils unique, qui était alité depuis plusieurs jours et ne pouvait plus ni boire ni manger. Je ressentis alors un vif et puissant amour, de l'admiration et une joie puissante. Je continuai donc la lecture, impatient de connaître la suite. Jésus proposa à cette femme d'aider son fils. Cette dernière l'invita donc chez elle. Jésus entra dans la chambre et posa les mains sur la tête du jeune garçon. Il pria pour qu'il guérisse. C'est alors que les parents virent leur fils reprendre vie. Je ressentis, d'un seul coup et de façon brutale, l'amour me foudroyer. Une intense et chaude vibration me parcourut le corps des pieds à la tête. J'en fus littéralement paralysé. J'étais plaqué contre le mur de ma chambre, et mes yeux se fermèrent de force tant cette vibration était puissante. Étrangement, je refusais d'y prêter attention, je désirais juste continuer ma lecture. Quand j'essayai péniblement d'ouvrir les yeux pour lire, la vibration redoubla d'intensité et me paralysa entièrement. J'étais presque incapable de respirer et de raisonner tant elle prenait possession de moi. Ceci dura peut-être trente secondes, une minute ou deux, je ne sais plus. Quoi qu'il en soit, la vibration se dissipa peu à peu. J'étais à la fois exténué et rempli d'énergie.

---

[2] www.christsway.co.za

Cette expérience est très difficile à expliquer et à mettre par écrit, car il faut la vivre pour la comprendre. Elle a été, et est toujours actuellement, l'expérience la plus forte, la plus brutale et la plus directe que j'aie vécue.

Voici à présent ma deuxième expérience significative, qui s'est déroulée le 5 et le 6 juillet 2012, alors que j'étais dans la maison de campagne de mes grands-parents. Durant l'après-midi du jeudi 5 juillet, je décidai d'aller me promener seul en forêt. Je marchais heureux et avec légèreté, je profitais de ce jour d'été ensoleillé, de son air doux et frais, et j'admirais la beauté des paysages de la campagne. Une fois arrivé au bout du chemin, je décidai d'emprunter une petite passerelle traversant la rivière pour admirer les champs et les collines. Je m'arrêtai quelques instants pour prendre des photos, manger et boire un peu, puis je pris le chemin du retour. Je me disais que je devais profiter de ces moments pour enrichir ma vie. Je repensais donc à l'enseignement que j'avais lu et compris tout en recherchant la joie, et l'expérience que j'avais vécue, qui était très forte spirituellement, et avait à jamais changé mon regard sur le monde et la vie. Je me répétais intérieurement certaines vérités que j'avais lues, dont je savais qu'elles représentaient La Réalité. Au fur et à mesure que je me les répétais, j'avais l'impression que l'on me confirmait intérieurement toutes mes pensées. Cela créa en moi une vague, un flux d'une incroyable douceur et d'un amour universel, que je ressentais englober tout le visible et l'invisible autour de moi. En regardant la forêt qui m'entourait, je pris conscience de tout cet amour, émotionnellement et intellectuellement. Je ressentais qu'il était présent dans la création et lui donnait vie. En regardant la végétation autour de moi, je sus instantanément que cet amour était présent dans les arbres, le lierre sur le sol, la terre, l'écorce, la synthèse de la lumière qui se déroulait dans les feuilles, dans l'air tout autour de moi et au-delà de ce que je pouvais voir. Tout était imprégné de la joie, de l'amour et de la paix de cette « intelligence créatrice ». Je voyais aussi que toute cette création merveilleuse était soutenue, non seulement par l'amour, mais dirigée par une intelligence parfaite. Il était impossible pour l'esprit humain de s'en approcher et de penser cette création, tant son intelligence était haute en conscience. Je me rendais compte que cette « intelligence aimante » représentait la seule et unique réalité éternelle. Je ressentis également cet « amour-intelligence » en moi, et que si on croyait suffisamment en lui, il prendrait possession de notre conscience humaine. Je ressentais si fort cet amour qu'il en était presque palpable tant il était présent autour de moi.

Le lendemain après-midi, je repensais à l'expérience de la veille. Je décidai alors de me rendre dans une autre petite forêt tout près du village. Je me mis à crapahuter hors du chemin pour me diriger vers une hauteur dans la forêt et admirer ainsi la beauté de la végétation. Je désirais ressentir à nouveau cette merveilleuse énergie tout autour de moi. Au moment où j'en formulais le désir, je ressentis cette vibration, beaucoup moins intense que la veille, se propager en moi. C'était déjà bien, et j'en étais content. Au bout de quelques heures, je repris le chemin du retour, heureux de la beauté de la création, en voyant la lumière traverser les feuilles, révélant cette magnifique couleur verte. Tout cela me procurait un puissant sentiment de sécurité et de liberté. Puis, comme souvent, je repensai avec joie à tout l'enseignement reçu. Je ressentis immédiatement cet amour à nouveau, encore plus puissant que la veille. Mais cette fois-ci, cette énergie ne se manifestait plus autour de moi mais en moi, encore plus belle et plus puissante. Je la ressentais comme un « merci » adressé à la vie qui émanait du plus profond de mon âme, et qui se répandait autour de moi. Je sus alors que ce que j'avais vécu la veille n'était pas le fruit de mon imagination mais bien la réalité. Mon esprit était empli de louanges et de bien-être, provenant d'un puissant amour divin et d'une joie ultime, que les mots que j'utilise peinent à retranscrire.

Toujours dans ce même petit village, je me rendais dans le jardin de la maison voisine, qui était inhabitée, pour cueillir des mirabelles. Malheureusement, les arbres avaient été coupés par le nouveau propriétaire. J'étais d'autant plus déçu car les autres arbres du village ne portaient aucun fruit cette année, et je voulais en manger. Même si j'étais résigné à ne pas en avoir cette année, je me dis intérieurement : « Mon Dieu, j'aimerais bien en avoir », sans pour autant que ce soit une vraie demande. Quelques jours plus tard, durant l'après-midi du 29 août, je m'installai sur un banc en haut du village, pour lire et profiter de la magnifique vue à cet endroit. Soudain, je levai la tête et regardai dans le vide. J'aperçus alors qu'un arbre à trois mètres sur ma droite était rempli de petits fruits orangés, gros comme des cerises. Je me levai, m'approchai et cueillis un fruit. Je l'ouvris, le sentis et constatai à ma grande surprise qu'il s'agissait de mirabelles ! Je pus en manger pendant quatre jours. Le plus étrange était qu'un des villageois, dont le jardin était proche du banc sur lequel j'étais assis, n'avait jamais vu cet arbre avec ces fruits, alors qu'il habitait là depuis des années. Moi-même, je ne l'avais jamais vu, et ce fut la première et la dernière année que je vis cet arbre. Il fut surement arraché, car même la souche n'était plus présente. C'était assez curieux. Le lendemain, en remangeant des mirabelles, je repensais au fait que j'avais voulu en manger, que je n'en avais trouvé nulle part en faisant tout le tour du village, mais qu'elles s'étaient présentées à moi en laissant faire les choses. Je réfléchissais à tout cela, toujours assis sur mon banc, en début de soirée. Les hirondelles volaient, passaient et repassaient tout près de l'herbe de la prairie pour chercher à manger pour leurs petits, que j'avais vus dans leur nid accroché aux poutres du toit de la grange, afin que ces derniers aient la force de voler de leurs propres ailes.

Je réalisai alors la nature aimante du divin s'exprimant dans sa création, au travers de ces oiseaux si parfaitement conçus pour voler avec tant d'agilité et d'endurance, que rien ne pouvait détourner de leur tâche, qui était de chercher de la nourriture pour leur progéniture. Ils étaient eux-mêmes nourris, chacun de leurs besoins était comblé. Ils avaient pu construire un nid pour élever leurs petits à l'abri et en sécurité. Je me rappelai alors ce passage : « Regardez, comprenez ce que vous voyez, vous voyez un monde où toute chose a ses besoins et voit ses besoins assouvis. Comment pouvez-vous douter quand vous voyez le mouton vivre d'herbe uniquement ? Que contient l'herbe pour qu'elle alimente la toison, les os, le sang et la chair et produise des petits ? N'êtes-vous pas témoin d'une merveille de provende ? Regardez les besoins des oiseaux et combien merveilleusement ils sont satisfaits. Ils ont des abris dans les arbres et des graines pour acquérir de la force. Quant aux gens qui ont besoin de logement, de nourriture et de vêtements, le "Père" leur donne le monde entier pour satisfaire leur besoin. » Ou bien on peut retrouver cette idée dans le passage suivant :« Si vous placiez votre confiance en Allah comme il se doit, Il vous donnerait certes votre subsistance comme Il la donne à l'oiseau qui part le matin le ventre vide et revient le soir le ventre plein. »

Je réalisai qu'un tout petit désir traversant mon esprit m'avait donné l'occasion de manger les fruits que je voulais. Je voyais les hirondelles si pleines de vitalité et satisfaites. Combien ceux qui ont faim et soif de connaissance, d'amour, de santé, de prospérité et de bien-être seraient bénis et comblés si la foi dominait leurs pensées et émotions enfin débarrassées du doute ! Je compris alors ce qu'était une foi puissante. Le plus merveilleux était que je ressentais que je pouvais tout demander et que tout me serait donné instantanément. Mais, étrangement ou pas, je ne demandai rien, car ayant la foi de pouvoir tout obtenir, j'avais donc déjà tout. C'est le miracle et le paradoxe de la foi qui font que nous ne manquerons jamais de rien si nous la gardons à jamais en nous.

Je vécus la dernière expérience significative le matin du 21 ou 22 novembre 2016. Je dormais dans mon lit quand je me mis subitement à rêver de ma fenêtre avec les rideaux et volets fermés qui se situaient en face de mon lit. Alors que je regardais ma fenêtre, je ressentis la présence d'un être extrêmement puissant. Je regardais partout autour de moi mais ne voyais rien. Je ressentais une puissance énorme, sa présence, mais j'étais incapable de la voir. C'était déconcertant, car je sentais qu'elle me connaissait bien plus que je ne me connaissais moi-même. Aucun détail de ma vie, de mon esprit et de mon cœur ne pouvait lui échapper. Puis, en reportant mon regard sur la fenêtre, je vis tout à coup ce qui ressemblait un CD. À l'intérieur, de multiples formes géométriques glissaient les unes sur les autres. De plus, il y avait des lumières de différentes couleurs qui se mouvaient derrière ces formes. Je ne comprenais pas ce que cela signifiait. Soudain, les lumières devinrent plus intenses, pour ne former qu'une seule et unique lumière blanche recouvrant cette forme de CD. Le tout forma une boule de lumière blanche qui éclata dans un bris de verre, ce qui me réveilla d'un seul coup. Je regardai alors ma fenêtre, qui était exactement comme dans mon rêve : la même pénombre, les mêmes rideaux. Je me demandais si j'avais rêvé ou si c'était réel, c'était assez déroutant.
Cependant, je sus très vite que ce n'était pas un rêve. Durant les quinze jours qui suivirent, je ressentis une paix de l'esprit comme jamais auparavant. Je maîtrisais toutes mes pensées et émotions face à ce que je voyais ou à ce qu'on me disait. Ceci est une chose rare, car lorsqu'on nous dit une parole déplaisante ou que l'on voit une chose que l'on n'aime pas, on

ressent en général une émotion négative. Je n'étais plus esclave de mon égo contrôlant mon esprit, c'était moi qui le maîtrisais, et cela me procura un profond bien-être et une joie constante pendant deux semaines. Puis, à la fin de la seconde semaine, je me sentis peu à peu revenir à mon état normal. Je compris alors que puisque nous créons notre vie avec nos pensées et nos émotions, alors nos créations seraient si belles au niveau individuel et collectif si nous étions enfin maître de nous-même.

Vous comprendrez que je ne souhaite pas raconter dans le détail ces expériences (ainsi que d'autres), car elles furent extrêmement fortes et personnelles. Je ne souhaite pas non plus en raconter plus sur moi, car j'estime que cela n'a pas d'importance pour la suite. Je vous souhaite une bonne et agréable lecture.

Mais avant de commencer...

Je te prie Père Céleste d'illuminer de ta Lumière Divine mon esprit, afin que ma modeste personne devienne un instrument parfait de ton action de grâce pour l'humanité.

Que ces mots puissent être le fruit de ta Volonté Aimante, et que pour le temps de quelques messages, ma personnalité disparaisse et laisse place à ta Lumière.

Puisse ce livre être mis, dans les années à venir, entre les mains de celles et ceux que tu auras choisis pour transmettre ta Vérité et ton Amour.

Message audio

Septembre 1993

....

*Je me dois d'apporter une petite précision concernant ce premier message. Celui-ci **n'est pas de moi**, il a été enregistré de façon miraculeuse sur une cassette audio en septembre 1993, par une personne qui enregistrait des chants religieux à la radio. Au moment d'écouter la cassette, une voix est apparue, qui avait été enregistrée et qui n'était pas présente durant la diffusion du programme lors de l'enregistrement des chants. Cette cassette a ensuite été donnée à Danielle, qui m'en a fait une copie en format numérique bien des années plus tard. J'ai choisi de l'inclure dans ce livre pour partager ici avec vous ce merveilleux message.*

....

Il est nécessaire évidemment que des dispositions soient prises par les gouvernements, car il n'est pas facile à cette époque précise de diriger les pays, de maintenir un équilibre.
Tout peut changer, tout doit changer. L'Homme, prend conscience de plus en plus de ses possibilités, de sa divinité. Comme cela a été dit, l'Homme doit transformer lui-même sa vie.
Ainsi, ensemble, vous pourrez transformer le monde.
Trop d'erreurs jusqu'à présent, de mauvais jugements, trop d'erreurs dans les sentiments.

Le monde ne doit en aucune façon vous limiter, il n'est qu'un point de repère.

On dit que l'humanité a pris du retard, on dit qu'il y aura des catastrophes, on dit tant de choses fausses. L'Homme est responsable de sa vie, il est responsable de son évolution, il est responsable de ce qu'il vit présentement. Ce passage entre deux ères est extrêmement décisif, important.

C'est une période, je le répète, de jugement. Ainsi, constatez qu'autour de vous, bien des âmes s'éveillent alors que d'autres sombrent. Essayez de réfléchir. Où vous trouvez-vous ? Puisque vous écoutez vous avez choisi de regarder en vous, et patiemment, comme il se doit, car telle est la vérité profonde vous efforcez-vous de vous connaître, de vous harmoniser, de trouver l'émotion qui vous aidera à comprendre qu'en vous il y a le bon, et la pureté, la force du Divin.

Progressivement, vous allez découvrir votre vérité, elle correspond à votre évolution.

Chacun est unique dans son évolution, dans son amour. Ensemble, vous devez travailler, et c'est pourquoi l'ère nouvelle dans laquelle s'installe l'humanité regroupe, rassemble.

Des communautés verront le jour, des efforts en commun seront entrepris et des actions menées jusqu'au bout ! Mais cela n'est possible uniquement si dans ce travail d'ensemble vous respectez en quelque sorte une individualité, car votre vérité en harmonie avec d'autres vérités, forcément, met en place La vérité, l'Amour que l'être recherche depuis toujours. L'amour est le secret de la vie, l'amour est le secret de Dieu. L'amour est donc au plus profond de vous-même, votre être intérieur connaît cet état d'amour, et vous l'emprisonnez par tant d'erreurs par tant de suffisance, par l'ignorance. Œuvrez, œuvrez ensemble, mais dans le respect de l'autre.

Le livre de l'humanité est ouvert, chaque être possède un mot de toutes ces phrases qui composent le destin de l'humanité.

C'est pourquoi il faut bien comprendre, mon enfant, que tu as besoin de ton frère, de ta sœur, tu as besoin de cet inconnu, qui n'est pas inconnu à ton cœur. Tu as besoin de sa vérité, de sa force et de son enseignement. Tout comme lui a besoin du tien, de ton rayonnement. Vivez en bonne intelligence et en harmonie de cœur, efforcez-vous d'être simple et humble. Ne vous laissez pas saisir par les illusions de la vie, par les apparences, que vous traversez chaque jour et en chaque instant !

Tout moment possède le nécessaire, l'essentiel ! Et cette vérité, cet essentiel ne peut être vu que par le cœur, que par l'âme. Dépouillez-vous de tout fardeau inutile tel que mauvais jugement, manque de délicatesse, envie, jalousie, intolérance. Ce sont vos ennemis ! Dépouillez-vous de ces fardeaux. Ne soyez plus empli de vous-même, ayez l'humilité d'être empli du Divin.

Point de place pour la suffisance, pour la bêtise, que l'amour que vous allez apprendre à faire jaillir de vous, éclaire votre chemin, et ainsi vous empêche de tomber dans l'erreur, dans l'ignorance, l'illusion, l'apparence.

Il est dit que je reviendrai aux alentours des années 2000, cela est vrai et je l'affirme. Je reviendrai pour vous aider à comprendre l'enseignement du passé.

Car en fait mon incarnation dans le corps du maître Jésus a été nécessaire, et l'enseignement laissé correspond à ce que vous vivez actuellement. L'enseignement laissé par un avatar est toujours compris et vécu pour le passage d'une ère à une autre. Et surtout, mon retour dépend de vous. Il ne suffit pas de prier pour demander que je vienne, car en fait je ne vous ai jamais quittés. La vibration christique, cette vibration d'amour emplit votre vie, vos instants depuis toujours. Il vous appartient de vous arrêter dans toutes ces démarches, dans toute cette vie tumultueuse et d'être à l'écoute. Alors forcément vous entendrez.

Il n'est pas facile de s'arrêter pour écouter, je le disais, mon retour dépend uniquement de vos actes, de votre compréhension. Mais je puis affirmer que beaucoup d'efforts sont faits, et que beaucoup ne se contentent pas d'essayer d'écouter. Ils agissent ! Non pas pour eux, mais pour l'autre.

Alors lorsque vous aurez repris contact avec l'amour qui se tient en chacun, lorsque vous aurez compris que cette force est la force christique, lorsque vous aurez accepté en quelque sorte que mon retour se fasse déjà en vous, par un éveil, par une façon d'être, par une noblesse du cœur, par un comportement moral alors il sera vrai qu'un homme, se tient prêt pour que je puisse me manifester par lui. Cet homme prendra place. Il viendra vers toi mon enfant parce qu'il te reconnaîtra, il viendra vers toi parce que je me verrai en toi.

Plus que jamais, il est nécessaire de prier, d'élever ainsi ta conscience, d'élever ton amour. La prière rayonne et apporte toujours la douceur, la paix. Pour vous aider, des êtres de lumière, que vous appelez aussi des maîtres ont accepté par amour de s'incarner. Ainsi progressivement, l'évolution de l'humanité prend place et s'affirme par des méthodes dites nouvelles ou retrouvées.

Dans quelques années certainement, la science acceptera de revoir les données, s'apercevra d'un manque, c'est le Divin. Alors, lorsque aura lieu le grand rendez-vous entre la science et le Divin, ce sera une seconde étape dans mon avènement. Et il sera temps pour le réaliser choisi de se montrer au plus grand nombre.

Pour chacun de vous, pour toi. Ton devoir est d'aider ton frère, ta sœur, de l'aider à comprendre ce qui se passe au plus profond de son être. Aide-le à ouvrir son cœur, son âme. Prie toujours et inlassablement et avec ferveur, avec une foi nouvelle.

Que tes actes, que tes paroles, que ta vie soient une prière. Prend conscience de ce que tu es, connais-toi toi-même. Apprends comme je te le demande, à ressentir ce qu'il y a en toi. Permets que ces deux êtres essentiels s'harmonisent pour que le Royaume de Dieu prenne place.

Je viens, je viens par amour, je viens car je t'aime.
Confie-moi tes problèmes, je les règlerai au mieux pour toi.
Confie-moi tes peines, car je te consolerai.
Confie-moi ta vie, car je la glorifierai.
Conduis jusqu'à mon amour, ton frère. Voici la mission que je te confie.

1.

Le Chemin

Le 1er juin 2021

Conscience Divine – l'Un – je Te rends grâce.

L'Amoureux, le Doux en Amour, le Puissant Rayonnant d'Amour.

Tu es la transcendance dans l'immanence, et c'est Toi seul que je cherche à voir,

Partout où se pose mon regard,

C'est Toi que mon esprit cherche à connaître,

Car de ton Souffle Tu embrasses toute Création.

2.

Je parle au monde pour le prévenir de leurs pensées négatives, qui un jour ou l'autre réveilleront les éléments et à ce moment-là, il n'y aura pas de retour en arrière possible. Le nombre extrêmement limité de gens marchant sur la Voie de l'Amour Inconditionnel seront épargnés, mais pour vous, brebis égarées, ce sera l'heure de la moisson, c'est-à-dire de récolter la haine, le viol, le meurtre et le non-respect total des Lois de l'Existence que vous avez semés.

Vous sentirez toute la puissance de vos actes passés se retourner d'une brutalité extrême contre vous, car c'est ce que vous avez choisi de semer et cela se récoltera. Que vous le vouliez ou non, ne l'oubliez pas, VOUS L'AVEZ CHOISI.

Alors il est grand temps que la manière de penser, et donc que la conscience terrestre change, car vous allez dans une zone où on ne peut plus revenir sur ses pas, vous êtes au bord d'une ligne de non-retour.

Moi, celui qui Est, vous met en garde. Mais rien n'est vain, il est encore temps de changer votre monde et ainsi donc le cours de l'histoire. Le temps vous est compté mais je garde espoir, car comme je l'ai dit, tout peut changer si vous changez vous-mêmes.

Tournez-vous vers moi et vous serez aidés, tournez-vous vers mon Amour et vous serez nourris, protégés et guéris. C'est cela qu'ont enseigné les maîtres que je vous ai envoyés et que je vous envoie encore. Mais seulement vous les humiliez, vous ne croyez pas en eux et vous finissez par les crucifier. Vous croyez leur faire du mal et les mettre sur le « bon » chemin. Vous ne vous rendez pas compte que vous sciez de plus en plus vite et avec un grand plaisir la branche sur laquelle vous êtes confortablement assis.

Je vous le dis, prenez conscience de vos actes qui découlent de vos pensées. Remettez-vous en question et vous verrez vos bêtises. Je suis là pour vous aider mais vous ne voulez pas. Mais moi je vous aime, je ne vous ai pas créés pour souffrir et vous laisser tomber. Vous êtes mes enfants, vous êtes moi sous ma forme individualisée la plus parfaite. Je Suis un Amour Pur en qui vous pouvez vous tourner, car Je vous aime d'un amour infini qui sera toujours là.

Je vous aime.

Moi, Celui qui Est.

3.

Je suis votre maître et votre vie, Je suis AMOUR, et ainsi en est-il de la Loi qui fut faite depuis le début de la création : que celui qui demande reçoive.

Car de Moi émane toute vie, et que toute vie reviendra à Moi, car à oublier ce qu'elle est, elle retrouvera son chemin vers la LUMIÈRE.

Il a été dit de Moi que je vous sauverais.
Mais cela ne peut être.
Car celui qui émane de Moi est mon égal.
Enfermé dans les impulsions créatrices de l'être, il doit se sauver de lui-même.
Que celui qui se met à nu retourne à la Source et retourne à l'état qui fut avant que tout ce qui est à présent ne soit. Que celui-ci retourne sur Terre pour faire la Volonté de l'AMOUR : rappeler sa création à Elle.
De la Conscience Céleste vous venez pour rendre témoignage de la vérité.
Beaucoup furent aimés, mais ont été détournés par ceux qui ont entendu, car attirés par les richesses du monde ou piégés par la tradition.

Celui qui est né de la Terre recevra des récompenses de celle-ci.

Que celui qui est né de l'Esprit Créateur reçoive sa récompense de la Lumière.

Cette LUMIÈRE est mise en vous pour que celui qui écoute retrouve son chemin.

Commentaire

« Cherche et tu trouveras, frappe et on t'ouvrira », me dit Danielle. Elle ajoute : « Mais attention, tu ne trouveras pas la lumière comme ça, car il faut vraiment que tu veuilles chercher. On est créés exactement par la même puissance. » Et en effet, il ne faut pas uniquement faire appel pour être sauvés, il faut s'aligner sur cet Amour. Beaucoup vivent leur vie comme ils l'entendent et de façon assez égoïste. Même si cela est humain, on obtient en retour des expériences égoïstes, car on récolte ce que l'on sème. Si on demande à être sauvé, il nous faut nous-même nous sauver de notre situation. Ce n'est pas en faisant la guerre qu'on peut être sauvé en appelant à l'aide, car nous avons choisi cette expérience. Et à moins de partir et de se sauver d'une situation déplaisante pour changer véritablement et faire autre chose, nous ne pouvons pas être sauvés.

« Car en effet, il n'y a que de l'Amour, il n'y a que ça, et s'il y avait vraiment, véritablement cet Amour dans les cœurs, il n'y aurait pas tout ce désordre dans lequel on vit. »

4.

Le futur du genre humain

Le 2 février 2015

La Vie émane à travers la matière pour celui qui sait voir à travers elle. Au cours du temps peu d'entre vous l'ont vu, mais ils ont initié de grands changements. Vous faites partie de ceux-là, et d'autres viendront ensuite pour prononcer puis pour crier la Loi de l'Amour Universel.

Comme je l'ai déjà dit, vous êtes destinés à un métissage planétaire, car seuls ceux qui croient en l'unité prospèreront. Les graines du futur ont été lancées sur une terre fertile le siècle dernier.

Cette semence divine prend déjà peu à peu de vie et de grandeur, et apporte un nouvel air frais sur votre planète.

Des Dieux, des êtres s'affranchissant des lois de la matière, cela est votre destinée au cours du prochain millénaire, et celui après celui-ci.

Il n'y a aucune échappatoire à cette merveilleuse bénédiction. Le chemin menant à cet état est le seul à exister. L'univers n'a été conçu que pour cette option, il n'y en a pas d'autre.

Une nouvelle espèce d'Homme a commencé à germer, et arrivée à maturité, elle sera le génie de sa race. En parallèle de cet avenir lumineux, il y a un aspect primitif que la majorité souhaite garder. Car à ne voir que séparation et égoïsme, la décadence est sur le point d'atteindre un paroxysme quasi irréversible.

L'équilibre est une particularité de l'univers, qui conduit inexorablement à récolter ce qui a été semé. Cela est inévitable, auquel cas, l'univers n'existerait pas.

Hommes de tradition, de religion, d'inégalité et de pur égoïsme résisteront vigoureusement aux changements. Je ne prendrai pas le temps de te décrire la moisson que ces hommes apporteront à leurs frères, les affres et les abîmes de négativité n'ont pas cours dans mes pensées.
Au-delà des pires horreurs, l'Homme de l'unité fera face à l'Homme de l'égo.
La clef est de savoir si la majeure partie de l'humanité choisira l'Amour ou l'Égoïsme. Si l'Homme rechigne à l'évolution, il devra subir de plein fouet son propre reflet. Des civilisations limitées à certaines régions du monde ont disparu brutalement.
Aujourd'hui votre civilisation n'est en aucun cas locale, mais mondiale. L'avenir est entre vos mains, le réveil des consciences est inévitable. Le sera-t-il assez tôt ?
Je ne m'opposerai à aucune de vos créations. Alors n'ayez aucune crainte de vous retrouver nus et dépourvus des créations humaines et de votre système actuel. Celui de la considération, de la vision de l'âme de chacun et de la conscience collective remplacera ceux de votre société.

Commentaire

Danielle me dit un jour : « *La décadence est sur le point d'atteindre un paroxysme irréversible.* Mais c'est ce qu'on est en train de vivre actuellement ! On le vit ! On dirait que tout ce désordre était prévu, comme si tout cela avait été voulu. » En effet, tout est conscience, donc tout ce que nous pensons, ressentons, disons et faisons est conscience. Or, cela ne se voit pas pour nous, avec notre regard et notre raisonnement matériel. Mais ceux qui vivent en conscience peuvent aisément voir les énergies de basse conscience émises par la majeure partie du monde, et qui sont en attente de se matérialiser sur Terre. En conséquence, ce que nous vivons aujourd'hui a été créé au préalable dans les consciences. Et ce que nous créons aujourd'hui se verra dans les années à venir, peut-être demain ou dans vingt ans, car la loi de Cause à Effet est imprévisible. Raison pour laquelle nous croyons aux accidents, car tout est parfaitement orchestré par cette loi pour nous faire vivre matériellement ce que nous créons en conscience.

5.

Faites l'expérience de la joie de vivre, ici et maintenant.

Exprimez ce que vous avez reçu, pour qu'après, vous puissiez faire l'expérience de vivre de joie.
C'est ainsi que vous serez dans la joie et que vous serez la joie.

Il n'y aura alors nul besoin d'arpenter le ciel et la mer, ni de fouler la terre de vos sandales pour chercher dans le doute et le désespoir ce qui est en réalité votre propre nature, qui vous suit telle une ombre de lumière.

6.

Dire « merci » à la vie

Le 8 janvier 2018

Je veux vous adresser ce message afin de pouvoir remettre au clair le point suivant : vous êtes les seuls créateurs de votre réalité.

Qu'entends-je par-là ?

Je veux vous signifier que vous avez en main tous les outils avec lesquels vous façonnez vos expériences personnelles et votre environnement.

C'est la raison pour laquelle, quoi que vous viviez alors louez la vie d'être ce qu'elle est, de l'Amour à l'état pur et une Intelligence Infinie. Remerciez la vie de ce que vous êtes et de ce que vous avez, car même si vous êtes malade, pauvre ou en difficulté de quelque sorte que ce soit, vous les avez crées vous-même.

Remerciez, car le « bien » comme le « mal » ne sont que la perception de vous-même. Alors ressentez la vie affluer dans votre être, vous poussant vers l'évolution de votre âme et à devenir qui vous êtes.

Ne résistez point aux douleurs et aux souffrances, n'affligez point les autres de votre venin s'ils cherchent à vous atteindre, louez la vie et tout ce qu'elle contient, car ce n'est qu'ainsi que vous pouvez exprimer votre vérité en évolution.

L'évolution, la croissance sont des caractéristiques essentielles de la vie. Alors suivez-en le courant et ne cherchez pas à lutter contre elle car vous finirez par vous noyer dans votre colère et votre chagrin.

Ne criez pas à l'injustice, ne souffrez pas de voir de la souffrance, acceptez de lâcher prise sur ceux que vous aimez, ne les retenez pas de crainte de voir avec dégoût que votre égo retient votre âme et que c'est vous seul que vous retenez.

Quoi qu'il advienne, acceptez le cœur léger et réjouissez-vous car vous avez à présent l'occasion d'exprimer l'Action Divine, là où la majorité s'empressera de jeter des plaintes, des critiques véhémentes dans le but de justifier des actes égoïstes, afin de se rassurer et de continuer à agir avec égoïsme, en croyant savoir ce qui est juste et au-delà de toute critique.

Ne laissez pas votre égo s'approprier les expériences extérieures. Riez plutôt, cherchez la douceur et la paix là où règne l'agitation.

Puis surtout, ne jetez point de remarque critique, de la douleur et de faux discours sur la mort. Ne laissez pas votre ignorance vous obstruer le chemin de la grâce et de la félicité.

Je le répète encore et encore, remerciez la vie, dites-lui « oui ! » car ce n'est qu'ainsi que vous évoluerez, ce n'est qu'ainsi que vous Serez Qui Vous Êtes en Réalité.

Alors pardonnez le passé, acceptez le présent, et l'avenir se réjouira de vous accueillir.

Auquel cas, si vous n'acceptez point la vie et que vous critiquez, que vous vous plaignez, dénigrez, alors c'est ce que vous continuerez à vivre et votre douleur grandira.

Enfin, quelque différence que vous puissiez observer chez les autres, acceptez-les, remerciez ceux qui ne partagent pas vos valeurs et votre vérité, même s'ils refusent votre aide.

Cela signifie en outre de ne pas chercher uniquement à être avec des personnes qui partagent vos croyances. Car si vous approuvez continuellement ceux avec qui vous croyez être d'accord, alors ce ne sont que vos valeurs qu'ils portent que vous approuvez, ce ne sont que vos valeurs que vous voyez chez les autres que vous approuvez. Ce n'est que vous que vous aimez et approuvez.

Alors, acceptez et aimez les autres comme ils sont, dans leur état présent, mais surtout dans leur devenir.

Par conséquent, ne rejetez rien ni personne.

La planète Terre, la Lune, les étoiles, votre galaxie et les milliards de galaxies et de civilisations dans cet espace infini émanent de la Source de votre Être qui est EN vous. Lorsque vous rejetez ce qui se trouve hors de vous, vous comprimez un peu plus à chaque fois votre être.

Tout est Vie, tout est dans la Vie Divine et rien ne peut être à l'extérieur d'elle.

Or, votre âme EST la Vie, d'une puissance et d'une taille bien plus importantes que l'univers visible de votre dimension.

Ne créez pas de vide en vous, car créer un vide en vous, c'est créer un vide de connaissance, d'amour, de joie, de sagesse et de plénitude.

Vous êtes tous en évolution, alors ne vous retenez pas vous-même et n'accusez pas la vie de votre propre ignorance, car cela contribuerait à créer de plus grandes souffrances encore.

Alors aimez, aimez les autres pour ce qu'ils sont et ce qu'ils deviennent, non pour ce que vous aimez chez eux ou ce que vous aimeriez voir en eux.

Apprenez à vous voir même chez ceux que vous n'aimez pas, car croyez-moi, vous y êtes.

Aimez la vie et quoi qu'il advienne, acceptez-le et surmontez-vous. Devenez qui vous êtes.

Que la Grâce Divine vous enveloppe de sa Lumière à chaque instant de votre vie.

7.
Bénédiction

Voici quelques citations qui seront expliquées afin de pouvoir illustrer la définition de la bénédiction.

Zohar, Tome 1, Préliminaires, édition Verdier :

« Qui est Celle-ci qui monte du désert ? Elle s'élève avec la parole émise par la bouche et pénètre entre les ailes de la Mère. »

« Quiconque se réjouit lors des jours de fête sans accorder à Dieu la part qui lui revient est dans un ladre que Satan prend en haine, accuse et chasse hors du monde, autour de lui les malheurs s'ajoutent aux malheurs. »

« La part que l'on procure à Dieu, c'est la joie que l'on procure aux pauvres selon ses moyens. Car en ces jours de fête, Dieu pose son regard sur les vases brisés qui lui appartiennent. Il se rend auprès d'eux et voit qu'ils n'ont pas de quoi se réjouir. Sur eux il verse des larmes et remonte dans l'En-Haut. »

« N'ai-je pas édifié l'univers par la générosité (…) c'est grâce à elle que le monde subsiste. »

« Or il nous a été enseigné que lors de chaque repas de joie, l'Accusateur s'approche et veille. Si l'hôte s'est montré prévenant d'abord envers les pauvres, qu'il en a reçu chez lui, l'Accusateur s'écarte de la maison et se garde d'y entrer. Dans le cas contraire il s'y introduit, contemple la foule qui se réjouit sans indigents, n'ayant eu aucun égard pour eux, puis il regagne l'En-Haut et dresse son accusation. »

Lettre 2, *Les Lettres du Christ*[3] :

« Par conséquent le Père ne retient rien, ne rejette rien, ne condamne rien, ne voit même pas les fautes. Tout ce que fait l'homme, que l'homme appelle des "péchés" n'est que de ce monde et n'est puni qu'à l'intérieur de ce monde — car c'est une Loi de l'Existence Terrestre, comme vous le savez que ce que vous semez, vous le récoltez. »

« Il ne vous est pas nécessaire de guérir votre corps ou de rendre votre vie meilleure, il vous faut guérir de vos croyances ! (…) Si vous pouviez guérir de vos croyances, les aligner sur la véritable intention du Père à votre égard, les fausses croyances gouvernant votre corps et votre vie se dissiperaient comme brouillard au soleil. »

« Ce que vous gardez à l'esprit créera toutes vos expériences, votre pauvreté, votre malheur, votre désespoir. »

« L'Amour Père est la source de la santé, et par conséquent, toutes les pensées et tous les sentiments contraires à l'Amour Père apportent la maladie. Tout comme vos maux et vos maladies commencent dans l'esprit, ainsi en est-il de vos bonnes actions. Prenez soin de votre prochain autant que de vous-même. Lorsque vous vous disputez, bénissez votre voisin, priez pour lui lorsqu'il est dur envers vous, aidez-le chaque fois que vous le pouvez et en toute occasion, même s'il se détourne de vous, parce que vous construisez le bien dans votre esprit et dans vos pensées, et le bien sera la récolte de ce que vous aurez semé. »

« Donnez, donnez abondamment et réjouissez-vous d'avoir des choses à donner à ceux qui sont dans le besoin, parce qu'en

---

[3] www.christsway.co.za

donnant ainsi, vos bienfaits vous seront retournés de la manière dont vous en avez le plus besoin. Donnez avec un cœur heureux, donnez avec la foi et la connaissance que là où il y a besoin dans votre vie, le Père fera son Travail d'Amour, abondamment, en vous et pour vous (…) Donnez tout, l'esprit joyeux, afin que tout dans votre vie ne puisse vous apporter que de la joie et de la compréhension spirituelle. »

....

Que peut bien signifier tout ceci ?

Je souhaite ardemment que vous preniez pleinement conscience de vos pensées et de votre état d'esprit lors de vos prières, de la Nature Divine ainsi que de sa Volonté.
En effet, la prise de conscience de ces connaissances augmente l'intensité de la prière ainsi que de votre foi, et donc de la beauté du résultat obtenu.
Prenez donc soin de chaque parole que vous avez et ne la mélangez pas avec les pensées égotiques quotidiennes.
Il est donc vital que chaque parole en prière se fasse dans le silence intérieur, car c'est avec vos paroles que vous créez vos vies.
De plus, chaque pensée/parole est une forme de conscience, et vous-même êtes une conscience issue de la Conscience Créatrice. Alors veillez bien au silence, au silence de paix avant de vous adresser à la Vie Divine, car elle vous accordera ce dont vous faites la demande.
Cela est ainsi car la Vie est Amour parfait, Désir ardent de créer et de satisfaire la création.
La Vie est la joie la plus parfaite, alors réjouissez-vous en tout lieu et en tout temps, et vous créerez des bénédictions pour vous-même et pour autrui.

Donnez l'occasion à ceux qui sont pauvres de se réjouir, offrez la compassion à ceux qui sont dans le chagrin, donnez-leur toute l'affection que la Vie vous donne.

Leur joie s'ajoutera à la vôtre, vous ouvrirez votre conscience à la Joie Divine en vous syntonisant à elle par l'action de donner, et la vie s'écoulera en vous, vous élevant dans la Lumière spirituelle de votre Source de Vie. Car en effet, la Lumière est Amour, et c'est lui seul qui soutient et sous-tend toute l'existence, et qui empêche votre univers de voler en éclats.

En conséquence, ce n'est que sur les êtres de lumière que repose l'avenir du monde, ce n'est que sur l'Amour exprimé par le cœur des Hommes que l'humanité sera sauvée d'elle-même, car elle est le lien qui unit les mondes spirituels et la réalité matérielle.

Alors, étudiez les vérités éternelles, méditez l'Intelligence et l'Amour Divin. Donnez à ceux qui sont dans le besoin, car seul celui qui se salira pour sortir son frère de la boue sera élevé dans la Lumière, dans la réalité spirituelle pour y demeurer. Car la seule et unique chose que vous emporterez lorsque vous laisserez votre corps, c'est votre conscience. Autrement dit, ce que vous aurez donné est la chose que vous emporterez avec vous.

L'humain n'est donc pas sur Terre par hasard, et il vous faut apporter la Lumière sur Terre.

Videz votre esprit, emplissez-le de la Conscience Divine de votre Source de Vie, laissez-vous envahir par l'Amour, et dirigez cette Lumière sur l'objet de vos bonnes intentions, que ce soit un être vivant ou de la matière inanimée. Puis rendez grâce, remerciez l'Intention de la Conscience Créatrice de s'écouler dans l'être d'une manière nouvelle et renouvelée car tout ce qui est touché par la négativité humaine dépérit puis repousse et retire la Vie dans l'être.

Par conséquent, purifiez-vous, et faites surgir de votre âme la Lumière de la Conscience Aimante, et redonnez vie à votre monde. Si vous pouviez la voir, vous seriez grandement surpris de l'effet qu'a la Lumière de l'âme sur la matière et sur le vivant de celui qui prie, avec le plus grand amour pour son Créateur et pour autrui.

C'est ainsi que vous pouvez apporter la bénédiction dans votre foyer, à vos animaux, vos plantes, les murs de votre maison et l'ensemble de vos objets. C'est également ainsi que vous apportez guérison, protection, inspiration et réalisation des choses désirées pour les membres de votre entourage.

C'est en vous élevant ainsi dans la Lumière que vous la deviendrez.

Le temps est compté, bien plus que vous ne l'imaginez dans votre environnement parfois agité, parfois plus ou moins tranquille.

Ce qui précède est l'explication des citations et surtout de la parole : « que votre vie soit une prière » car ce n'est qu'en menant votre vie comme une prière de bénédiction, de Lumière de Connaissance et d'Amour que vous réaliserez ce que vous êtes.

Puissiez-vous comprendre et pratiquer ces vérités qui demeurent en vous.

8.

Le monde tient dans le souffle d'un baiser.
Celui-ci ininterrompu en état de constant devenir.
L'esprit et le cœur bouillonnent, s'unissent et donnent la vie.

Passez le grillage noir des mots car par-delà se trouve l'Éden, le nuage de lumière de la connaissance, car la vérité est entre les lignes cachées dans les présupposés et les non-dits, mais visible par le cœur et perceptible par l'intellect.
Par la lumière de la connaissance gardée dans le cœur et dans l'esprit, chéri par l'intention créatrice, il sera appelé père de lui-même, car il sera conscient qu'il est le père de sa progéniture spirituelle.

Le Père Céleste dans son lumineux baiser fait de l'Homme un créateur de vie.

9.

- Celui qui est dans le mouvement d'impulsions déterminées est existant et matériel en prenant forme physique.
- Celui qui est dans le mouvement d'impulsions indéterminées est existant mais non matériel car invisible.
- Celui qui est dans l'immobilité d'impulsions non formées se confond avec l'infini et n'existe plus en tant qu'être individuel, car son existence prend fin.

Issu de la fraction de la singularité, l'Homme est le fruit du désir d'être existant.
Il doit aussi se déterminer pour exister. Autrement dit, s'il n'est pas en devenir, alors il perd son existence. Mais pour devenir ce qu'il est, il doit d'abord s'élever et entrer dans l'équilibre de ses impulsions, afin qu'elles grandissent en intensité dans son être, car en lui est l'intention infinie de création de soi.

Seul celui qui s'élève vers ses origines créatrices sera apte à faire descendre la lumière dans le monde physique et exprimera son essence, la volonté de son créateur bien-aimé. En effet, même celui qui est dans la vérité doit être indéterminé pour y rester, car celui qui se détermine vivra dans le mensonge car il viole la loi de l'existence que tout ce qui est, croît et évolue indéfiniment.

Donc celui qui se détermine existe dans le mensonge, mais celui qui s'élève fait descendre en lui l'unité d'où le monde duel est issu. L'Homme ramène avec lui la matière à son état primitif de pensées créatrices et tout ce qui est est béni de ses mains. Ainsi, en union avec les vérités éternelles, l'Homme se fait Dieu.

10.

Prière

Le 27 juillet 2018

Lettre 1, *Les Lettres du Christ* :

« Esprit Universel, tu es la puissance créatrice, derrière et en la création elle-même. »

« Tu es la source de tout être, le créateur en même temps que sa manifestation en et à travers tout ce qui est créé : rien dans l'univers tout entier n'est séparé de l'infini illimité et éternel de la vie divine, de la Conscience de la Puissance créatrice que tu es. »

....

Je sais, Vie Divine, que tu es la puissance créatrice en moi et autour de moi.

Je sais, ô Père Céleste, que tu es l'Amour parfait, ma vie, ma protection et la satisfaction parfaite de tous mes besoins.

Je sais, Père, que c'est ta volonté de répondre à toutes mes demandes.

Je sais, Père, que je ne fais qu'un avec ta Conscience Divine, et que chacune de mes paroles en conscience est un faisceau/rayon de lumière que tu reçois dans ta conscience, puissance créatrice d'Amour et qu'ensuite, tu rayonnes en moi, à travers moi et autour de moi la puissance de ton Amour Créateur pour moi.

Je sais à présent que chaque demande est nourrie de la puissance créatrice de ta conscience, connaissance divine qui lui donne vie, et que je verrai à manifestation visible chacune de mes demandes.
Père Céleste je te remercie de... (*Faire la demande*)
Je t'aime, Père, Merci.

Vous pouvez réaliser cette prière avec les variantes que vous jugerez utiles et nécessaires afin de la rendre plus accessible à votre conscience.
Celle-ci est très puissante dans son pouvoir créateur mais pour en voir les fruits, vous devez visualiser le sens de chaque mot, de chaque phrase, et bien évidemment de croire en ceux-ci, et vous verrez advenir des bénédictions pour vous. Vous pouvez également la réaliser sans aucune demande en particulier, juste en vous détendant, dans le but d'élever votre esprit et de vous connecter à votre source de vie, qui se chargera d'alléger votre esprit et vos soucis quotidiens et de vous redonner foi et espérance.
Il est important que cette prière soit réalisée dans le calme et dans la croyance qu'en la récitant en votre conscience que vous allez élever votre conscience, et ce, quoi que vous ressentiez.
Je vous encourage vivement, et à tout moment de la journée à réciter uniquement un des deux, ou les deux premiers passages de cette prière issue des Lettres.
En effet, ils sont très courts et vous permettent, en l'espace de quelques très courtes minutes, de faire pénétrer dans votre esprit et votre conscience des réalités spirituelles puissantes, vous permettant d'aider votre esprit à ne pas relâcher sa connexion avec votre Source de l'Être.
Connexion évidemment nécessaire pour votre bien-être quotidien, votre humeur, votre état d'esprit, la puissance de vos paroles et de votre conscience, mais aussi la réussite de vos tâches quotidiennes et de leur accomplissement dans la joie.

Puissiez-vous entendre ces paroles et qu'elles résonnent à jamais dans votre cœur et votre esprit, vous élevant dans la lumière de votre créateur.

11.

Tout est Un

Le 21 mars 2020

Patrick Lévy, *Le kabbaliste*:

« L'homme qui a maintenu sa conscience dans l'Un ne craint ni la vie, ni la mort, ni le malheur, ni les ténèbres, car dans l'Un la mort et la vie, le bonheur et le malheur, la lumière et les ténèbres ne sont pas opposés. »

Zohar, Tome 1 :

« Intègre le nom Elohim dans le nom YHVH pour comprendre qu'ils sont Un et indivisible. »
« Lorsque l'homme a compris que tout est un et qu'il n'y insère plus aucune fragmentation, "l'autre côté" lui-même se retire du monde et ne l'influence plus. »

....

J'aimerais aborder avec vous la notion d'unité. Celle-ci est capitale et même vitale pour votre bien-être et votre évolution spirituelle.

En effet, le monde crée par la division ou fragmentation des impulsions jumelles électriques et magnétiques, puis réunies dans la matière, conférant à la création la Conscience de Vie. Chacune exprime sa nature propre dans l'être individuel, et également dans l'ensemble des phénomènes physiques des plantes, des animaux, du climat, des humains, et toute création rendue visible.

La création d'un monde duel (chaud et froid, haut et bas, grand et petit, etc.) implique le déterminisme et la définition de soi par rapport à l'existence.

Cela s'exprime par la notion suivante : « il y a moi et les autres ; il y a moi et tout le reste ». Ces notions dans la personnalité humaine des impulsions créatrices, dans les mains de l'égo poussent les êtres vivants à prendre ou à rejeter selon leur jugement du « bien » et « bien » de leur environnement.

Par ce jugement et cette considération du bien et du mal, la création émane d'elle. Lorsque l'espèce est en capacité de se déterminer, ce jugement, sous forme de pensées/émotions éclectiques/magnétiques, attire et repousse ce qui est voulu ou rejeté de la conscience.

En cela, le monde physique de la relativité est nécessaire. Tout comme les notions de temps et d'espace sont visibles et observables dans votre dimension d'existence, Elles sont en conséquence expérimentables, donnant lieu à divers phénomènes et activités humaines.

Cette nécessité est due au fait que dans les dimensions spirituelles aux frontières de l'équilibre, ces notions d'espace, de temps, de haut, de bas etc. ne sont plus effectives et par conséquent inexistantes. Car ce qui est, Est, et le présent demeure constant. Et donc l'observation des phénomènes de conscience se fait sous un angle différent, d'un point de vue énergétique, sous forme de sons, couleurs, lumières incompréhensibles et en aucun cas appréhendables pour votre dimension terrestre.

Alors que, sur votre dimension d'existence, les expériences de conscience s'observent sous forme de pensées, paroles, croyances, sentiments et actes qui prennent forme physique lorsque leur intensité se fait suffisamment vivante pour être appréhendée comme des expériences physiques observables.

À présent, il est temps de travailler sur soi, sur la notion Une, de la vie Une, d'une création Une, d'un être humain Un, car les notions humaines s'annulent et perdent toute existence dans l'Un Divin.
Ceci est d'une importance cruciale pour votre futur, votre bien-être, votre santé et votre évolution spirituelle.
Devenir Un est une entreprise ni simple ni toujours joyeuse, mais vitale pour atteindre l'objectif spirituel de l'union ultime de la Conscience de l'Homme à sa Conscience Divine Créatrice.

La signification de ce changement d'état d'être implique de passer par une purification intérieure et une dissolution complète et totale des croyances en le bien, le mal, le bon, le mauvais, et tous les comportements qu'ils impliquent, comme la critique ou la valorisation inappropriée de soi.
Il est donc vital de cesser tout jugement, car qui que soit « celui » ou ce que vous appelez « l'autre », soyez toujours conscient que vous aussi vous êtes « l'autre » de cet « autre ».
Ne plus juger un « autre » ou une situation, une expérience ou une croyance et un mode de vie signifie avoir la capacité de voir en chaque chose les impulsions divines créatrices à l'œuvre, soutenir l'être et lui donner forme suivant les instructions de la pensée consciente, la Parole Créatrice.

Il vous est donc extrêmement nécessaire de voir le Divin en tout ce qui existe.
Comment pouvez-vous le faire ?
Comment est-il possible de voir l'infini dans la création individuelle ?
Beaucoup prient, beaucoup cherchent Dieu, mais peu le trouve.
La première façon est compliquée, car peu simple à observer.

Elle est la capacité à observer son Désir d'Être, sa cause initiale, sa flamme vivante, votre cause première créatrice.

Posez-vous les questions :

Pourquoi suis-je vivant ?

Qu'est-ce qu'être vivant ?

Pourquoi je perdure dans mon être ?

Cet exercice solitaire fait avec sincérité donne naissance à des miracles dans la vie des individus, et permet de saisir sa lumière créatrice et de la manifester dans la vie et les expériences de l'individu créateur.

Une autre façon de « voir » Dieu est de regarder, observer un être dans son regard, de s'y plonger, de passer au travers la couche dense de son égo et d'aller au plus profond de cet être, dans l'amour conscient de ses faiblesses et de ses blessures.

Toujours dans un amour grandissant, regardez l'autre avec le cœur. Alors si vous vous voyez en celui que vous observez, si vous vous voyez en tout ce qui existe alors vous aurez vu la parcelle infinie de vous-même. Car se voir en toute chose, c'est ne faire qu'Un avec elles, et c'est voir Dieu, le Père, car Dieu est Un.

Voir Dieu implique de se voir en toute chose et supprime la fragmentation de conscience, de séparation et brise toute capacité de jugement.

Ce n'est qu'en maîtrisant les impulsions créatrices par le contrôle de l'âme, et en brisant les barrières du jugement que l'Homme se mettra à appliquer la Loi de l'Amour Universel, qu'il s'élancera au-delà de la Loi de la Cause à Effet, de la semence et de la récolte, qu'il sera uni à son créateur bien-aimé et qu'il échappera à la Loi du Destin, pour finalement se reposer dans la gloire de la lumière créatrice du Royaume des Cieux.

Commentaire

C'est durant la journée du 6 janvier 2021 que je débute ma première discussion avec Danielle, dans le but de rédiger cette partie des commentaires afin de rendre les textes plus interactifs et plus fluides dans leur lecture. C'était un jour sombre et froid, comme au début des temps. Nous étions chacun assis sur une chaise de bureau dans la petite chambre sombre et uniquement éclairée par la lumière de l'ordinateur. Une ambiance nous poussant à l'intériorisation, à la réflexion et à l'expression d'une lumière intérieure. Il régnait une ambiance presque secrète.

— « Lorsque l'Homme a compris que tout est Un et qu'il n'y insère plus aucune fragmentation, "l'autre côté" donc le monde se retire et ne l'influence plus ». Cela mérite réflexion… Eh oui, puisque le monde lui-même est fragmenté, que nous sommes tous séparés, alors si nous sommes Un, le monde ne nous influence plus.« La création d'un monde duel (…) implique le déterminisme et la définition de soi par rapport à l'existence. » Oh punaise ! il est puissant ce message-là !

— Oui, en effet, dis-je. « Je suis ceci, ou cela » implique que je me détermine, que je me définis, et donc par l'affirmation ajoutée après « je suis », je crée ce que je suis.

— Mais dis-moi, David, on nous parle de l'égo, mais… les gens savent-ils ce qu'est l'égo ? Où il se situe ? Et pourquoi il est là ? Il faut que les gens comprennent. Et cela ne se fera pas en deux minutes ou en une phrase. L'égo fait partie de l'être humain. C'est grâce à lui que tu peux survivre, mais c'est aussi à cause de lui que les gens deviennent fous. Et pourtant, il est important. Il faut prendre conscience que l'égo peut être nuisible. Il est important parce qu'il te protège de tout ce qui peut te tuer ou te menacer, MAIS il ne faut pas qu'il devienne un veau d'or !

« Ce jugement (…) attire et repousse ce qui est voulu ou rejeté de la conscience. » Tout dépend de l'individu, de comment il prend la chose. S'il est positif, il ira jusqu'au bout, mais s'il est négatif, il verra les choses autrement.

Il n'y a pas de bien, il n'y a pas de mal, car nous sommes tous issus de l'Amour. Dans le fond, on ne peut pas être mauvais quand on est issu de l'Amour ni avoir de méchanceté. Quand on est imprégné d'Amour, on ne peut pas être mauvais. Nous sommes tous Un, nous avons tous été créés pareils, il n'y a pas de couleur de peau ni de religion dans l'Un. Il n'y a pas de bien et de mal, ce ne sont que des expérimentations que nous faisons en étant humains, parce qu'on est obligé pour se mettre à la place de l'autre. Et je crois que c'est ça le but de la vie, se mettre à la place de l'autre. C'est pour ça que dans nos milliers de vies, nous sommes là pour expérimenter ce que l'autre a, et que nous n'avons pas. C'est-à-dire que si nous nous confrontons à quelqu'un de jaloux, qui est négatif, envieux, alors pour lui le mal existe. Mais toi, tu n'es pas venu pour cela, alors tu ne vois pas cela comme du « mal ». Tu es venu apprendre comment l'autre est, et essayer de lui ouvrir sa conscience pour lui expliquer que la vie, ce n'est pas le bien et le mal. Nous sommes obligés de passer par là, parce que nous n'avons pas le droit de faire les choses à la place des autres. Nous devons absolument faire ces expérimentations nous-mêmes, sinon nous y reviendrons encore et encore. Le but de l'être humain est de ne plus se réincarner. Mais ça va demander des milliers d'années, car nous ne sommes pas encore prêts, et c'est loin d'être gagné.

Et autre chose, il ne faut pas oublier que la parole est créatrice. Attention à ce que vous pensez, attention à ce que vous dites ! Tout est création. Parce qu'ensuite, les gens pleurent. Mais qu'avez-vous pensé ? Qu'avez-vous dit ? Et après, vous allez pleurer, vous ne comprendrez pas. Mais qu'avez-vous pensé ? Et qu'avez-vous dit ?

Puis elle poursuit :

— Il faut faire attention à cela, puisque nous sommes des chefs-d'œuvre. « L'être humain est un chef-d'œuvre », comme m'a toujours dit mon frère. Nous avons de la peau, des muscles, des organes…C'est inimaginable cette création. C'est en dehors du temps.

Elle dit avec stupéfaction :

— Tu te coupes et ça cicatrise ! Mais c'est quoi cette création ? C'est à te rendre fou, quand tu réalises ! On arrive à trouver des médicaments et des vaccins pour guérir des maladies. Mais qui peut insuffler ce genre de choses ? Notre petit cerveau humain à nous, tu crois qu'il peut faire ça ? Non, ce n'est pas possible.

— Vous savez, Danielle, si à l'origine tout est Un et qu'il n'y a ni vous ni moi mais uniquement Un… comment se passe la première fois de notre existence où l'on dit « je » ? Quand nous sommes issus de cet Un, comme lorsqu'un enfant est mis au monde, quel est cet instant, ce moment frontière lorsqu'on ouvre la première fois les yeux sur notre existence ?

— Tu me demandes comment passer de l'inconscience à la conscience ? Ça me fait penser à une prière, et je me demande comment le « je » peut parler avec Dieu. « Vie Divine, tu es ma vie, mon soutien constant, ma santé, ma protection, la satisfaction parfaite de tous mes besoins et mon inspiration la plus haute. Je te prie de me révéler la véritable réalité de toi-même car c'est Ta volonté que je sois pleinement illuminé, afin que je puisse prendre conscience de Ta présence en moi et autour de moi. Je crois et je sais que c'est possible. Je sais que tu me protèges et me gardes dans l'amour parfait car je sais que mon but est de t'exprimer. En m'adressant à toi, je sais que tu es l'intelligence aimante qui a conçu ce monde et le manifeste sous forme visible. Je sais qu'en m'adressant à toi, je projette un faisceau de lumière dans ta Conscience, et que lorsque j'écouterai, tu te rapprocheras de mon esprit et de mon cœur de plus en plus réceptifs. » Il faut donc être dans un amour universel pour éviter la cause et l'effet, et que le boomerang revienne sur toi. Si tu as de l'amour universel pour tout le monde, tu n'as plus besoin d'expériences négatives pour te remettre sur ta voie.

— L'Homme est donc issu de la Conscience et il en est inconscient, dis-je alors. Puis il passe à la conscience de lui-même mais vit inconsciemment, et est inconscient d'où il est venu. Il retournera donc finalement à la Conscience de Soi par l'Amour Universel.

— Dis-moi, David, est-ce que tu te rends compte de la portée de ces messages ? Est-ce que tu te rends compte que c'est important ?

— Ah franchement, non, je me rends compte que c'est beau, mais pas de la portée que ça peut avoir…

— Tu te rends compte que c'est là pour t'apprendre la vie et comment elle fonctionne ? Ce n'est pas démoniaque, ce n'est que de l'amour ! C'est une œuvre colossale, et si tu expliques cela à n'importe qui, il va vouloir t'envoyer chez les fous. On est dans une époque où tout le monde est perdu, on ne sait plus vers quoi se tourner, on ne sait plus ce qu'on doit faire ni comment agir. Et pourtant, on fait partie de ce monde et on est là pour aider !

12.

Mes chers enfants, je choisis de venir à vous aujourd'hui, non pour prononcer de beaux discours d'encouragement ou de beaux enseignements ni pour parler d'un évènement ponctuel en particulier pour combler le vide de votre curiosité.

Je viens aujourd'hui afin de faire suite au message du 29 juillet 2009, dans lequel je vous ai mis en garde contre vos créations de conscience et de leur impact futur sur vos vies.

Bien que ce ne soit qu'un évènement passager, l'expansion du virus grippal actuel est la preuve que viennent de commencer les évènements catastrophiques qui s'annoncent pour vous.

Bien que ce virus ne soit en réalité que le commencement du prélude de ce qui s'annonce pour vous, il montre à quel point vos sociétés sont fragiles et vulnérables.

Ce virus, ainsi que les prochains en création dans le champ électromagnétique de votre conscience humaine planétaire, sont dus à votre mode de vie actuel, que vous faites subir aux espèces vivantes de votre planète.

Je vais m'expliquer sur ce point.

Cela est une chose difficile à aborder, mais néanmoins nécessaire. Il existe sur tous vos continents des zones d'élevage, de tuerie, de dépeçage, d'expérimentation et de destruction animale et également végétale qui sont une INFAMIE, une IGNOMINIE, une honte cruelle et blasphématoire mortelle, que vous faites subir à des créatures vivantes et innocentes qui sont en réalité des plus douces et des plus utiles pour votre survie et votre bien-être sur cette planète.

Une horreur insoutenable se déroule sur vos terres, dans vos forêts, votre ciel et vos océans, causant la mort par la torture innommable d'une cruauté sans nom de millions d'espèces vivantes sur Terre.

Et tout ce carnage brutal est caché aux yeux de la majorité de la population mondiale.

Moi je vous le dis, non comme une punition, mais comme une conséquence de la violation haineuse de la Loi de l'Amour Universel : ce que vous semez, vous le récoltez.

Que semez-vous ?

Vous semez une mort affreuse, non sans avoir laissé agoniser des heures, des jours ou des mois l'espèce vivante que vous avez choisi de détruire par la torture, l'expérimentation et la mise à mort. Et tout ce carnage est voilé à la face du monde.

Alors je vous dévoile ceci : ces actes abominables vous feront récolter une chose invisible à votre vue qui vous attaquera, vous torturera et vous mettra à mort, non sans vous avoir laissé agoniser.

Ne voyez-vous pas ici la description d'un virus ?

Ne voyez-vous pas ici la récolte de ce que vous avez semé ?

Ceci peut paraître dur, mais mon Amour Infini pour vous me pousse à vous mettre en garde, car les virus ne sont en réalité que l'émanation la plus simple et la plus primitive des étincelles électriques se matérialisant en atomes et molécules conformément au plan, au schéma de conscience maintenu et entretenu par les pensées, sentiments et actes de l'égo-créateur au moment où l'égo leur a donné forme.

Et je vous le dis, celui-ci n'est qu'un prélude. Je tiens aussi à vous faire part des autres formes de conscience qui sont en attente des circonstances terrestres pour se manifester sur votre Terre.

Outre la mort, la destruction et l'anéantissement des plantes et espèces animales de votre planète, je veux vous mettre en garde contre vos modèles de conscience à votre encontre en tant qu'espèce humaine.

Le vol, le meurtre, le viol, le mensonge, la haine, la critique, les pratiques des « forts » pour écraser les « faibles » ne seront que plus violents en ce que vous récolterez pour les décennies à venir ; par la création de crises économiques, humanitaires, d'identité, de guerres et de conflits de toutes sortes, et par le retournement et le renversement de vos terres et de vos océans, ainsi que le dérangement et le dérèglement brutal des éléments. Cette année est celle où un cap a été franchi dans l'horreur de vos pensées, paroles, sentiments, et par-dessus tout de vos actes.

Spirituellement parlant, il n'existe aucune condamnation de qui ou de quoi que ce soit, ce qui signifie en outre que le pardon ne peut pas être donné.

Seuls l'humanité et ce qui est sous le joug de l'humanité peuvent appréhender les notions de condamnation et de pardon. En conséquence, ce qui a été semé sera inévitablement récolté, et d'une manière similaire voire d'une intensité supérieure à l'intensité des co-créateurs de votre situation actuelle et de celles à venir.

Ce n'est pas parce que le soleil brille dans un ciel bleu magnifique que vous devez ignorer les nuages noirs de la tempête qui s'annonce à l'horizon.

Les conditions extérieures de votre vie ne sont que le reflet de votre état de conscience passé et présent.

Le travail de changement doit bien évidemment s'effectuer à une échelle mondiale dans tous vos pays riches ou pauvres, sans aucune distinction, car tous et toutes vous devez agir pour votre survie heureuse et joyeuse et celle des générations futures. En effet, les générations futures seront beaucoup plus extrêmes que vos générations passées, que ce soit dans le chemin de l'égo ou dans la quête spirituelle de connaissance de soi.

N'oubliez, ô grand jamais, que votre état de conscience crée votre vie. C'est pour cela que ce travail de changement et de reconstruction doit passer par le changement de vos modèles de conscience individuelle dans vos foyers, dans votre travail, avec votre famille et vos ami(e)s afin de passer avec le moins de désagrément possible ce que vous devrez récolter.

Comme vous êtes la cause de tout ce qui vous arrive sur votre planète, vous êtes la cause de votre propre existence et vous ne pouvez pas vous cacher de vous-mêmes de votre responsabilité totale et indiscutable de votre vie actuelle.

Et pourtant, combien sont nombreux aujourd'hui encore les êtres, même sur le chemin spirituel, qui refusent de voir et de croire qu'ils sont les créateurs de leur condition présente d'existence.
Ce que vous êtes mentalement, émotionnellement et physiquement n'est que le reflet de vos pensées, émotions, croyances et actes quotidiens et répétés. C'est pourquoi je fais appel à tous ceux qui peuvent entendre à chercher par tous les moyens à s'élever en conscience par la prière quotidienne sincère et par la méditation. Et de faire ensuite descendre dans votre monde matériel cette lumière puissamment almante, réparatrice, consolatrice et intelligemment créatrice issue de la Conscience Universelle en équilibre, que vous aurez atteinte lors de vos prières et méditations.
Beaucoup d'êtres de lumière se sont incarnés, et beaucoup d'êtres Célestes travaillent avec ceux qui le souhaitent et sont suffisamment motivés et dévoués à la survie humaine, animale

et végétale de votre planète. Cela afin de changer et d'améliorer vos modèles économiques, politiques, sociétaux, médicaux et techniques, pour un renouveau de l'espèce humaine où elle pourra mettre en pratique une vie de coopération réciproquement profitable et bénéfique entre les Hommes et entre l'Homme et la nature.

Ceci doit être et sera la nouvelle phase d'existence terrestre durant laquelle tout ce qui vit et croît à la surface de la Terre retrouvera sa pureté originelle et renouvelée.
Après ce rapide changement et des améliorations rapides des conditions d'existence terrestres, il fera place à une longue évolution mais intense de l'espèce humaine avant, enfin, la spiritualisation complète et définitive de l'Homme et de la planète.

Je vous ai de nouveau mis en garde dans ce message contre vous-mêmes, et ce que vous vous réservez à vous-mêmes et à votre descendance.
J'ai décidé de ne pas m'attarder sur les horreurs de conscience à venir, cela n'est d'aucune utilité, bien que réel, mais trop horrible à contempler.
Vous savez en revanche les bénéfices à venir si vous décidez de changer. La pauvreté, la maladie, les guerres, les révolutions et tensions mortelles seront éradiquées pour faire place à une coopération harmonieuse et intensément belle et lumineuse, si vous choisissez d'adopter pour seule ligne directrice dans vos vies la Loi Universelle d'Amour. Car seuls ceux qui vivent avec Amour sont réellement vivants. Le tri des chèvres hargneuses et des moutons calmes, paisibles et à l'écoute, commence peu à peu.
La Loi de Cause à Effet réalise ce tri, et seul l'Amour vous sauvera de vous-mêmes et vous mettra à l'abri des effets dévastateurs.

Vous êtes lumière, il ne tient qu'à, à votre volonté, à votre conviction de la chercher et de la trouver en vous-mêmes et en autrui, pour la vivre, et l'expérimenter à travers vous.

Vous avez été conçus dans ce seul et unique but, exprimer la Conscience Divine dans votre vie matérielle. Alors ne vous retenez pas de cette glorieuse destinée qui est la Vôtre par Droit Divin.

Ce n'est que sur vous que repose l'édification du Royaume des Cieux sur Terre.

Soyez courageux, ayez la foi, soyez lumière, et la joie ultime et ineffable de la Gloire Divine sera vôtre à jamais.

Cachés à vos yeux et à ceux du monde, vous êtes des dieux, alors devenez qui vous êtes.

13.

Miracles quotidiens

Le 31 mars 2020

À vous tous qui vivez sur Terre, vous ne vivez, pensez, ressentez, parlez et agissez que selon la dimension matérielle de vos croyances terrestres égoïstes, sans la moindre connexion avec la Source Vivante de votre existence. Voilà pourquoi vous vivez dans le manque et les limitations de toutes sortes.

Et pourtant, combien d'entre vous prient ?
Combien d'entre vous espèrent dans le doute mêlé de confusion et de crainte de voir leurs prières se réaliser et changer leur vie ?
Combien d'entre vous sont aveugles aux miracles quotidiens qui se déroulent en eux et autour d'eux ?
Combien d'entre vous reçoivent ce qu'ils demandent mais dans une incrédulité abasourdie rejettent et repoussent parfois avec violence les cadeaux divins qui leurs sont grassement donnés ?
Combien d'entre vous prient pour mettre des énergies divines créatrices en action, pour les voir disparaître aussitôt après une simple parole égoïste remplie de jalousie, de haine, de critique, et de colère ?
Combien d'entre vous refusent de pardonner et gardent de la rancune au plus profond de leur esprit et de leur cœur qui créé une barrière dense lors de leurs prières, et reste impénétrable pour la glorieuse énergie d'Amour-Père. Alors qu'il attend

paisiblement, patiemment et avec compassion que vous lui laissiez de la place pour venir en pleine force guérir vos blessures, sécher vos larmes et ouvrir pour vous la voie de l'abondance, de la jouissance de la vie, que vous désirez tant mais que vous vous refusez à vous-même ?

Combien l'être humain est trop empli de lui-même, incapable de se séparer de son égo pour laisser place à son âme ! C'est la raison pour laquelle vos vies sont tristes, moroses, ponctuées de troubles physiques, mentaux, émotionnels, de tensions, de critiques, de sarcasmes, de disputes, de doutes, de désespoir, de haines et de misères de toutes sortes.
Vous n'obtiendrez jamais la libération de votre âme si vous parlez avec votre égo, pensez avec votre égo, ressentez avec votre égo, priez et méditez sur et avec votre égo.
Les miracles sont quotidiens, et à votre tour, ils peuvent et doivent être manifestés au quotidien. Car nul n'est destiné à rester enfermé dans les chaînes qui le lient à la misère. Tout Homme a pour destinée la spiritualisation de son être et la purification de son cœur, de son esprit et l'expression complète et totale de sa Conscience Divine Créatrice.
La divinisation de l'homme et de la femme passera par leur échange d'esprit dans la Conscience Divine.
Vous devez donner naissance aux miracles quotidiens car telle est votre destinée.
Comment arriverez-vous donc à cet état d'être ?
La maîtrise des éléments extérieurs passe d'abord par la maîtrise de sa conscience intérieure. C'est la raison pour laquelle il est de la plus urgente et vitale nécessité de rechercher la purification des impulsions de votre égo.
Ne voyez-vous pas que la négative noirceur que vous recevez des autres n'est là que pour éclairer vos propres zones d'ombre ?

La vie est un miroir et vous ne voyez en elle que votre propre reflet. Raison pour laquelle il est nécessaire d'exprimer amour et compassion et de devenir Un avec chacun car ce n'est qu'ainsi que vous vous débarrasserez de votre égo pour y faire naître le Divin.

Vous devez donc prier sans cesse pour cela et demander l'illumination. Mais sachez un élément capital que voici : la prière doit être visualisée avec la signification émotionnelle/spirituelle profonde du sens des mots que vous utilisez.

Plus votre prière sera longue et silencieuse, plus son effet sera rapide et puissant dans votre vie. Vous devez avoir conscience que la Puissance Créatrice répond immédiatement à votre prière, que sa réponse est l'Amour parfait manifesté sur Terre à votre égard et à ceux qui vous entourent. Vous devez également écarter toute pensée négative, sinon vos prières n'iront pas loin.

Par conséquent, un état d'esprit clair et en paix est nécessaire en prélude de toute prière et méditation. Vous devez également débarrasser votre esprit de toute croyance humaine, ne créez donc pas de barrières à l'Amour Père dans sa capacité d'action en vous, pour vous et dans votre environnement.

Soyez toujours conscient que c'est la Nature et la Volonté de la Puissance Divine de répondre à votre prière et de satisfaire votre demande.

Souvenez-vous constamment que la Puissance Divine est Infinie et qu'elle est la substance de toute matière ? et qu'aucune limite d'aucune sorte n'est en mesure de stopper ou de bloquer son action.

VOUS N'ÊTES PAS, ET DE LOIN, EN ÉTAT DE POUVOIR PENSER OU MÊME À OSER CONNAÎTRE CE QUE LE PÈRE EST EN MESURE ET EN CAPACITÉ DE FAIRE POUR VOUS.

Si par malheur vous le faites, alors Il sera à la mesure de votre croyance en lui.

Autant dire qu'une puissance créatrice a la volonté moins puissante qu'un grain de poussière. Car ceux qui font vibrer les tympans de leurs voisins et cherchent à brasser du vent pour montrer leur foi et leur prière n'auront comme réponse que le néant, le vide de leur cœur ou la dure misère de leur vie terrestre.

Quels avantages avez-vous à prier en silence, en visualisant le sens de vos mots, à y mettre des émotions d'amour, à vous débarrasser de votre égo, et surtout à **ACCEPTER** tout ce qui peut venir à vous en réponse à votre demande ?
Vous avez la maîtrise à portée de main.

Il existe un chemin court qui est long ; et un chemin long qui est court.
L'Homme issu de la Terre fait, et continue de faire, selon ses envies et selon sa propre volonté, non assistée par l'universel. Il prend des décisions et agit, mais avance lentement et à petits pas. C'est le chemin court qui est long, c'est le chemin de l'action.

Alors que le monde s'affole autour de lui, celui qui visualise et prend le temps de rallonger ses prières en sens spirituel verra arriver à lui tout ce qu'il demande, et ouvrira devant lui le court chemin le menant à la joie spirituelle ultime. Chaque prière lui fera prendre un raccourci terrestre, et les miracles seront quotidiens.
Il réussira rapidement ce que certains mettent toute une vie à tenter d'accomplir.
Il balaiera d'un revers de main et fera disparaître les tempêtes et les éléments externes perturbateurs de la vie des gens, pour

laisser place à la lumière. Chaque besoin se verra comblé à vue d'œil. Il donnera joie et il sera rendu joyeux, il donnera tout ce qu'il possède et sa richesse se multipliera, il donnera les deux mains tendues, et le monde se pliera à sa volonté divine. C'est le chemin long qui est court, c'est le chemin de l'Amour.

CELA EST DONC CLAIR, IL VOUS EST DEMANDÉ ICI DE NE PLUS JAMAIS TENIR COMPTE DES LIMITES DE LA NATURE, CAR ELLES NE SONT QUE LES LIMITES DE VOS CROYANCES.

L'Homme qui brise ses chaînes et ses barrières pour les jeter dans le feu divin se verra rempli et soutenu par la Lumière Créatrice, qui s'exprimera à travers sa conscience et ses mains, pour donner naissance à des miracles quotidiens. Il ou elle fera appel à l'aide divine, et l'aide se matérialisera aussitôt. La météo, le climat, les objets, la nourriture, la matière vivante et inanimée seront sous son contrôle.

Tout est issu de la Lumière sans fin, c'est à vous de l'exprimer. <u>Vous avez la capacité de parler et de penser, qu'il en soit fait bon usage</u>.
RIEN N'EST EN MESURE DE LIMITER LES ŒUVRES DIVINES AU TRAVERS DE VOTRE CŒUR ET DE VOTRE ESPRIT, SAUF CELLES QUE VOUS LUI IMPOSEZ.

Que mon amour et ma foi en votre sagesse grandissante vous enveloppent.

14.

Questions

Le 3 avril 2020 à 01 h 41

Questions, questions, questions…
— Qui a des questions ? demande le sage.
— Moi, j'ai tellement de réponses, dit le sot.

La question est l'essence même de la connaissance.
Mise au plus profond de lui, l'Homme se la cache toujours plus profondément et l'ignore pour se voiler à lui-même sa propre réalité.

La question posée avec Amour, mais surtout avec Intelligence, est la clef qui ouvre sur l'espace Infini. L'infini questionnement, élément déclencheur du mouvement de conscience sortant de son équilibre pour dévoiler à son auteur son enseignement de connaissance.
De part sa nature Infinie, la connaissance abonde dans l'esprit du questionneur, qui en retire toujours plus de questions, de clefs ouvrant sur de nouvelles bénédictions.

En effet, l'Infini est l'équilibre de la Dimension Universelle, et de Cela jaillit l'expression de soi, la connaissance active.
Le maître est humble, car bien qu'il sache beaucoup, il se pose toujours des questions plus profondes qui le font avancer toujours plus vite sur le chemin de vérité, à mesure que la

Connaissance Universelle devient sienne. Mais la Connaissance de la vérité étant par définition Infinie, le chemin se rallonge d'autant plus loin et d'autant plus vite à mesure qu'il avance sur le chemin.

C'est pour cela que je vous encourage vivement et passionnément à chercher vos questions, elles vous apporteront sagesse, amour de soi et des autres, réconfort, enseignement et maîtrise.

Veuillez noter un point important : à aucun moment je ne vous ai dit que vous obtiendriez des réponses. Les réponses sont limitées et limitantes, elles sont finies par nature, et le fini ne peut en aucun cas prétendre un jour à rejoindre l'Infini.

Les réponses divisent, segmentent, cloisonnent, par leur nature intrinsèquement déterminante.

Aucune d'elle ne vous emmènera sur le chemin de la vérité bénie, car la division et la détermination n'ont pas cours dans l'indétermination de l'Un Infini.

Vos questions ouvrent sur l'Infini et vous octroient une liberté sans limites. Les réponses emprisonnent l'esprit et le rendent esclave de celles-ci. Des hommes ont tué car la réponse était « la volonté de Dieu ». C'est pourquoi les religions sont elles-mêmes divisées, divisées avec elles-mêmes, divisées avec leurs fidèles, divisées avec le monde et divisent le monde, car elles n'ont que des réponses sur des questions qu'elles ont choisi de bannir, d'oublier et qu'elles ne se posent même plus. Car qui répand le mensonge ne fera jamais partie de l'Un, l'Éternel Infini.

Tellement de certitudes en elles…

Pourquoi donc vouloir désirer un esclavage de plus ?

C'est lorsque la question devient insoutenable que l'esprit s'ouvre sur un gouffre abyssal, qu'il frôle l'Infini, d'où l'enseignement lumineux surgit pour venir combler et grandir son auteur. Car la quête de la connaissance de soi est la voie que l'Homme doit emprunter pour retourner à l'union complète et parfaite de sa Source Créatrice. C'est par la question « Qui suis-je ? » que l'Homme pose le pied sur une Terre Sainte, et comme dans l'Infini Béni le commencement renferme la fin. Alors c'est une fois arrivé à la fin que l'enseignement, en guise de réponse à la question, lui donnera un nouveau commencement.

Les seules vraies réponses ne sont pas des réponses mais des enseignements. « Qui suis-je ? » Lla véritable réponse est dans la question, elle seule vous emmènera dans le Royaume des Cieux, espace Infini de l'éternel instant d'expression de soi

« Je deviens sans cesse "Je Suis". »

15.

Vous êtes issu de la lumière divisée en différentes facettes. Vous vous êtes tous différenciés au cours de vos aventures terrestres, qui vous ont amenées dans divers chemins de traverse.

Car les plus grands trésors qui se trouvent au sommet du monde, la prière et la médiation, sont malheureusement les pratiques les plus délaissées, les éléments de vie vers lesquels l'Homme ne tourne pas son regard. Raison pour laquelle il est en exil. L'exil se produit lorsque l'esprit s'aventure sur les sables mouvants. Seul l'Homme qui entre en lui-même trouvera sa terre promise.

Il y verra alors le Divin du dedans de lui-même, qui se cache derrière ce qu'il dévoile, car rien de ce qui est voilé n'est destiné à rester caché. Comme un diamant aux multiples facettes, c'est par ses lumières créatrices qu'Il lui sera révélé.

Tous les secrets révélés ne peuvent être dits, car celui qui les énonce sort de l'équilibre du silence d'où ils viennent. Chacun doit comprendre par lui-même au travers du silence, car ce n'est que par lui qu'il pourra comprendre ce qui ne peut être dit. L'esprit humain étant fini, il doit tendre vers l'Infini dans la quête de Soi, car en faisant l'expérience de ses limites il caressera des vérités éternelles, qui bien que réelles, ne seront jamais « assez vraies ». Ainsi, la quête Divine des Vérités de l'Infini béni de l'esprit qui retourne à sa Source Créatrice est Éternelle. Je Suis la Vie, la Vérité et le Chemin.

N'oubliez jamais que les paroles de vérité donnent vie à celui qui les prononce, ainsi qu'au monde entier ; mais les paroles de mensonge apportent la mort à celui qui ose les utiliser car il déconstruit ce monde qui repose sur la vérité de l'Amour Universel.

De par votre existence même vous fournissez au Divin la connaissance divine de lui-même. Comment donc un si grand joyau de bonté offert à son créateur pourrait être refusé ? Comment donc en retour la Conscience Divine pourrait vous refuser ce que vous désirez ? Tout ce que vous pouvez souhaiter vous sera offert avec grâce et en quantité et qualité bien supérieures à ce que vous pouvez même concevoir.

Le monde est la création la plus pure qui puisse exister, si grande et si merveilleuse que vous saviez que vous alliez vous y perdre dans cette aventure de la vie, et même sévèrement vous égarer.

C'est pour cela que la promesse divine vous a été donnée, que le sceau divin a été scellé dans votre cœur, pour vous rappeler à la Source de Vie à la moindre demande, pour que vous retrouviez le chemin de vous-même. Et si le monde requiert aujourd'hui votre existence, c'est qu'il n'aurait pu continuer d'exister sans votre présence. Vous avez été oint par la promesse que la Loi de l'Amour Divin restera à jamais au plus profond de votre cœur, pour quiconque désirera quitter son exil pour retourner à sa Terre d'origine auprès de votre Créateur Aimant.

Vous avez été béni dès l'origine pour être une bénédiction que ce monde requiert, pour que vous puissiez vous connaître en tant que bénédiction et ainsi devenir vous-même Divin.

La vie est une symphonie ininterrompue savamment orchestrée, et c'est par le silence de l'Amour que chaque être humain joue sa mélodie intérieure et permet la continuité de l'existence du monde.

Vous êtes une bénédiction ; devenez qui vous êtes.

16.

Commencement

Le 10 avril 2020

Commencement. À partir de quand débute le commencement ? Le commencement débute lorsque vous vous posez la question « Quand a-t-il commencé ? ». Ce qui fait que vous êtes des êtres humains, c'est ce questionnement sur soi. Et la réponse est aussi simple qu'énigmatique. Le commencement débute lorsque l'Homme se pose la question.

Mais pourquoi renvoie-t-on la création du commencement à celui qui pose la question ? L'humain sort constamment du néant pour y retourner, et pour à nouveau en être expulsé, car il est à l'image de Celui qui n'en a pas. L'image n'est pas matérielle mais spirituelle. Ce qui émane de l'esprit de l'Homme lui revient. C'est par la question « Quand est-ce que Cela a commencé ? » que l'esprit de l'Homme crée son propre commencement.

Cette question du commencement est à l'origine de l'émanation de la Lumière intérieure. C'est par sa propre lumière que l'Homme éclaire son monde, et c'est par la nomination qu'il crée son monde, et c'est par sa différenciation, son observation et son jugement qu'il quitte son unité d'être pour entrer dans l'expérimentation de la relativité. Car la création de soi est l'expression de son désir d'être.

Ce que vous pouvez lire est-il vrai ?

En aucun cas. Toute expression n'est que l'image de la connaissance au moment où l'esprit est allé la puiser pour ensuite la figer. **C'est à vous de vous élancer dans votre propre connaissance intérieure.**

Une photo de paysage ne montre pas les milliers d'activités qui s'y déroulent ni même son changement. Seul celui qui est en état de connaître la vérité quand il est dans un éternel présent de conscience **est** dans la vérité.

Ce n'est pas en regardant l'ombre d'un être qu'on peut le connaître. Ainsi, il arrivera un moment de l'existence où la règle sera de ne pas porter son regard dans les cieux, ni dans le ciel, ni sur la terre, ni dans les mers, ni dans l'avenir, ni dans le passé, mais uniquement là où il se trouve.

Car du lieu où tu te tiens, ferme les yeux, impose le silence, puis écoute et vois !

Les ténèbres laisseront place à la Lumière.

La création du commencement, le commencement de la création n'est pas du dedans vers un en-dehors, mais est en dedans de Lui-même dans l'équilibre universel.

C'est du dedans de l'Esprit que jaillit la Lumière, car rien n'est en dehors.

Tout est Un, l'Esprit, la Lumière, sa Nature Aimante et sa manifestation, expression de son Intention/Désir originels.

Quelle douce mélodie que la symphonie créatrice !

Béni est celui qui était sourd et qui peut l'entendre. Quelle merveille que la création !

Béni est celui qui était aveugle, car à présent il voit.

Car qu'est-ce qu'un Homme si ce n'est celui qui entend le chant du désir du silence et voit ce qui danse dans l'invisible ?

L'équilibre de l'Intention Infinie est éternel, le commencement de la création est la création, la création est issue de ce commencement.

Quand commence le commencement de la création, la création du commencement ?

Cela débute quand la question est posée, car elle flotte dans l'éternel présent de l'équilibre universel. Celui qui questionne reproduit l'instant de création.

La création est cachée dans celui qui s'interroge, jusqu'au moment glorieux où il aperçoit en lui la Lumière « Je Suis », cette lumière du commencement est cachée dans ce qui est révélé. Ainsi le commencement est permanent.

L'Homme questionne l'Infini sur cet univers, et comme enseignement, il le renvoie à sa propre question. Cela doit vous faire comprendre la chose suivante :

Vous êtes à l'origine de Cela, l'univers est en Vous.

Commentaire

Il convient ici de comprendre que le commencement tel qu'il est expliqué n'est pas le commencement de l'univers matériel composé de ses galaxies, de ses planètes et de ses étoiles. Non, ici il s'agit d'un commencement conceptuel de vie. Un commencement spirituel de vie qui peut avoir lieu en chaque instant, à partir du moment où l'on cherche à se voir et à voir le monde avec un regard neuf, tel celui d'un enfant. Le questionnement sur soi engendre un espace de questionnement dans l'esprit qui, s'il est assez humble et ouvert, obtient peu à peu, et avec le temps et l'expérience, des réponses. Ces réponses vont évoluer en profondeur et en complexité dans l'esprit de celui qui se pose des questions, afin de devenir de véritables enseignements de vie. Ceci permet à chacun d'entre nous de recréer l'instant du commencement.

Autre chose : « Vous êtes à l'image de Celui qui n'en a pas. » Beaucoup de passages dans ce livre sont paradoxaux et ont pour objectif que le lecteur se pose lui-même ces questions : Si je suis à l'image de celui qui n'en a pas, à quoi est-ce que je ressemble ? Et à quoi Cela ressemble-t-il ? Si l'image est spirituelle, qu'est-ce donc que cette image ? C'est pour cela qu'il est nécessaire de comprendre la syntaxe des phrases. Ainsi, les paradoxes sont faits pour être unis dans l'esprit et faire comprendre que tout est Un. Car **le but n'est pas de comprendre ce qui est écrit, mais de ressentir le sens exprimé et faire ainsi l'expérience de l'unité intérieure**. Le fait de croire ou non en la véracité des enseignements n'est pas le point important ici. L'important est de comprendre que si on accepte que cela est vrai, alors cela n'est pas assez vrai. La vérité n'est pas une somme d'informations figées que l'on accepte comme étant vraies. La vérité est en mouvement. Cela ne signifie pas qu'elle change, mais qu'on ne peut que chercher à l'appréhender et à approfondir notre connaissance de la vérité, et donc qu'elle est infinie, comme un chemin sans fin. Car celui qui prétend détenir une vérité immuable du genre « c'est comme ça et pas autrement » se ferme et ne cherche plus. Il se coupe donc de l'Infini car il entre dans le fini. En d'autres termes, certains mots, certaines formulations sont vrais, mais demandent à être médités pour grandir en sagesse et en humilité.

17.

Création

Le 13 avril 2020

J'aimerais vous parler brièvement de la création. Il est possible de dire de manière spirituelle que la création est l'union du fini et de l'infini dans l'être individuel.

C'est une Lumière primordiale, elle est l'origine du commencement qui vit dans l'Homme, et ce commencement est éternel et continu, sans interruption.

Ainsi, la Lumière est, et soutient la création tout entière ; elle porte l'Homme, et l'Homme la porte en lui.

L'Homme porte le monde <u>dans</u> lequel il se tient et cette Lumière qu'il porte est le Nom Divin en lui, caché, occulté.

C'est donc par la Puissance Divine qui le porte que l'Homme crée son monde, par sa bouche et sa pensée, et qu'il se crée lui-même, par la même occasion.

Prenez garde de vous-même car la vie et la mort se trouvent sur le bout de votre langue. Autre chose : puisque la Création est l'expression de Soi la plus parfaite du Divin, et que chaque être, bien que semblable en fonction de son espèce est absolument unique et individuel dans sa conception, il est donc du devoir de chaque chose créée, et tout particulièrement l'Homme, de prendre conscience et de se dire qu'il vit réellement En la Conscience Divine. Il n'a pas à chercher le paradis car ce monde a été et est en création à <u>son</u> intention et qu'il vit déjà dans le Royaume des Cieux.

Ainsi, une Conscience Infinie, singulière dans son être Un, s'exprime dans la création par la multiplicité dans laquelle sa Lumière Infinie réside dans un parfait équilibre.

À présent, comment rester créateur de soi dans le conflit ? Comment pouvez-vous gagner quand le perdant vous entraîne dans son jeu ?

Vous ne le pouvez pas.

N'essayez donc pas de dire et d'expliquer ce que vous savez, non, la chose à faire est d'élever en vous votre enseignement et de poser à votre opposant les bonnes questions, qui le mettront dans le doute et le questionnement intérieur.

Ceci est la seule chose que vous pouvez faire. Auquel cas, mordez-vous la langue, mais ne répondez en aucun cas, car si vous perdez votre calme ou votre paix, alors vous aurez perdu.

Car au final, tout conflit avec autrui est un test avec soi-même.

Si vous perdez paix et calme intérieurs votre égo gagnera sur vous-même et vous perdrez contre vous-même et contre la personne avec laquelle vous débattez.

Vous avez le devoir d'être avec votre âme et de la laisser s'exprimer. Ne croyez pas que parce que vous pouvez bouger votre corps, parler et penser, vous êtes vivant. Seuls ceux qui sont consciemment en état de contact avec la partie éternelle d'eux-mêmes sont véritablement vivants. Et même cela n'est pas constant mais uniquement momentané, par période.

Alors qui parmi vous est partiellement vivant ? Qui est dans la mort ?

Je vais vous dire les choses autrement. C'est par celui qui garde paix et Amour dans son cœur, quelles que soient les plus affreuses et déplaisantes situations dans lesquelles il se trouve, que le monde tient et subsiste.

Pourquoi ? Car il permet à la réalité Universelle d'exprimer sa création intelligente et son Amour bienfaisant, qui soutient et sous-tend tout ce qui existe. Alors que celui qui utilise son égo pour un simple différend mineur rejette de sa conscience le monde extérieur et son monde intérieur et participe à son niveau à la désintégration de la structure physique et atomique du monde et de son corps.

Si dans le monde le Divin ne se montre pas, c'est que Cela est partout et en tout pour vous encourager à observer votre monde et vous-même et à vous poser les bonnes questions existentielles, qui vous amèneront en vous-même dans l'espace infini du questionnement d'où émergera la Lumière. Car l'Homme doit comprendre à un moment de son existence qu'il Est la réponse à ce qu'il recherche.

Si l'Homme pose la question « Qui est Dieu ? »,

alors la réponse sera : « Et toi, Qui es-Tu ? ».

Il en est ainsi de l'Homme, de lui-même dans sa recherche de son identité mystique. Le monde est une pensée, une parole, une graine qui a germé dans l'Intention Divine. Et l'Homme est sorti de l'Unité Bénie pour déployer ses ailes dans la dualité, et se poser sur cet arbre du monde pour y construire son nid et chanter la gloire de l'Intention de la Lumière Éternelle, qui vit en lui afin de l'exprimer. Puis, le temps venu, redéployer ses ailes, partir de son nid, quitter son arbre de la connaissance et s'élever dans les différentes dimensions du ciel, être au Royaume des Cieux d'où il s'était expulsé pour s'élever toujours plus intensément dans l'Unité jadis oubliée. Et enfin s'y fondre avec joie et Amour, où ténèbres et Lumière se fondent, où la fin et le commencement ne font plus qu'Un et révéler le présent de l'Équilibre Universel, la Réalité Divine Ultime sans Nom qui ne s'explique plus. Puisse votre mélodie intérieure vibrer l'Amour Universel et vous faire quitter la Loi du Destin de ce monde pour entamer votre voyage dans un monde nouveau, d'une plus haute symphonie intérieure.

18.

Homme

Le 18 avril 2020

J'aimerais ici vous faire part d'un message important concernant les composantes essentielles de l'être humain. Car à moins de comprendre pleinement son origine créatrice et l'ensemble de ses composantes, l'Homme continuera à errer dans des explications déformatrices, le menant dans des chemins qui ne sont pas les siens, le retardant fortement dans son ascension dans les différentes strates lumineuses des Royaumes de la Conscience Divine.

Dans sa partie la plus basique, l'Homme dispose, comme vous le savez très certainement, de son égo, le point central de sa personnalité, lui donnant individualité et un fort sentiment de devoir protéger cette existence et satisfaire ses propres besoins. L'Homme est en outre composé de son esprit ou psyché, avec des parties conscientes, inconscientes, et enfin la partie créatrice de son subconscient. Dans sa dénomination la plus basique, l'esprit est désigné comme la partie créatrice de lui-même, via ses pensées et émotions.

Vient ensuite la parole, qui est un moyen d'expression matériel de telles énergies émotionnelles et de la pensée. La parole donne du poids et imprime dans le subconscient et la matière l'énergie créatrice pour la densifier. Il est d'ailleurs possible, uniquement à l'aide de la pensée émotionnelle et de la parole, de matérialiser vos « Paroles » ou « modèles de conscience ».

Vient finalement le corps, pour exprimer dans l'acte l'énergie de création.

Ces quelques composantes ne représentent en réalité que la partie émergée de la réalité humaine, et chacune de ces caractéristiques est une forme de lumière différente en sa forme et en vibration.

Montons à présent dans ce qui représente la partie métaphysique, spirituelle de ce qu'on pourrait appeler « celui qui devient pleinement lui-même, pleinement humain ». Une de ces composantes est sa Conscience d'Exister, sa conscience d'Être. Celle-ci est un haut niveau de conscience que bien peu expérimentent au cours de leur vie terrestre. Veuillez noter qu'il s'agit bien ici de Conscience d'Exister et non de se savoir exister ou vivre. Ce dernier est du simple domaine de l'esprit et non de la conscience profonde de soi.

Cette conscience d'exister rarement expérimentée par les êtres humains se lie, se marie en parfaite harmonie avec une autre composante humaine, qui est celle de sa Conscience Divine en lui. Celle-ci représente la Conscience Une, Infinie. Celui qui fait l'expérience de cette conscience la voit en tout ce qui existe et se sent uni au monde, aux créatures vivantes de toute la création ainsi qu'aux éléments et à la Conscience Divine, la Vie en tout ce qui existe, qui soutient et sous-tend la structure physique de votre monde.

Mais un point important vient ici s'ajouter à son âme, sa Conscience Divine qui bien qu'universelle lui est avant tout individuelle. Enfoui au plus profond d'elle-même, il y a l'Intention-Désir d'expression de soi. C'est par cette intention, ce désir enfoui dans l'âme que l'Homme se forme et donne forme à ces différentes lumières qui le composent. L'Intention-Désir de la béatitude de l'âme inatteignable pour l'Homme durant de très nombreuses vies s'exprime sous la forme du questionnement sur lui-même, à savoir « Qu'est-ce qu'un Homme ? », autrement dit « Qui Suis-je ? ». Cette question, très souvent inconsciente, forme l'égo, l'esprit, la parole et l'acte à chercher des moyens d'apporter une réponse (très souvent matérielle) à cette question. D'où les très nombreuses vies menant petit à petit à l'éveil de soi. Vient enfin la question, qui bien qu'éternelle en l'Homme mais ne faisant surface à l'esprit que bien après et qui forme l'Homme, est le questionnement sur la parole qui le forme.

Dit autrement, l'Homme est formé par le questionnement sur la parole consciente qui le forme. L'Homme se dit : « Qui est à mon origine ? Qui me fait naître ? Comment et pourquoi je vis ? Comment et quoi créer ? Qu'est-ce que ce monde ? Qui est à son origine et pourquoi ?».

L'Homme est formé par le questionnement de toutes ces Paroles Qui le forment.

Vous êtes finalement une <u>Intention d'Être</u>. Un désir <u>continuel, éternel</u> d'expression de soi issu de l'équilibre de <u>l'Un Universel</u>, l'Unité Universelle sous forme d'une <u>Lumière créatrice,</u> elle-même issue du commencement incarné par le questionnement sur soi-même (Qui) et sur le monde (Quoi), vous faisant prendre forme humaine, dotée de toutes les énergies créatrices Divines, recherchant dans la réalité la Connaissance de Soi et le retour à la Source, l'Infini Béni, de l'Un universel enfoui au cœur de soi.

Puisse l'Homme avisé travailler ce qui le forme, la raison de son existence terrestre, jusqu'à se modeler à l'image de l'Infini qui est en lui. Car par son essence qui lui donne l'existence, la question lui donnera à lui-même l'existence de son essence. Devenant ainsi maître de lui-même, il sera créateur de soi.

19.

Foi

Le 22 avril 2020

Chers humains, j'aimerais partager avec vous quelques mots sur ce que vous appelez la foi. Celle-ci bien qu'importante et nécessaire pour vous assurer le bien-être de votre vie et l'accomplissement de vous-mêmes que vous désirez (et bien qu'un très grand nombre d'entre vous disent « croire »), la réalité est que peu d'entre vous ont en eux la croyance réelle qui leur permettra de vivre de belles vies pleines de sens et de significations leur permettant d'accomplir le désir d'incarnation de leur âme dans cette vie présente. Plusieurs choses peuvent être dites concernant la foi.

Elle est une puissance créatrice, une puissance de conviction joyeuse de l'esprit qui le possède et qui l'élève à la rencontre de son âme. Lorsque l'âme entre en contact répété mais succinct avec l'esprit, elle lui transmet sous forme de flashs, de visions et de désirs, la réalité la plus élevée à ce moment précis de ce qui peut être créé et expérimenté afin de manifester la Lumière Divine de l'âme qui est l'Intention Divine de la Conscience Créatrice Infinie manifestée dans l'être individuel.

Malheureusement, très souvent l'esprit rejette consciemment ou inconsciemment ces visions et flashs idylliques les qualifiant de supercheries, d'irréelles ou tout simplement trop beaux pour être vrais. C'est à ce moment-là qu'une personne qui se dit spirituelle doit être en mesure de se démarquer de son état de conscience habituel de celui de la majorité des êtres humains pour entrer dans la dimension réelle bien qu'invisible de la vraie croyance, de la foi pure et sincère la menant directement dans le chemin spirituel et matériel qui est le sien dans sa vie présente.

Quels que soient les désirs qui font surface à l'esprit lui-même, ou issus directement du désir ardent d'accomplissement de l'âme, ils doivent être entretenus et compris pour le bien-être de l'individu, et même pour son entourage et pour l'humanité tout entière.

En effet, même dans une unique vision chez un seul être qui apparaît une seule fois dans sa vie, si elle est entretenue et nourrie avec foi afin de la manifester, elle peut bouleverser et changer radicalement les conditions de vie de l'individu et des humains sur cette planète.

C'est à ce stade qu'intervient la foi, et non une foi en un être ou un individu divin ou céleste qui réalisera ce que vous pourriez lui demander en prière, sous forme de demande.

La véritable foi est la puissance de conviction joyeuse qui, parce qu'une vision, une chose ou une expérience a été demandée, décrétée ou décidée dans le mental, alors elle sera amenée à manifestation visible.

Bien que ce qui a été demandé ne soit pas actuellement visible, elle prend une réalité qui lui est propre dans les dimensions invisibles de la créativité, et existe donc réellement. Arriver à voir avec la Connaissance de la Réalité invisible et avec le cœur est la clef du succès.

<u>L'Amour est en vous, au-dessus de vous et autour de vous, alors faites-lui confiance !</u>

Il est nécessaire de prendre parfaitement conscience que chacune de vos demandes est une **<u>pensée,</u>** sous forme électrique intelligente, une impulsion, un élan de vie qui représente votre volonté. Cette pensée est en état de mariage, de fusion parfaite avec votre **sentiment** de désir ardent magnétique, qui représente le but, le moyen d'atteindre votre **intention** première d'expression de votre âme qui elle reste cachée et en équilibre.

Il faut en effet préciser que l'intention de l'âme est différente du désir que vous ressentez vouloir manifester. L'intention est spirituelle et très souvent cachée, mais que l'esprit humain interprétera de différentes manières pour donner naissance à des pensées et émotions, donc à un but ou un objectif à atteindre pour expérimenter l'intention de l'âme.

Au-delà de la connaissance de votre état mental et émotionnel dans la demande, la foi est également la connaissance dont vous disposez (en fonction de votre évolution) de la Nature Divine de la Puissance Créatrice à l'origine de, et maintenant votre univers visible. Sans cette base indispensable, aucune foi n'est possible. Il est donc d'une importance vitale de prendre pleinement conscience de la Nature Créatrice Intelligente et surtout de l'Amour Universel qui dirige et maintient l'Intelligence pour satisfaire absolument tout ce que la création peut ressentir.

C'est pourquoi <u>il est nécessaire, lors de chaque prière, d'arriver à un état d'esprit où l'esprit lui-même considère comme réel ce qui a été demandé</u>. Cette conviction, cette joie, ce bien-être, cet amour ressenti représentent l'alignement des énergies de conscience de l'individu sur les énergies Divines créatrices, permettant un lien direct entre la Conscience Divine et l'individu, conduisant à la manifestation visible de la prière dans sa vie.

C'est-à-dire que les vibrations de conscience doivent être à la même fréquence que l'intensité de votre désir, sans quoi de nombreux obstacles que vous créez vous-mêmes feront barrage à la manifestation de votre demande.

Il est donc évident que chacune de vos pensées électriques doit être animée d'émotions magnétiques représentant ainsi votre schéma, votre « Parole », votre vision, votre plan de conscience. Celui-ci, une fois nourri par la Lumière Divine sous forme de demande et de remerciement sincère pour la manifestation de cette empreinte électromagnétique dans votre réalité, attirera alors des particules électriques et magnétiques dans votre champ de conscience qui seront créés, amenant à manifestation visible votre demande dans le monde.

C'est cela la vraie foi, qui ne nécessite rien d'autre que la conviction créatrice de l'esprit humain et l'Intelligence Créatrice à l'origine de l'esprit de l'Homme envers sa création tout entière. En outre, il va de soi que la manifestation toujours profitable et positive de la foi est réalisée par des êtres ayants amour et intention Divins envers tout à chacun également, ainsi que pour les biens d'autrui, les animaux, la nature, le monde en général et qui sont débarrassés, ou tentant sincèrement de se purifier, des impulsions « moi-je » de l'égo, de la critique, du mensonge, du sarcasme, de la violence, ou de façon plus subtile, de la tristesse et du sentiment morose des conditions banales ou misérables de la vie.

Avant de conclure sur ce message, j'aimerais préciser un point important. Il arrive très fréquemment dans la vie des gens de faire des expériences désagréables, ou bien de vivre des éventualités négatives dans le futur, en raison d'un état d'esprit en phase de déclin spirituel, ou de conditions personnelles ou générales qui semblent se dégrader. La majeure partie des gens faisant face à ce genre de situation se mettent à constater une diminution des fréquences vibratoires de leurs émotions et de leur esprit, donnant parfois de profonds malaises, et même une détresse extrême.

Veuillez noter, je vous prie, qu'une personne ayant une foi sincère et forte, même si elle est humainement portée par des évènements négatifs et y réagit un temps, sait se ressaisir rapidement et trouver en elle-même la même force aimante et lumineuse que lorsque les évènements ou conditions précédentes, personnelles ou générales, étaient au beau fixe. En effet, **une personne qui a une foi forte n'est aucunement inquiète des conditions matérielles et humaines extérieures et sait parfaitement écouter ses intuitions, prendre les bonnes décisions et demander le nécessaire en temps voulu pour assurer à elle-même ainsi qu'à son entourage des conditions décentes et prospères.** Tout cela en sachant avec conviction qu'aucune force extérieure n'a de pouvoir face à la Puissance Aimante du Divin lorsqu'un de ses enfants sait écouter et se mettre consciemment et volontairement sous sa Protection Divine, choisissant d'abandonner volonté égoïste ainsi que peur et tristesse.

Et même mieux, la personne avec une foi réelle sera en mesure de prier avec intelligence, confiance et amour, de visualiser le nécessaire et de l'amener à manifestation visible, d'apporter à autrui réconfort, guérison et soulagement de leurs soucis et de leurs angoisses
L'Homme humble qui fait peu de bruit et qui possède une foi forte ne prend aucunement en considération les limites de la nature qui lui sont dictées par ses sens ni ne prend en compte les discours du monde. Non, il sait qu'il peut être le seul obstacle à son bien-être et il se débarrasse donc du doute, du mensonge, de la malhonnêteté et des incertitudes qui enferment l'esprit et le cœur des Hommes dans les griffes des idées noires et des possibilités mentales néfastes et infondées.
Il les brise et les chasse pour ne laisser place qu'à la réelle et seule Puissance Transformatrice qui est en lui, et qui attend qu'on la sollicite avec joie et conviction pour lui laisser réaliser

son œuvre de création d'Amour-Intelligent parfait pour celles et ceux vers qui sa Puissance est dirigée.

La foi est une belle et merveilleuse femme qui se laisse séduire uniquement par les Hommes aveugles avec la détermination joyeuse, l'Amour de soi et des autres, dont le regard est porté sur l'intelligence du cœur et les oreilles sur le silence de l'âme et de cette femme.
Ce n'est qu'ainsi qu'elle est séduite et guide l'Homme en direction de son verger intérieur, où tous deux dans leur parfaite union diront d'une même lumière « Je Suis Un », et donnant à l'Homme une récolte fructueuse et abondante pour réjouir pleinement sa vie.

Puisse l'Homme en quête de sagesse comprendre le sens profond de la foi, et qu'il comprenne qu'il ne fait qu'Un avec elle, car elle est son Âme de Vie.

Où que vous alliez, allez-y avec tout votre cœur, qu'il s'ouvre à vous et qu'il soit illuminé par la foi ; car là où votre cœur sera, vous serez.

20.

Vérité

Le 25 avril 2020

Dans le monde de la création nécessairement vraie, son existence repose sur le Vrai, sur ce qui Est. Cependant l'incarnation de l'Homme repose quant à elle sur le bon ou le mauvais issu du Vrai et de la déduction du faux, de l'illusion dans l'existence relative nécessairement vraie. Division verticale du monde de l'en-haut avec celui de l'en-bas ; l'en-haut comme l'en-bas et l'en-bas comme l'en-haut.

Le spirituel invisible et absolu donne naissance au matériel visible et relatif. Sans le spirituel, point de création, mais sans création du matériel, point de lumières spirituelles actives, et tout serait dans l'éternel équilibre universel de non-expression de soi.

Ainsi, l'Universel a dû se diviser haut et bas, impulsion électrique et impulsion magnétique pour exister.

L'Homme tiré du Vrai a dû pour exister, séparer du Vrai et du faux du bon et du mauvais. Pour cela l'Homme se donne à lui-même sa propre existence et il ne pourrait exister sans elle.

Ainsi, issu de l'indéterminé Universel il devient le déterminé de lui-même dans le relatif. C'est de cette façon qu'il existe. Son incarnation nécessite de sortir de l'Éden du Vrai absolu. Pour cela, il doit se voir à lui-même par le jugement personnel, la séparation, et de considérer le Vrai absolu comme du vrai et/ou faux comme bon/mauvais, et d'en déduire un faux absolu considéré comme vrai et/ou faux bon/mauvais relatif à lui-même. Ce n'est qu'après plusieurs vies, considérées comme bonnes ou mauvaises dans le jugement à travers le vrai et le faux qu'il se mettra en quête du Vrai absolu.

Ce n'est qu'après le jugement et la détermination de soi qui le révèlent à lui-même qu'il retournera dans son foyer originel, imprégné de la parfaite connaissance de soi.

La vérité de l'Un donne la vie, et la séparation par la détermination donne la naissance de la connaissance de soi. Mais par la naissance vient nécessairement la mort. Cela n'est ni bon ni mauvais mais nécessairement Vrai, issu de l'Universel. Ainsi le jugement divin n'existe pas et est impossible.

De par cette introduction et voilée qui ne vous sera pas expliquée dans le détail (car ceci doit être fait par votre propre réflexion), j'aimerais m'étendre sur la notion de vérité. Une vérité <u>nécessairement</u> Vraie concernant vos vies <u>relativement</u> vraies.

Comment menez-vous vos vies ? Comment interagissez-vous avec autrui ? Êtes-vous réel avec vous-même ? Êtes-vous réel avec les autres ?

Et en êtes-vous sûr ?

C'est pourquoi je vous dis ceci : si vous souhaitez mener de belles vies inspirées et inspirantes, vous devez vivre dans la VÉRITÉ de vous-même et rechercher la vision toujours plus haute et plus lumineuse de la vérité.

La Conscience Divine étant absolument Vraie dans son Être, elle exprime donc ce qui est nécessairement vrai. De ce fait, ses énergies lumineuses sont éternelles, car issues de la Vérité de l'Amour Universel et de l'Intelligence Universelle exprimant une Création Universelle, d'où la Nature spirituelle créatrice s'exprimant dans diverses dimensions métaphysiques et dans le monde matériel.

Si donc vous voulez vivre et être vivant à votre tour, vous devez être en recherche continuelle et permanente du Vrai spirituel d'une part, et l'exprimer dans votre monde physique d'autre part. Auquel cas, si vous négligez la recherche de la vérité spirituelle vous serez amenés par vous-même dans le mensonge, soit envers soi-même, soit envers les autres, ou bien les deux.

L'Homme est créé à l'image de la Conscience Divine, la Puissance Créatrice. Donc, je vous le demande : dans sa partie la plus profonde et basique, qu'est-ce qu'un Homme ? S'il est lui-même à l'image du Créateur, de la Cause des Causes, alors il est nécessairement créateur et à la cause de lui-même, qui se définit par sa propre création !
Je vous demande ceci : que créez-vous quand vous dites des mensonges conscients ? Ou pire, quand vous vous mentez à vous-même consciemment ou même inconsciemment ?
Je vais vous le dire, vous donnez naissance à du Faux absolu, qui n'existe pas dans l'entendement Divin de ce qui Est, le nécessairement Vrai.
Et cette création de vos mains est à votre image, tel un miroir elle vous reflète, tout comme vous-même êtes à l'image métaphysique et spirituelle de votre créateur. Vous faites donc naître un paradoxe : du faux absolu qui existe pour vous-même mais qui ne peut aucunement avoir une existence propre dans le domaine de la Réalité. Vous créez donc ainsi des failles, des fragilités évidentes dans le tissu spirituel qui sous-tend votre monde et votre corps, et c'est ainsi que vous vous donnez à vous-même la mort.

Alors qu'essaie-je donc de vous dire via ce message ? Qu'il faut toujours dire la vérité ? Il serait possible de l'entendre de cette façon mais cela ne serait pas complet.
Non, non, non, vous êtes loin, mais tellement loin du sens profond... Tous les messages sont liés !

Pourquoi des messages sur le « <u>commencement</u> » de « <u>l'Homme</u> » qui pose des « <u>questions</u> » et a pour mission de donner naissance à une « <u>création</u> » de « <u>miracles quotidiens</u> » grâce à sa « <u>foi</u> », qui exprime la « <u>Vérité</u> » aux yeux du monde que « <u>tout est Un</u> » dans le silence de l'Infini « <u>sans Nom</u> » ?
Ne voyez-vous pas un plan Divin derrière cela ? Ne voyez-vous pas l'action de grâce de l'Intelligence Puissamment Aimante derrière chaque action et pensée de votre vie ? Alors je vous en prie, pour votre propre bien, celui de votre entourage et de votre monde et de votre planète tout entière... soyez des créateurs !
Soyez des créateurs spirituels qui donnent naissance à une création matérielle. Votre création est à votre image.

La vérité est la suivante :
Un être créateur sans spiritualité n'est qu'un corps sans âme et tombe en poussière.
Un être spirituel sans création est une âme sans corps qui est privée d'expression de soi et le vivant est mort.

Votre but n'est ni plus ni moins d'exprimer matériellement la Lumière spirituelle Divine, de telle sorte que vous puissiez créer une création Divine, et vous réunir pleinement et consciemment avec votre Créateur car Tout est Un même secret.

Ce n'est qu'ainsi que vous serez dans le Vrai, ce n'est qu'ainsi que vous serez dans la Vérité qui vous rendra libre et vivant.

Vous avez été et êtes bénis éternellement par le sceau Divin de l'Amour Universel, pour être une bénédiction pour vous-même et pour le monde.
L'individu n'est limité que par son propre horizon, qu'il se crée lui-même. Le Tout est en tout et l'Infini dans l'infini. Voyez vous en tout pour que l'Infini soit en vous, car d'une union parfaite

avec votre Créateur Aimant vous ne faites qu'Un... Il suffit de s'en souvenir.

Les paradoxes spirituels sont libérateurs, car ils brisent les barrières et expriment l'unité.
L'Infini est en expansion en lui-même dans un mouvement créateur hors de lui-même allant vers soi...

Devenez cet Amour créateur.

21.

Conscience de Vie

Le 1er mai 2020

Zohar Tome 1 :

« L'arbre de la Connaissance « bien/mal », c'est le petit adam, petit du côté de la vie et de la mort. »

Par son désir-intention d'expression de soi issu de l'âme, l'Homme acquiert sa Conscience de Vie. Il est Conscience Divine qui s'ignore, un « Je Suis » dans l'Universel, dans la béatitude de la Conscience Universelle.

Mais à la vue de la Création Divine, l'intention-désir Divin se manifeste intensément en lui et observe cette étendue de création immense, cette aventure de la Vie universelle. Jusqu'au moment où il fait un choix, estimant une chose bonne pour lui et ainsi par déduction, meilleure que les autres à sa disposition.

Il devient par sa parole, par son choix du fruit qu'il cueille, l'incarnation même de ce fruit issu de sa subjectivité. Dans l'infini il devient un être individuel qui acquiert sa propre conscience d'exister et qui garde en lui son âme.

C'est par le choix du bon, mauvais, meilleur, la création des préférences et de ses goûts, que l'Homme acquiert la connaissance de soi individuelle.

Ce n'est que par les impulsions jumelles de l'Amour et de l'Intelligence de l'âme qu'elle s'incarne sur Terre, se matérialisant en pulsions d'attraction-rejet, de l'activité de l'esprit contrôlé par la personnalité/l'égo de l'être incarné.

Autrement dit, par son choix, l'âme devient subjective. Elle devient le centre du monde et s'incarne dans le relatif. Une fois sur Terre, l'esprit de l'Homme prend le contrôle, poussé par l'Intention Divine de l'âme, de se connaître en tant que Créatrice Divine. Car bien qu'elle sache, ce n'est que par l'expérience qu'elle acquerra la connaissance et la force d'ascensionner dans la Lumière. Ainsi, le choix ouvre la porte du jugement du bien et du mal personnel qui doit être franchi.
Dominée par l'égo, l'âme doit expérimenter au cours de son odyssée de la vie ce qu'elle n'est pas, pour pouvoir amener à l'esprit de l'Homme ce qu'elle est réellement au-delà des illusions.

Au cours des incarnations de l'âme, c'est par les expériences issues des pensées et émotions, paroles et actions, que l'Homme les jugera bonnes ou mauvaises et qu'il se définira ainsi, jusqu'au jour où il réalisera sa propre dualité qui est la cause de toutes ses souffrances. Par son esprit, il regardera son âme qui aura acquis suffisamment de connaissance de soi pour s'exprimer au travers de l'esprit, et bouleversant à jamais la conscience de l'Homme, s'unissant ainsi à son âme.
Il a donc été nécessaire que l'Homme prenne par sa propre volonté, sa liberté. Puis bien après, uni consciemment à son âme, il sera parfaitement uni au Divin. Débarrassé de son égo, son corps, son esprit, son âme et la Puissance Créatrice seront Un.

En définitive, l'Homme, en choisissant séparément l'arbre de Vie, acquiert la connaissance du bien et du mal et s'y soumet. Il est assujetti par la puissance de l'attraction et du rejet. Il sort volontairement de l'Éden et acquiert ainsi sa liberté.

Formé par le questionnement des Paroles qui le forment issues de l'âme, l'Homme est un être animé par la Parole de la question qu'il se pose sur lui-même d'une part, et par sa conscience d'être d'autre part.

Sa conscience de soi est en évolution qui (par son questionnement et sa recherche de la vérité) détermine ses fréquences vibratoires de conscience (sa Parole).

L'Homme est donc la cause de lui-même issu de son choix de liberté de devenir ce qu'il est grâce à ses altérités.

Il se noie dans ses illusions de la vie et connaît la mort. **Ce n'est que lorsqu'il abandonnera la connaissance subjective du bien et du mal pour voir comme Un, qu'à travers la mort il connaîtra la Vie. Car lorsque de l'arbre de Vie il fera son être, de vie il vivra. L'Homme et la Vie étaient Un, et redeviendront Un, mais pas avant d'avoir été deux.**

Ainsi, l'Homme est l'incarnation des choix et des jugements qu'il porte sur le monde. Il cessera d'y retourner lorsqu'il tournera son regard en lui-même pour observer ses mondes et verra tout comme l'Un.

Alors mourant de mort à lui-même il deviendra ce qu'il est et dira « Je Suis », ce commencement sera la Lumière, et sa Parole sera celle de Dieu, car ses Noms sont inscrits en lui.

22.

Méditation des Noms

Le 1er mai 2020

Créateur, Puissance Créatrice de la Créativité, Création ;
Intellect, Intelligence, Intelligible ;
Amant, Amour, l'Aimé.

Tout est Un, rien n'est séparé.
Dieu se cache dans le sens infini des mots, eux-mêmes finis, qui tentent désespérément d'écrire l'Infini.
Dieu est la prière et sa manifestation dans la réponse car il est la définition ultime de la Foi.
Dieu est l'amoureux et l'être aimé, car il est l'Amour qui relie.
Dieu est la création et il en est le créateur, car il est la Puissance de créativité sans cesse active.
Dieu est l'intelligible étudié par son intellect, car il est l'Intelligence conceptrice de la création.
La Lumière se regarde elle-même dans son propre reflet.
Tout est Un dans l'Infini.
Ce qui semble n'être que fini n'est qu'illusion, le fini et l'Infini se touchent dans le regard, la Connaissance de ce qui est regardé et connu par l'Être, qui connaît et qui regarde.

Dieu se cache dans ses Noms, ils sont vivants et pluriels, reliés dans l'infini du sens singulier exprimé au travers du multiple.

Dans le point de la pensée, l'intention, dans le frémissement de l'infini jaillit la Lumière, souffle de vie, car Il est le souffle, l'esprit et la vie. C'est alors que les Noms sont issus et tournent au-dedans de soi, dans le « Je » du mouvement créatif.

La Lumière diffuse des Noms est inscrite en tout, et pour tout ce qui existe dans le vivant et l'inanimé des mondes.
Tout est un dévoilement de l'Intention sans cesse jaillissante, constant de la Lumière des Noms pourtant voilée au regard de ceux qui ne voient qu'avec leurs yeux.

La Parole Divine est Lumière, et ne peut être vue qu'avec l'Amour du Cœur et par l'Intelligence du chercheur sincère.
Elle ne peut être entendue que par le silence de celui qui s'écoute écouter le puissant silence de la lumière de l'âme, aveuglant l'égo et redonnant la vue à l'esprit.
Bien que la Lumière des Noms ait éclaté par nécessité pour se manifester, Tout est Un, l'Homme et la Création sont la manifestation de ce secret.

23.

Aide

Le 4 mai 2020

Dans la quête de vous-même à la réunification de votre âme à l'Intelligence – Amour Créateur, il est fort probable que vous fassiez face à des gens qui pourraient partager en totalité, en partie ou pas du tout, votre niveau de connaissance au moment où vous la leur transmettrez.

Il n'est aucunement utile pour vous de vous faire des illusions. Aucun être humain ne devrait s'attendre à ce qu'autrui soit éclairé ou transformé par les avis et conseils qui sont transmis.

Il arrive dans le parcours de l'âme et de la personne la nécessité de changer radicalement de mode de vie, de personnalité, de culture, de religion, etc. Ces différentes étapes sont de l'ordre des expérimentations de l'âme qui, pour son propre bien, doit comprendre ce qui la rendra heureuse ou non au travers des expériences humaines : des forces et faiblesses possédées au moment des expériences, les conséquences de l'enfance, des vies passées, des désirs confus d'avenir conjugués aux peurs et espoirs, aux doutes et réflexions évolutifs ainsi que les limitations personnelles résultant de l'éducation, de la culture et des diverses perturbations vécues qui impactent l'inconscient.

Chaque personne devrait comprendre que le meilleur moyen d'éclairer autrui sur une forme de réalité divine et de sa propre existence et de son avenir n'est pas de faire la morale ou de dire ce qui est considéré comme vrai.

Non, la seule façon durable et véritable d'apporter une aide lumineuse est de faire preuve d'Amour, car seul l'enseignement de l'Amour est libérateur et source d'intelligence.

Ce qui sort du cœur pénètre le cœur, mais ce qui vient de l'égo nourrit l'égo d'autrui. L'Amour est la seule réponse aux conditions supposées extérieures et jugées comme étant non conformes à l'ordre moral, communément jugé comme étant « bien ».

Une fois que l'Amour a été exprimé de façon sincère et désintéressé sans vouloir voir que l'autre devienne comme soi, alors la façon de le guider est avec l'Intelligence, au travers du questionnement réfléchi et subtil, pour lequel les réponses ne sont pas désirées ni même demandées car de nouveau questionnées.

Le véritable questionnement intelligent est libérateur, car il est fait par Amour de voir autrui se libérer de ses chaînes de souffrance et de misère. Le questionnement est ce qui permet à autrui de s'observer, se questionner à nouveau soi-même de façon autonome, de se mettre à nu face à soi-même.

L'être humain est nu et le sera éternellement, même s'il fait tout pour se cacher à lui-même et aux autres. Il est nu face à son créateur aimant, qui ne juge pas sa nudité. Il est nu face à lui-même et se sent nu parfois face à ses altérités promptes au jugement. Il est temps de mettre chaque personne nue face à elle-même, mais en cachant son regard pour ne pas inciter l'autre à encore se voiler pour se cacher face à vous et aussi face à elle-même.

Toute parole d'Amour Divin est une graine pour faire germer l'âme d'autrui. Toute question essentielle issue de l'Intelligence

Divine, bien que perturbante pour l'esprit de l'Homme, est une source de croissance pour l'âme.

L'âme est une fleur qui pousse et grandit par la Lumière et la chaleur de l'Amour. Elle éclot, montre la beauté et les couleurs de ses pétales grâce au questionnement, source d'enseignement spirituel qui lui permet de se connaître elle-même pour s'exposer à la Lumière de la Source Créatrice.

Mais prenez garde, car si l'âme grandit et éclot au travers de l'Amour qui sous-tend l'existence et de l'Intelligence relevant des enseignements dus au questionnement, elle se ferme et fane face aux réponses.

Apprenez à voir l'âme d'autrui, et non des corps et les réactions de l'égo. Puisez dans la prière et la méditation l'amour et la compréhension nécessaire pour permettre à autrui de tourner son regard en lui-même. Car permettre l'illumination est le plus grand des cadeaux et elle ne se passe qu'en soi-même.

Puisse la sagesse vous guider dans l'enseignement de vos semblables.

Commentaire

— Dans la vie, il faut expérimenter et faire son propre chemin. Il faut tout baser sur l'amour, l'amour de ce qu'on fait, l'amour des uns et des autres. Tout est une question d'amour. La vie est une création d'amour et rien d'autre. Les gens ne comprennent pas ça. On essaye sans arrêt de satisfaire notre égo toute la journée, et ça va aller pour un temps seulement. Quand on a ce qu'on veut, on est content mais on se lasse, et il faut encore autre chose, et ça ne s'arrête jamais. C'est une insatisfaction intérieure, et c'est ce qui arrive quand on ne veut pas vivre autrement.

— En effet, en soi, on a un manque, un trou noir qu'on essaye de combler avec nos envies de l'égo, et ça ne nous comble jamais, finalement. C'est un puits sans fond, et le seul moyen de nous combler est la spiritualité.

— La vie ne peut pas être un long fleuve tranquille, ce n'est pas possible. Il y a toujours des expériences à vivre, réfléchir à la manière dont on mène notre vie, la manière dont on décide de faire les choses... Mais est-ce que c'est bon pour nous ? On ne sait pas. C'est complètement aberrant de courir derrière quelque chose qui n'existe pas. Dans ma vie, j'ai couru derrière quelque chose qui n'existait pas ; une image, une enveloppe. C'est pour ça qu'il faut abandonner les apparences. Abandonner les paroles et voir la réalité des gens d'après leurs actes.

— C'est pour cela que lorsqu'on veut aider une personne, il ne faut pas lui balancer son défaut à la figure car sinon, elle se voilera encore plus la face. Il faut voir le manque ou le défaut de l'autre et le lui faire remarquer sans lui dire directement, pour ne pas le brusquer ou lui faire honte. Donc, aider une personne, ce n'est pas lui faire la morale. C'est lui faire remarquer le problème sans le nommer, et la questionner pour le lui faire comprendre, afin qu'elle cherche à se corriger elle-même par la prise de conscience de son problème ou manque.

— Il faut donc tout voir par amour, car vivre des expériences difficiles avec les autres nous mine, car nous ne pouvons pas vivre en paix. Et parfois, le plus compliqué, c'est la vie qu'on a avec la famille. Quand j'étais en Algérie avec mon père, c'était l'ordre militaire, une vie de folie et voir ma mère, une femme d'amour, souffrir de cette vie, c'était horrible. J'ai donc voulu me sauver pour trouver une personne avec qui je pourrais vivre, mais j'ai vécu la même vie de souffrance que ma mère. De plus, on ne pouvait pas quitter la famille aussi facilement qu'aujourd'hui. À chaque génération son contexte. Ma sœur, à l'âge de 30 ans, ne pouvait pas sortir le soir s'il n'y avait pas un homme de la famille pour la surveiller.

Donc parfois, on vit mal et il faut suivre en plus la rigidité des uns et des autres. Il fallait que je me sauve de ce trou et en partant, je suis tombée dans un trou encore plus profond. Rien ne sert de se sauver pour voir ailleurs avec quelqu'un d'autre, comme je l'ai fait, car c'est l'individu qu'il faut voir. Est-ce une personne d'amour ou de non-amour ?

24.

Nostalgie de la Genèse

Le 4 mai 2020

Dans un temps de non-temps, dans un instant éternel, dans le néant du vide de l'équilibre du silence du Sans-Fin est issue la singularité du point de la pensée, le frémissement de l'Infini de la Connaissance Universelle.

Le point de l'Intention, du Désir d'être, l'Un vibre de soi du dedans de lui-même, lorsque temps et espace sont repliés et inexistant. Le mouvement issu du désir-intention, du frémissement de l'Infini dans son être est le « Je » qui émane de l'infini, du néant.

L'Infini sans Nom émane ainsi de soi, au-dedans de soi un « Je » infini, universel se nommant « Je Suis-Serai », la Lumière d'être Universelle, éternelle Puissance Créatrice.

De par sa Volonté Intelligente, le monde est édifié, et de son But Amour, le monde est formé, soutenu, maintenu et satisfait dans son intégralité. Tous deux expriment l'Intention d'être.

De « Je Suis-Serai » est issu l'être individuel, un autre « Je Suis-Serai » qui en est bâti et le possède au plus profond de soi. La vibration de l'Infini crée le fini et les deux ne font qu'Un, qui se touchent en l'Homme, qui se demande où l'Infini et le fini se rencontrent.

Le frémissement, la vibration de l'Infini amenant au fini est la mélodie de la symphonie de la création exprimant l'Unité Bénie du commencement de soi que tout être peut écouter dans le silence de l'équilibre de son âme.

Le « Je » de la création est l'éternel commencement du chant du Désir d'Être. Ainsi l'Homme est appelé un « Je Suis-Serai » issu de son désir d'être venant de l'Infini en lui. Devenant connaissance subjective, il oubli à lui-même sa propre Nature Divine. Par le questionnement il formera sa Parole, sa Conscience d'être et se travaillera dans la création unie à sa propre création, afin d'effectuer le chemin du retour à lui-même, dans l'Intelligence Divine et l'Amour Divin.
Ainsi, il connaîtra un nouveau commencement l'ouvrant sur un Infini où frémit le regard sur sa Lumière intérieure qui jaillit du dedans de lui-même, éclairant son corps, son esprit et son âme. Issue de l'Infini où Tout est Un, l'âme incarnée possède la nostalgie de la béatitude de l'équilibre. Ce n'est qu'en venant dans l'être fini relatif que l'âme peut connaître l'état d'extase de son être Un, qui ne peut s'expérimenter que comme un état passé du Divin, de la Source à laquelle elle aspire à retourner.

25.

Messie

Le 7 mai 2020

Il arrivera à un moment de la vie humaine où l'Homme lui-même devra faire preuve de courage et se lancer dans l'étape spirituelle ultime, lui permettant enfin de réaliser l'aspiration la plus profonde, l'aspiration ultime de la vie terrestre de son âme : l'illumination. Il n'existe pas et n'existera pas d'homme ou de femme censé amener derrière lui ou elle le monde entier dans une nouvelle ère assurant le salut des âmes comme aiment l'imaginer les religions.

L'Homme est destiné à être maître : maître de lui-même, maître de la Connaissance Divine, maître de la matière. Chaque maître pourra ou non être suivi par des disciples ou une population, mais jamais entraîner le monde derrière lui en un temps très court d'une vie terrestre.

Un messie est un maître et un maître est un Homme qui par son regard de bienveillance cherche à illuminer l'étincelle Divine de ceux sur qui son regard se porte. Car il sait que lui-même possède le Divin en lui, que sa destinée est de l'exprimer en totalité, débarrassé des ombres et impulsions de l'égo.

Chaque maître apporte par ailleurs la fin des temps où en cela il guérit du passé, il guérit du futur, en garantissant l'avenir, et il permet ainsi aux êtres de résider dans un présent éternel de bénédiction.

C'est cela la fin des temps qui s'accomplit, pour le maître d'une part et pour ceux qui suivent scrupuleusement et sincèrement ses enseignements d'autre part. Il passe outre les lois de la matière, du temps et de l'espace, car la Volonté Divine Aimante Créatrice illimitée du Divin et son inspiration en lui ne sont plus limitées par les croyances humaines.

Le maître n'est pas préoccupé par les imprévus de la vie. Non, il sait qu'en lui réside l'Amour nourricier, l'Amour protecteur et pourvoyeur de bénédictions. Il sait qu'il est entouré sans cesse par l'Intelligence Créatrice, qui attend patiemment de lui répondre et de satisfaire toutes ses demandes et celles d'autrui.

L'Homme qui devient maître sait écouter, retenir sa langue lors d'un conflit et surtout, il sait faire taire son égo pour écouter en lui le doux silence du frémissement de l'âme. Il est un « Je Suis » qui a abandonné la connaissance subjective du « bien » et du « mal » de la dualité, la connaissance du monde matériel de la relativité aux dimensions limitées.
Chaque maître, en entrant dans la Loi de l'Amour Universel, est sorti de la Loi du Destin, de la Loi de Cause à Effet, et donc du karma et des réincarnations obligatoires, nécessaires et volontaires. Il est libre et libère les cœurs et les esprits emprisonnés dans l'étreinte des griffes de l'égo des êtres humains. Sorti de la Loi de Cause à Effet, il est donc devenu Conscience de la Cause de lui-même, parfait créateur d'actions de grâce et d'expression Divine.

Purifié de la connaissance subjective, il est un parfait réceptacle où la Conscience Divine s'empresse de se déverser. Ainsi, il ne fait qu'Un avec la Puissance Créatrice, et la Volonté et le But du maître envers lui-même et le reste de l'humanité sont ceux entretenus par le Divin à son égard.

Il aime, il est aimé et l'Amour le soutient. Il abolit les notions de temps et d'espace, de limites personnelles, et permet de trouver en soi la liberté fondamentale recherchée par l'âme de chacun. Le maître est uni au monde et au Créateur et ils sont Un. Il unit donc la Connaissance Divine au reste de l'humanité. Il est uni à Dieu car il voit le monde comme Un.

Il maîtrise la matière et dans son regard lumineux, elle devient diaphane et exprime la Lumière de l'Intelligence Créatrice. Il modèle, transforme et crée la matière issue de sa connaissance Divine du monde et du Créateur, ainsi que de la Puissance qui réside en lui, suivant des besoins très précis et dans des conditions judicieuses et nécessaires d'expression de l'Amour et de l'Intelligence Divine.

L'état de la maîtrise est à la portée de quiconque cherche à vivre et vit d'Amour transcendant pour le bien d'autrui, et qui se purifie de son égo et des croyances humaines et des limites de la nature.

Ce qui est décrit ci-dessus est la destinée de chaque être humain, il vous appartient de décider quand vous la vivrez.

26.

Pardon

Le 15 mai 2020

Je viens ici pour vous parler d'une notion importante pour votre bien-être sur cette planète, mais surtout pour votre santé au niveau physique, mental, émotionnel et évidemment pour votre évolution spirituelle. J'aborde ici avec vous et pour vous la notion de pardon.

Tout d'abord, il y a ce que vous appelez le pardon, mais à un niveau Divin spirituel. Bien que rassurant, celui-ci n'existe pas et n'a pas besoin d'exister, pour la simple et bonne raison que jamais à aucun moment des forces divines ne pourraient chercher à vous condamner, car aucun jugement du « bien » et du « mal » n'a cours dans l'Esprit Divin.

En revanche, cette notion existe bel et bien dans votre monde matériel terrestre, et ce, tant que l'égo sera maître de vos vies. C'est pour vous le fait de l'accorder à une personne qui vous aurait fait du tort ou qui vous aurait blessé, et ayant réussi à vous remettre mentalement, physiquement et émotionnellement de l'acte d'autrui, vous accordez le pardon.

Ce type de pardon n'est qu'une image superficielle du véritable pardon. L'Être pleinement spirituel qui accorde le pardon a dans son esprit la pleine et parfaite compréhension de l'état d'esprit de l'autre et de ses faiblesses, de son manque de conscience spirituelle, de ses peurs et de ses doutes, ainsi que de ses conceptions de la vie.

L'Être spirituel qui a conscience de toutes ces basses énergies chez autrui est donc capable de compréhension. Il est capable, tout comme le Divin, de voir que le « bien » et le « mal » d'autrui ne sont que la détermination de son esprit duel pour tenter d'exister dans ce monde en dépit de toutes ses faiblesses conscientes ou inconscientes. Ceci afin que, vous ayez une telle compréhension de l'autre que vous pourrez dire en toute honnêteté envers vous-même, puis envers autrui ensuite : « Je n'ai pas besoin de pardonner car à présent, ayant vu avec une telle clarté tous ses manques et faiblesses, je me rends parfaitement compte qu'il n'y a rien à pardonner. De plus je suis tellement aimé et chéri par la Vie Divine, que je n'ai plus à craindre aucun mal ni même à avoir une quelconque réaction négative si autrui agit avec colère, mépris, ou haine à mon égard ».

Voilà ce qu'est le véritable pardon, et rien d'autre. Évidemment, si autrui s'aperçoit avoir mal agi envers vous et vous prie de bien vouloir l'excuser ou le pardonner, il est de votre devoir d'accepter cette demande car il aura fait preuve de compassion à votre égard et aura fait taire son égo, dans l'espoir de pouvoir apaiser votre cœur et votre esprit (les raisons peuvent ou non être égoïstes, donc soyez prudent). Si vous ne le faites pas, il est clair que vous pourriez créer une situation bien pire et douloureuse entre vous et cette personne. En utilisant votre égo via vos pensées et émotions de colère et de supériorité sur l'autre qui se sera rabaissé pour vous, vous créerez alors une situation encore plus destructrice, voire désastreuse pour vous deux.
Il existe enfin la situation où vous avez été blessé de diverses manières mais que cela soit complètement passé sous silence dans l'esprit de celui ou celle qui a eu des paroles ou des actes blessants, voire malveillants à votre égard. Dans ce cas de figure très compliqué à gérer, il est évident que toutes les

pensée et émotion négative entretenue à l'égard de votre agresseur seront issues de votre égo terrestre, et non de votre âme Divine.

En conséquence, il est probable que vous ayez un impact électromagnétique dans la conscience de votre agresseur, et qui l'atteindra en plus des effets qu'il ou elle récoltera dans son champ de conscience, en réaction à la blessure qui vous a été infligée et qui est aussi la cause de son futur mal-être.

Il y a donc un très gros problème ici, que seuls ceux qui sont aveugles ne peuvent voir clairement. À partir du moment où vous entretenez des énergies de conscience négatives à l'égard de celui qui vous a blessé, vous passez de l'état de victime d'autrui à agresseur d'autrui et donc en conséquence à victime de vous-même, car les pensées électriques émises sur autrui vous seront magnétiquement retournées en temps voulu, comme moisson de ce que vous avez semé.

Alors que faire dans cette situation où une personne agresse sans s'en rendre compte et où un blessé se transforme en agresseur ?
La réponse est simple et vous révélera une chose merveilleuse pour votre évolution : l'intensité du contrôle de votre égo sur votre conscience !
Alors si vous avez été agressé ou blessé et n'arrivez pas à pardonner avec vos propres forces, il vous faut prier pour autrui en demandant à la Conscience Créatrice que cette personne soit éclairée par la Lumière de l'Amour Divin et qu'elle puisse être transformée par l'Amour et par la présence et l'impact du Divin en cette personne. Cela en y croyant et en ayant conscience que seul l'Amour est libérateur. Puis demandez (en croyant) à être purifié, débarrassé des sentiments de colère, de ressentiment et de haine conscients et inconscients que vous

pouvez abriter dans votre esprit et votre cœur à l'égard de celui ou celle qui vous a blessé.

En cela vous pardonnez réellement.

En cela vous dissipez les sombres énergies qui planent sur vous et votre opposant.

En cela vous serez purifié de votre négativité.

En cela vous serez vous-même pardonné par autrui le jour où vous le blesserez sans même vous en rendre compte, atténuant ainsi les effets que vous récolterez.

Ce type de prière doit être fait sincèrement et si vous n'y arrivez pas, c'est qu'à ce niveau, votre ego vous contrôle encore et que d'autres expériences douloureuses, crées par vous-mêmes surgiront à votre encontre dans la bouche et les mains des personnes qui seront complètement indifférentes à ce qui vous arrive.

Je vous conseille et encourage vivement à prier pour autrui et pour vous-même. Ce n'est qu'ainsi que vous créerez dans la dimension créatrice une aura de bienveillance qui attirera l'Amour Divin et la protection Divine sur vous et sur votre opposant si celui-ci est capable de recevoir une telle Lumière.

Plutôt que de créer une situation à double agresseur, priez, cela pourra faire de vous une personne doublement guérie, de vous-même d'abord et des autres ensuite.

Ne pas agir ainsi, c'est se venger. Se venger c'est réclamer et exiger justice. Et demander justice c'est accepter soi-même d'être victime d'autrui. En tant que victime, vous accusez les autres de tous vos malheurs. Et l'accusation est une malédiction faite aux autres. Maudire les autres c'est détruire, faire dépérir et pourrir votre corps, votre vie et faire s'effondrer le sol sous vos pas.

Vous n'êtes pas innocent, mais responsable de vous-même et de vos réactions. Pour votre bien-être et votre vie future, pardonnez à autrui, et surtout pardonnez-vous vous-même. En accusant vous créez la dualité et vous vous mettez sous la Loi de Cause à Effet, la Loi du Destin qui viendra en temps voulu, non comme une punition de la vie ou de Dieu, mais comme une création de punition envers vous-même dont vous êtes l'auteur.

Ne faites donc pas régner la colère, la haine et la violence car vous ferez s'écrouler la terre sur laquelle vous vous tenez.
Qu'importe les réactions d'autrui, elles seront toujours hostiles si vous n'abritez pas la Lumière en vous.
Alors bénissez autrui et votre monde, priez pour votre monde, votre famille, vos amis et vos « ennemis », pour vos animaux, vos biens et vous-même.
Ce n'est qu'ainsi, ce n'est que par la prière que vous attirerez les bénédictions que votre Père Céleste désire vous donner. Ce n'est que par la méditation que vous attirerez sa Lumière purificatrice et élévatrice vous donnant paix, calme, bonnes intentions et Amour, et que la Nature du Divin deviendra pleinement la vôtre.
Et je vous le dis, il est plus dur de résister à accomplir au quotidien la prière aimante et la méditation libératrice que de recevoir les Lumières et les bénédictions de votre Créateur Aimant.
Votre vie est un passage entre deux états de Lumière. Vous êtes tous et toutes de passage sur Terre, alors soyez passants et ne vous arrêtez pas. Et surtout, quoi qu'il puisse vous arriver de « bien » ou de « mal » ne faites jamais trébucher et tomber autrui, car votre court passage serait compromis et malaisé.
Créer deux, c'est oublier d'être Un et c'est se séparer de sa protection et de son Amour. Le choix vous appartient et vous appartiendra toujours.
Les œuvres de l'Homme lui sont rendues comme il les a données, car l'acte de conscience porte déjà en lui la

bénédiction ou la malédiction. Le rejet d'autrui et de la vie ne peut vous apporter que plus de fardeaux dans votre vie.

N'oubliez jamais, car la règle est, et restera toujours la même : vous vivez la vie de vos pensées et de vos émotions.

Vous vous trouvez là où elles sont, alors pour vous-même assurez-vous qu'elles sont bien là où vous voudriez qu'elles soient.

27.

Vide et Lumière

Le 19 mai 2020

Je m'adresse à vous aujourd'hui pour vous faire part d'une notion illusoire mais nécessairement existante dans votre dimension terrestre. Il s'agit ici de ce que vous appelez le manque, le vide ou la séparation.

Comme vous le savez à présent très certainement, le point de la singularité Divine à l'origine du commencement est l'Intention, ou Désir d'expression de Soi de la Conscience Universelle en équilibre. Celui-ci s'est manifesté au moment où les impulsions d'Amour et d'Intelligence créatrice atteignirent une intensité inimaginable pour se scinder d'où la Lumière « Je Suis » émergea alors et existe en continu, comme la Conscience Divine réunissant les impulsions Créatrices, conformément à la Parole, au modèle de conscience de ce qui doit être issu et crée pour manifester l'Intention Originelle.

Par la Dimension Universelle où tout est Un, où tout est Uni, la création est issue au moyen de la diminution vibratoire, de la Conscience de la Lumière Créatrice. Une forte concentration de ces énergies Divines aux vibrations graduellement diminuées créa et crée encore et toujours les diverses dimensions, d'existence ainsi que votre dimension terrestre reliée aux dimensions supérieures de conscience.

De là, les âmes qui ont la connaissance de la béatitude de l'Infini, ont en elles l'Intention originelle. La descente sur Terre est choisie, voulue, car le désir du passage du savoir à la Conscience d'exister et de se connaître implique l'incarnation dans la relativité d'une dimension d'existence cachant la dimension créatrice à une dimension dévoilant la créativité de l'Intention originelle et de la Puissance de la combinaison de l'Amour et de l'Intelligence.

Le fondement de la création étant la dualité issue de l'Un, il a été et est encore nécessaire d'expérimenter des notions de subjectivité et de division, afin de pouvoir en sortir rempli de sagesse et de connaissance de soi.

La création du monde duel dans l'unité implique la naissance de l'être individuel et sa connaissance subjective qui juge, découpe, creuse et sépare. L'Homme doit donc créer. Or cela ne peut se faire dans la dimension universelle d'être, car l'Intention d'expression de Soi implique de créer, de se créer, chose impossible dans l'Universel où tout est, a toujours été et sera toujours Un-dévoilé.

L'Homme doit donc connaître et vivre l'illusion, l'illusion de manque, de vide, de la séparation dans un premier temps, au cours de ses nombreuses vies terrestres, afin qu'il cherche. Car le manque et le vide dans la vie de l'Homme impliquent dans l'instinct/Intention de l'âme s'exprimant au travers de l'esprit, de combler ce vide, ce manque, cette séparation, par le biais d'expériences terrestres.

L'Infini ne peut pas supporter le vide, pour la simple raison, tout comme le manque, qu'il n'en contient pas. L'incarnation de l'Homme comme être individuel implique donc le sentiment et la pensée de séparation avec la Source Créatrice, avec autrui et toute la création.

Les sentiments de manque et de vide devant être comblés, car insupportables à la Conscience Humaine, poussent la création à donner naissance au désir et à l'Intention de vivre et d'expérimenter la Joie du Désir comblé le vide illusoire de la Présence Divine du monde de la relativité.

Ainsi, l'Homme est poussé à créer, raison de son existence, car le manque et le vide, le confrontent à lui-même, qui se définira dans sa création matérielle au cours de ses vies.

Cependant, viendra au cours de son existence, lors de sa confrontation avec la mort et la Loi de Cause à Effet dans sa vie, le manque d'Amour, de joie, de sécurité, de protection et de satisfaction durable de ses besoins au niveau physique, mais surtout au niveau spirituel.

L'Homme, confronté au manque de son vide intérieur, fera naître en lui le questionnement et dans sa recherche, il trouvera sa Source Originelle, la Lumière jaillissante qui comble, qui restaure, qui aime sans condition, donc sans manque, car sinon cela impliquerait un vide au-delà de la limite de la condition.

Ainsi, vous pouvez trouver Dieu et la Source de la joie ultime dans le manque, qui est l'illusion du vide dans la conscience des individus créés. Dans les épreuves et les douleurs, les tristesses et les maladies, les ténèbres et la mort, il est toujours possible de voir et de faire l'expérience de la Lumière Créatrice qui comblera et guérira, et dans la malédiction vous accordera sa lumineuse bénédiction.

Elle vous donnera tout son Amour, car le vide et le manque n'existent pas et rien n'est séparé de l'Infini.

L'Infini dans l'Un Universel ne manque de rien, car contenant tout ce qui existe il ne connaît pas le vide du manque, et donc paradoxalement, ce vide lui manque. L'Intention Créatrice originelle est inscrite dans le cœur des choses créées issues de la dualité, qui connaissent et font l'expérience du manque, du vide, de l'espace dans la relativité. Ainsi, l'Infini contenant au travers de sa création l'illusion d'un vide qui n'existe pas, il ne manque donc de rien.

L'Homme apprend par le manque et le vide illusoire à rechercher, et connait Dieu dans la recherche. Il est poussé à créer pour combler ses manques jusqu'à ce qu'il réalise que c'est ce qui lui arrive. Il prendra conscience que le but de son existence est de créer, non pour satisfaire les envies de l'égo, mais pour les comprendre et voir au plus profond de lui-même l'Intention d'expression de son âme qui est le Divin en lui. Il a pour mission de manifester la Puissance Créatrice de Dieu dans sa conscience personnelle ainsi que dans son monde.

Par l'illusion de l'absence du Divin dans votre monde, vous le rechercherez. Ainsi, la Présence de Dieu se dévoile dans son absence, et l'Homme sera comblé dans ses manques.

Puissiez-vous comprendre la source de vos vides et de vos faiblesses.

Tournez votre regard en vous-même, dans votre vide intérieur, pour rechercher la question et observer la Lumière Créatrice.

Celle-ci comblera tous vos manques, apaisera votre cœur, renouvellera vos forces et vous serez restauré.

Vous serez dans votre Royaume des Cieux. Rempli d'Amour et de Lumière, ce sera à vous d'apaiser les cœurs meurtris, de combler les manques et de satisfaire les besoins d'autrui.

Vous êtes des Dieux, alors devenez qui vous êtes.

Commentaire

Vivre le manque, l'illusion et chercher à combler le manque en créant. Quand je travaillais, je priais le Seigneur pour avoir le temps de lire. Quand on me fit changer de service pour me mettre seule dans un petit bureau, j'ai pleuré encore et encore, car je ne comprenais pas. Mon mari me disait : « eh bien tu n'avais qu'à fermer ta bouche ! » Tu peux entendre l'amour fou, n'est-ce pas ? Mais je suis finalement contente d'avoir eu cette négativité dans ma vie, car comme je lui disais très souvent : « Grâce à la vie que j'ai vécue avec toi, j'ai pu m'ouvrir à la spiritualité. » Je n'aurais jamais pu sinon. Pourquoi aurais-je cherché la spiritualité si j'avais été une femme heureuse dans la vie ? Mais je voulais comprendre, je voulais savoir pourquoi. Si Dieu existait, pourquoi me faisait-il vivre ces épreuves ? Un jour, un voyant m'a dit : « Madame, vous cherchez dans les tréfonds des combles pour savoir. Mais vous finirez par trouver. » Et voilà, j'ai finalement trouvé parce que j'ai demandé et j'ai accepté les réponses. J'aurais pu tomber en dépression dans mon bureau, toute seule, sans travail à faire. Mais je me suis mise à chercher. C'est là qu'on voit aussi que les questions sont essentielles. Pourquoi l'être humain souffre-t-il ? Pourquoi existe-t-il des pauvres et des riches, des malades et des bien portants ? Le pourquoi est essentiel. Une amie m'a dit : « C'est une grâce divine qu'on t'a faite, car jamais tu n'aurais pu continuer à travailler, à gagner ton argent, à être au calme et à chercher des réponses à tes questions, alors réalise ! » Elle avait raison. Tout ce vide dans ma vie, il fallait que je le comble. Finalement, je n'avais qu'une hâte, c'était d'aller au travail. Il fallait que je m'en aille de la maison le plus vite possible, car je n'en pouvais plus. Même à l'âge de la retraite, j'ai préféré continuer à travailler. Ça a duré vingt-trois ans au total, où j'ai pu lire et rechercher paisiblement. J'ai inlassablement repoussé mon départ à la retraite, car je savais ce qui m'attendait à la maison. J'ai ensuite vécu sept ans de galère avec mon mari. C'était impossible de lire tranquillement et de continuer mes recherches. Il y a des personnes qui sont des obstacles à ta vie. C'était un rocher que j'avais en face de moi. Celui qui ne l'a pas vécu ne peut pas comprendre, même s'il le prétend. Les difficultés étaient telles qu'on me faisait passer pour une folle ou on m'accusait de mentir. C'est pour cela que je dis sans arrêt qu'il faut faire attention à ses paroles, car on récolte ce que l'on sème. Toute ma vie, je n'ai entendu que des « non ». Il ne m'a jamais dit « oui » durant toutes ces années. Il préférait partir de la maison, nous ne nous retrouvions jamais en tête-à-tête. C'est là qu'on peut comprendre le vide et le manque d'amour. Aujourd'hui, je ne peux pas pleurer toutes ces expériences. Je sais très bien ce que j'ai vécu, et c'est ce qui compte le plus pour moi. Puis le COVID est arrivé. Mon mari a dû aller à l'hôpital, j'ai cru qu'il allait en revenir, mais il ne s'en est pas sorti.

28.

Vie et Mort

Le 2 juin 2020

La Vie et la Mort ne sont que deux états passagers de l'être individuel. L'un ne peut être sans l'autre, et c'est par la vue de la mort que l'Homme se demande « Qu'est-ce qu'un Homme ? ». Autrement dit, « Qui suis-je ? ».

Il n'a jamais été décrété que vous étiez immortel. En revanche, l'être est intemporel, et le temps est transcendé au-delà de la vision limitée de l'Homme. C'est ainsi que la recherche de la vérité est une nécessité vitale, car sans recherche, pas de Vie, donc pas de Conscience, et en l'absence de Vie, celui qui se croit vivant vit dans la Mort de l'énergie éphémère de l'égo.

Quiconque souhaite vivre et transcender l'intemporalité pour pénétrer dans l'immortalité doit être en recherche, tendre vers la Source qui lui donne l'existence. En premier lieu, il doit avoir envie de le faire, et cela ne se fait que par le manque et le vide illusoire qui apparaissent à l'esprit.

Car celui qui manque cherchera et trouvera en lui sa raison de vivre. Au-delà de l'activité qu'il accomplira, ce sera la création de celle-ci qui sera sa raison d'être. Ainsi, lorsque l'Homme apprendra à se voir à travers sa création, il acquerra la sagesse. À travers le manque, il développera la Création de son Désir issu de son Intention sous-jacente qui l'anime et le soutient, et qui est son âme, le Divin en lui.

L'Homme sort de l'Un sans jamais le quitter et y retourne sans jamais l'avoir laissé. En en sortant, il acquiert sa liberté et il y retournera en pleine Conscience de sa Conscience Divine.

Je souhaite ardemment que vous puissiez comprendre l'existence telle qu'elle est au-delà de votre vue limitée, car vous ne voyez qu'une vision tronquée et floue de la réalité, une ombre des mondes spirituels à l'origine de celui dans lequel vous vivez. C'est pour cela que la quête de la sagesse et, de la Conscience de Vie est capitale pour votre existence présente et future, car c'est la seule chose que vous emporterez avec vous, votre Conscience-Connaissance. En effet, il n'existe rien d'autre.

Alors bénissez les vivants, car ils sont dans l'ignorance de leur réalité, et sont comme morts, provisoirement. Bénissez les morts, car ils sont libres de contraintes et connaissent qu'ils sont en vie.
Chaque commencement porte sa fin en lui.
Béni est celui qui trouve la connaissance de Dieu dans ce qui est dit à travers ces lignes.
Béni est celui qui trouve la connaissance de Dieu dans ce qui est absent de ces lignes.
Car voyant ce qui est visible et ce qui est invisible, il voit ce qui est et ce qui n'est pas. Voyant son monde intérieur et extérieur comme étant Un, il verra comme Dieu. Celui qui brise le « bien » et le « mal » et la dualité voit comme Dieu. Et celui qui voit comme Dieu est Divin, car la vision de l'extérieur est le reflet de la Conscience Intérieure.
Brisez les liens et les chaînes de l'égo qui vous séparent du monde et de vous-même. Car même si l'égo a été divinement créé pour vous individualiser et vous donner les expériences de vide et de manque et les révéler à vous-même, ce n'est que pour mieux le transcender et dépasser ces expériences, dans le

but de devenir créateur de soi. Puis de vous élever et de vous purifier de l'égo pour mourir à vous-même et devenir un créateur Divin, en union totale et complète avec votre Source Créatrice bienfaisante.

Comme le commencement comprend en lui sa propre fin, au commencement vous avez été béni. Mais à oublier qui vous êtes, vous devez en prendre conscience, développer votre foi et votre conviction en l'Amour, pour finalement devenir une bénédiction, un canal d'intentions purifiées des troubles et perturbations terrestres.

En conséquence, cessez de vous nourrir de l'arbre de l'illusion de la connaissance subjective du « bien » et du « mal » pour devenir l'arbre de Vie.

L'Amour Universel est l'énergie infinie sous-jacente à l'existence. Elle est la Réalité Divine existante qui n'attend que votre accord pour s'exprimer en vous, pour vous, à travers vous, et devenir la Puissance Créatrice et Transformatrice de votre être, de votre vie, pour vous-même et les autres pour que vous deveniez des êtres Divins. C'est là le but de votre destinée.

Alors priez et méditez sans cesse, cherchez la Lumière, débarrassez-vous du doute, de la peur et de toutes les impulsions de l'égo. Affirmez la Lumière créatrice et transformatrice dans votre être et dans votre vie de tous les jours.

Devenez Lumière car vous êtes aimé, vous êtes béni. Intensifiez votre foi, et vous serez un miracle pour votre monde. L'Homme est un passeur du temps, alors à vous de travailler pour être un passeur de « vie » et de « mort », de « bien » et de « mal » pour résider enfin dans la Conscience de Vie, la Dimension de l'Être Un au-delà de la « vie » et de la « mort ».

Puisse l'Amour Source de Vie transcender votre existence présente.

29.

Amour et Miséricorde

Le 8 juin 2020

Qui est de ceux qui peuvent prétendre savoir ce qui est juste et bon pour eux-mêmes et leurs semblables ?

Comment l'Homme peut-il oser prétendre qu'une chose est bonne ou mauvaise ?

À savoir qu'un évènement devrait être ou ne pas être ?

Après tant et tant d'années dans un univers matériel, il est encore surprenant de voir à quel point l'être humain a si peu évolué. Mais cela doit cesser, faute de quoi tout espoir de délivrance des souffrances et des épreuves de l'Homme n'aura pas lieu, et l'expression de Conscience Divine dans sa vie n'arrivera jamais, ou bien trop tard.

Je Suis ici pour vous parler de miséricorde et d'Amour Divin, car sans prise de conscience de l'Amour, qui est la substance même du monde et également à son origine, vous continuerez à patauger dans des expériences désagréables ou des tribulations mentales insoutenables, dues à votre ignorance de la Réalité de l'Existence la plus importante et fondamentale de tout votre univers.

Tout comme l'Amour de votre Créateur à votre égard, Je Suis ici par Amour Divin. Tout est Un et par conséquent, tout ce qui est fini n'est qu'une parcelle d'infini voilé et caché aux sens de l'entité créée. L'Infini et le fini se touchent dans le cœur de toute chose créée, donnant à l'Infini l'expression du fini, et donnant au fini un potentiel créatif infini.

Tout est Un et Un est Amour, et rien de ce qui existe n'y est étranger et n'aurait pu être créé/issu sans lui. L'Amour fait croître, l'Amour nourrit, protège, guérit, et satisfait tous vos besoins, quels qu'ils soient, à un rythme bien précis. C'est sa Nature, sa Volonté et son But que de créer et de travailler pour, avec et au travers de sa création, suivant un système très ordonné, sans aucune déviance d'aucune sorte, et suivant des Lois très précises du domaine de la conscience, à savoir que toute semence engendre une récolte, autrement dit, que toute Cause a son Effet.

Et tout ce système lumineux est mis en place afin de vous permettre une **survie** parfaite, active et pleine de sens, de découverte de soi, de création de soi dans un univers béni qui exprime de myriade de manière possible cette bénédiction.

L'Amour est votre Âme et au-delà, elle est accessible à tous et toutes pour vous donner le repos, apaiser votre cœur en cas de craintes, pour vous redonner la foi en cas de doutes.

L'Amour Divin s'empresse de vous porter secours en cas de danger, vous protège lorsque des menaces se profilent à l'horizon, et vous guérit lorsque votre santé est menacée.

L'Amour est l'énergie infinie qui maintient votre univers en un tout cohérent, mais il est aussi l'énergie qui apporte la satiété à votre organisme.

L'Amour est à l'écoute de tous vos besoins, de vos désirs et comprend la vraie raison de ces besoins et désirs. Il met en mouvement des quantités d'énergie colossales et inimaginables, pour vous permettre de satisfaire vos besoins. Si seulement vous étiez capable de recevoir cet Amour.

Sachez abandonner vos envies égoïstes. Apprenez à écouter vos désirs du cœur et ne les refoulez pas ! Car le désir d'expression de soi est l'Intention, l'impulsion originelle à l'origine de l'univers.

Alors pour tout besoin et désir du cœur, croyez, ayez la foi, une conviction à toute épreuve. Réjouissez-vous, soyez certain que vous êtes compris, et entendu et comprenez qu'à présent, tout pour vous est <u>Divinement</u> pris en charge pour satisfaire vos besoins et accomplir vos désirs, afin de pouvoir réjouir votre cœur.

Dieu le Père est en vous, et vous pouvez le voir dans le regard rempli d'Amour de l'être qui est libéré et pleinement satisfait. Abandonnez le doute, le désespoir, la peur et la crainte et réjouissez-vous, soyez pleinement heureux d'avoir des occasions de pouvoir manifester votre foi et votre conviction dans les périodes difficiles.

Rendez grâce pour tout ce que vous avez eu et avez maintenant. Rendez grâce avec conviction que tout ce dont vous souhaitez matérialiser l'existence existe ici et maintenant pour vous apporter la paix, la tranquillité et le bonheur.

N'oubliez pas, la Vie est Amour et Vérité, et elle ne peut sourire qu'à ceux qui vivent d'Amour et de Vérité, qu'à ceux qui sourient à la Vie.

Dieu se voit dans chaque être de sa création, mais l'Homme ne voit que lui à travers lui-même. Il doit donc apprendre à se voir en toute chose s'il veut être dans l'Amour. **Dieu est l'expression de son Désir, son Intention d'être, ainsi l'Homme doit être l'incarnation de son Désir s'il souhaite le vivre.**

Enfin, Dieu est Vérité, en Amour et en Connaissance. Si l'Homme souhaite être comblé et grandir, alors il doit être en quête de vérité pour l'exprimer dans son monde.

La manifestation de la vie tout entière est faite pour le plaisir de tous les êtres vivants. Ainsi, l'Amour, la Vérité et la Connaissance sont Dieu, et Dieu est Don qui se donne de lui-même à l'Homme.
En conséquence directe, **l'Homme aussi doit donner, car le don ouvre à la réception.** Celui qui donne tout ce qu'il possède dans l'Amour de l'autre, avec la Connaissance que cela est le mouvement éternel de la vie qui l'emmènera dans une ascension divine de la Vérité ultime, sera le premier à recevoir, car son intention est Divine, elle est d'exprimer le Divin lui-même.

De cette façon, ceux qui cherchent le Divin pour satisfaire les besoins de leur vie et ceux des autres seront bénis et grandis. Mais ceux qui donnent tout jusqu'à l'extrême ainsi que leur vie pour ascensionner dans les strates divines les plus hautes dans l'Amour de Dieu et de leur prochain, seront projetés dans les hauteurs et deviendront des Dieux.

Ce n'est pas qui veut qui le devient, cela n'est possible qu'une fois la mort de l'égo. Puis l'esprit et le cœur emplis du Divin.
Cherchez le Divin en vous-même et en tout ce qui existe, car ce n'est qu'en Lui qui est le don de soi ultime, que vous obtiendrez les joies et le bonheur ultimes.

Je tiens ensuite à vous parler brièvement de miséricorde, car bien que liée à l'Amour, elle n'est pas, et de loin, perçue à sa juste valeur par les êtres humains comme un don de vie et une libération.

Vous êtes tous comme des enfants jouant ensemble dans la cour de récréation de l'école. Chacun s'amuse, s'invente des histoires, qui dans vos esprits sont toutes plus réelles les unes que les autres. Mais à un certain moment, le Père et la Mère viennent reprendre leur enfant, et très souvent l'enfant n'a pas vu le temps passer à jouer, et ses camarades sont tristes de le voir partir car leur jeu ne peut plus se dérouler normalement. Chacun doit changer sa manière de jouer, et l'histoire n'est plus la même.

Cela est la même chose lorsque vous « perdez » un être cher à vos yeux. Car si vous êtes venus au monde parce que celui-ci avait besoin de votre présence pour continuer à exister, si vous en êtes retirés, alors c'est qu'un autre avait aussi besoin de vous.

Seuls ceux qui sont prêts à donner leur vie seront en vie. Vous n'êtes pas créés pour combler un vide dans un monde. Ne soyez pas esclave d'un monde quand vous y êtes, mais tous les mondes ont été créés pour vous, et s'ils requièrent, votre présence c'est pour mieux vous apporter dans l'évolution de votre être.

Ainsi, la mort est la miséricorde divine aux conditions de la misère humaine, qu'elle soit jugée « bonne » ou « mauvaise » à vos yeux, car croyez-moi, vous ne voyez qu'avec une vision très limitée.

Chaque être humain est un « être », une âme vivante individuelle, cachée dans un « moi », un égo séparé par un « je » qui correspond à l'esprit.

Vous êtes un « moi – je (suis) ».

Alors réjouissez-vous du jour où le « moi – je (suis) » se brise, se casse et provoque la mort du « moi – je », où le « je » retrouve son « être » infini et éternel et où il peut enfin dire « Je Suis ».

Ne soyez pas accablé car la miséricorde divine est l'Amour Divin, l'essence du Don de soi aux êtres vivants, mais aussi un Don de Vie intense qui libère l'âme prisonnière des corps meurtris de l'illusion de vie ou de conditions d'existence qui ne sont plus utiles à l'âme.

Ouvrez-vous à l'Amour pour qu'il se déverse en vous. Ayez la foi, et vous verrez que l'Infini s'ouvrira et se donnera à vous. Il répandra sa Lumière pour réjouir vos vies, pour vous apporter sa gloire aimante et sa Puissance Créatrice.
Vous êtes tellement aimés, mais vous l'ignorez.

Recherchez la Connaissance de la Vérité et vous serez élevé dans l'Amour Divin, l'essence même de votre être. Le temps est sans fin mais ne vous retardez pas car le chemin de la vérité est le plus étroit de tous. La libération et l'expansion de l'être une fois accompli auront valu la peine d'ignorer toutes les illusions de la vie pour rechercher le Divin.

Vous êtes la Puissance Créatrice qui vous soutient, alors devenez le canal d'expression de la Puissance de Dieu.

30.

Va vers toi-même

Le 14 juin 2020

Il y a certaines personnes qui ont un but, mais n'en font pas réellement cas dans leurs actes.

Il y a certaines personnes qui se battent bec et ongles avec la Vie pour obtenir ce qu'elles désirent, mais ne peuvent que vivre d'amertume et de déception constantes en accusant autrui de leur propre échec.

Enfin, il est une minorité qui après avoir puisé en eux, trouvent le désir qui est leur idéal, croient, et finissent par le vivre au quotidien.

À tous ceux et celles qui souhaitent un tant soit peu mettre le pied sur le sentier de la Vérité, de la Réalité de l'Existence, et non une simple nouveauté de pensées positives ou de théories farfelues issues de l'imagination de certains esprits en manque de nouveauté, Je dis ceci : qu'importe comment, où, quand et pourquoi vous souhaitez mettre les pieds sur le sentier de la Vie, vous y serez amenés. Pour ce faire, vous devrez faire face à vous-même, **car où l'Homme souhaite aller, on l'y emmène.**

Comme il a été dit, le chemin de la vérité est le plus étroit de tous, alors pour pleinement y marcher et y poursuivre votre chemin, déliez les liens de vos sandales qui vous rattachent aux traces de pas de votre passé, car vous entrez à présent en vous-même sur la Terre Sainte frappée du sceau du Nom Divin : Vérité.

Seule la Vérité peut libérer l'Homme des souffrances. Pour ce faire, la recherche de Dieu implique le sacrifice de soi. Cela signifie dans un premier temps de jeter au feu Divin, dans vos prières et méditations, l'ensemble des caractéristiques de votre « moi », de votre égo, le point central de votre personnalité.

Ainsi, la flamme divine de votre être consumera votre personnalité, conférant ainsi à votre esprit toujours un peu plus de la Puissance de l'âme, à savoir la Volonté et le But Divin orientés dans son Intention d'expression de Soi.

Tant de personnes veulent mettre le pied sur le chemin de la Vérité pour l'en retirer aussitôt, par peur du vide dans lequel ils ont le sentiment de se trouver, ou bien dans la mouvance des sables du doute, de l'ignorance et de l'incrédulité qui les embourbent.

Ceci est la raison pour laquelle ceux et celles qui s'engagent sincèrement sur la voie de la Lumière vivent, par moment et par étape, des périodes de doutes et de souffrances. Car sans ces moments difficiles auxquels leur conscience doit faire face, il n'y aurait aucune purification possible et l'Homme inventerait sans cesse de nouvelles religions au lieu d'accéder à la Vérité de la Réalité de l'Existence.

Ainsi, l'Homme doit cesser d'être empli de lui-même afin de créer en lui de l'espace, un manque, un vide dans lequel le désir, l'aspiration à quelque chose de plus, jaillira. Ce « quelque chose de plus » auquel l'Homme aspire à un moment de sa vie est l'Amour, la Connaissance, la Puissance de la Volonté, le Divin qui est l'espace Infini en lui, qui l'inspire et respire à travers lui.

Il est par la suite urgent pour l'Homme qui se débarrasse de son égo et qui ouvre la porte de son vide intérieur à la Puissance Divine, d'apprendre à lâcher ses sécurités passées.

Hommes, femmes, parents, amis, frères, sœurs, fils et filles, villes, cultures et traditions, attractions diverses, maisons et biens en tous genres ne doivent plus avoir cours dans sa pensée.
Il doit être capable de se séparer de tout attachement lié à la Terre et au monde. Ainsi est la voie/voix du Divin que l'Homme ne recherche pas forcément mais qui résonnera à jamais en lui.

« Va vers toi-même, mon enfant bien-aimé, car Moi, l'Amour, te guide sur ton chemin. Et du dedans de toi tu te connaîtras, et tu Me connaîtras. Alors avec Moi tu te connaîtras comme Un. »

C'est uniquement en allant en soi-même que l'Homme saura qu'il ne fait qu'Un avec son créateur Aimant, qui le guide vers lui-même. Car ce n'est qu'en allant vers soi que l'Homme et le Créateur feront Un. Ce n'est qu'en étant Un avec vous-même, donc avec votre Créateur, que vous serez ensuite en mesure d'apporter à votre entourage la réalisation de l'Amour et de la prospérité. Ce n'est qu'en étant Un que vous apporterez la bénédiction aux autres ainsi qu'à vos animaux, vos plantes et vos biens matériels.

Chercher à aller vers une divinité extérieure à vous-même ne mène qu'aux désillusions, à la peur et au doute.
Puissiez-vous prendre conscience de la nécessité de la purification intérieure dans laquelle le Divin réside, dans le silence de la tranquillité et de la paix qu'est votre âme, insufflant à votre esprit le chemin de vérité vous guidant vers vous-même. Ceci est l'unique chemin de vérité menant à la Puissance de l'Amour de Dieu en vous.

Après avoir lu ce message, Danielle me dit :« Toute ma vie, j'ai toujours voulu la vérité. Si terrible fût-elle, je la voulais. Même si cela signifie souffrir ou me taper la tête contre les murs, même si elle est terrible, je veux la vérité. Car à quoi bon se voiler la face sans cesse ? Tout se fait toujours rattraper un jour ou l'autre par la vérité ; le mensonge est rattrapé par la vérité, et cela automatiquement. Un jour ou l'autre, tu connais forcément la vérité. Peu importe que l'on mente ou que l'on raconte des histoires. J'ai vécu ce genre de situation avec mon mari, car il mentait sans arrêt, il se perdait dans ses mensonges. Mais j'ai fini par savoir ce qui se passait, et les choses se sont éclaircies. Il se mentait à lui-même. Je ne comprendrai jamais comment on peut se mentir à soi-même. Regarde, de tout temps, on nous a inculqué que les religions étaient la vérité. Mais ce n'était qu'un contrôle exercé sur nous, par la peur d'une punition divine si on ne faisait pas les choses comme il fallait. On a préféré contrôler par la peur, plutôt que de nous expliquer la vérité. Malgré tout, nous n'avions peut-être pas la maturité nécessaire pour comprendre qu'il fallait passer par des souffrances pour évoluer. Dans la vie, le plus important, c'est l'amour. Et pas l'amour d'un homme et d'une femme, mais un amour beaucoup plus grand. Et si tu n'as pas cet amour comme base, alors tu n'as rien, et tu ne peux pas réussir. Tu peux tout envisager et tout faire dans la vie, mais si tu n'as pas cet amour, tu n'as rien. Je me suis mariée avec une belle, une très belle enveloppe, mais elle était vide. Je n'ai fait qu'aimer une image, et j'ai ensuite compris que ce n'était que du vent. Il faut accepter que la base de la vie, c'est l'amour. Si tu ne comprends pas cela, comment veux-tu créer quelque chose de beau et de puissant ? Eh bien, tu ne peux pas. Il faut une dose d'amour, et c'est pour cela que le monde va si mal ! Il y a un manque d'amour terrible ! Terrible ! C'est impossible de vivre ainsi, c'est de la folie. On ne cesse de chercher à inventer de nouvelles technologies et d'autres choses, alors que la vie, c'est la simplicité même. On veut aller sur la Lune ou sur Mars, mais il faut d'abord se préoccuper de son voisin. Il n'y a pas plus simple que la vie. On cherche constamment la complication. Tout est simple, il suffit d'une dose d'amour. Mais non, on s'empoisonne la vie, on cherche les histoires et les problèmes. Arrêtons, arrêtons cela. »

31.

Sourire à la Vie,

le Chemin de la Loi

Le 30 juin 2020

J'aimerais vous faire passer de nouveau un message, car trop peu d'entre vous parviennent à manifester dans leur vie quotidienne la joie de la Vie, de l'Amour régissant l'existence, si nécessaire à leur bien-être et à ceux de leurs proches ainsi que de leur environnement.

Trop d'entre vous sont pris en étau et enfermés en cage, derrière les barreaux de la matérialité, soit en raison de leur relation avec leur entourage, soit de leur plein gré dans l'absence de quête spirituelle.

Il est temps à présent de comprendre clairement et parfaitement que votre seule raison d'être sur Terre est de chercher à vous élever au-delà de la matérialité de l'égo. Pour vous relier peu à peu à votre Créateur Aimant, en faire l'expérience et enfin, en dernier lieu, l'exprimer pleinement pour apporter toute l'aide et l'élévation nécessaires à ceux qui vivent dans l'ignorance de leur Réalité d'Être, et qui souhaitent passer au-delà du voile dense de la matière.

C'est la raison pour laquelle il vous est demandé de vous séparer entièrement et totalement de l'entièreté des êtres et des biens de votre existence. Car sans cette élévation spirituelle nécessaire à l'élaboration du Royaume des Cieux dans votre esprit et votre cœur, aucune aide ne pourra être apportée à ceux et celles dont vous souhaitez soutenir l'existence.

Car en l'absence d'élévation spirituelle <u>personnelle</u> puissante, l'aide et le soutien que vous donnerez seront dénués de Puissance, qui est la seule et véritable énergie créatrice et transformatrice de votre univers.

Les textes disent vrai que « l'Homme est le Temple de Dieu ». Vous êtes le Temple de Dieu et en vous se trouve la Terre Sainte, l'espace du silence et de l'intériorisation divine. Car de là jaillira la Lumière originelle, la Lumière d'Amour Nourricier et Protecteur ainsi que l'Intelligence créatrice. Ensemble, l'Intelligence et l'Amour représentent votre Âme, la flamme divine, le Saint des Saints. C'est là qu'il vous est demandé de travailler, de vous approcher du Saint des Saints de votre âme et d'y porter en sacrifice l'ensemble des caractéristiques répétitives et négatives de votre personnalité, en prière et méditation.

Sans quoi, il n'y aura aucune libération des chaînes qui vous rendent captif du monde matériel. C'est cela le sens premier, et donc spirituel du sacrifice de soi, que l'Homme doit accomplir dans sa vie s'il souhaite se rapprocher de la flamme divine du silence de son Âme. La flamme du désir-intention ardent d'expression de soi qui le brûle mais qui ne le consume point.

En parallèle de ce travail, il vous est également demandé de faire constamment appel à l'aide de la Conscience Divine, car en elle se trouvent tous les plans et toutes les solutions à tout ce qui vous pose problème.

À chaque problème, à chaque conflit, arrêtez-vous et priez ardemment pour demander la bonne solution que votre esprit seul est en incapacité totale de concevoir.

Arrêtez-vous et priez pour celui ou celle contre qui vous ressentez de l'animosité et de la colère.

Arrêtez-vous et priez pour pratiquer le sacrifice de votre colère. Jetez-la au feu de votre Âme divine et vous verrez que le Père agit en vous et pour vous et qu'à l'avenir en cas de conflit, vous serez amené à ressentir la vie et à voir clairement l'absurdité de la situation. En devenant l'incarnation même du Divin qui est en vous, vous vous mettrez à rire de l'illogisme de la situation où par le passé votre colère était le seul rempart dont vous disposiez. Alors, vous finirez par sourire à la Vie, car vous découvrirez que c'est le seul moyen de vivre en paix.

Et même plus que cela, la première loi de l'existence étant l'Amour Universel, tout ce qui existe est issu de la Lumière Infinie qui est elle-même la Parole Primordiale du Divin et qu'il est lui-même Amour, Lumière. Alors en vous purifiant, vous deviendrez l'incarnation de cette Parole, de cette Lumière, de cet Amour et, du Divin lui-même.

Vous serez guidé et sentirez la guidance chaque jour de votre vie. Vous serez rendu nouveau, et verrez tout d'un regard neuf. Vous serez source de joie, d'inspiration et de satisfaction de tous les besoins de ceux qui entrent en contact avec les énergies de votre champ de conscience.

L'Amour Universel est la Loi selon laquelle tout évolue à jamais, tous ceux qui souffrent sont guéris, tous ceux qui ont faim et soif de contact avec le Divin sont nourris et abreuvés, protégés, gardés en parfaite santé, tous sont entièrement satisfaits et comblés dans leur moindre désir et besoin.

Pour votre propre joie, votre félicité, et votre bien-être, je vous en prie et vous en conjure, prenez pleinement, entièrement et parfaitement conscience des caractéristiques, de la Nature du Divin, la Loi d'Amour Universel.

Cela est lié à la seconde Loi de l'Existence selon laquelle **tout ce qui émane de votre esprit et de votre cœur finira par s'extérioriser dans votre monde matériel. Ceci est la Loi de Cause à Effet,** où l'on récolte ce que l'on sème, appelée aussi Loi du Destin, ou Loi du Karma. Quelque soit le nom que vous souhaitez lui donner, elle est l'effet de l'électromagnétisme, l'énergie divine à l'œuvre dans votre existence à l'origine de votre corps, de vos biens, et de l'ensemble de la matière visible.

Vient en conséquence, et liée à celle-ci, la **Loi de la Foi, ou la Loi de Conviction,** selon laquelle tout ce que vous croyez et concevez de bien, de mal, de bon, de mauvais, de peut-être, de probable, de certain ou de doute se manifestera dans votre existence. Car c'est aussi une idée, un concept que vous faites naître dans une dimension créatrice de Conscience d'un niveau de fréquence vibratoire qui correspond à l'intensité, du niveau de fréquence vibratoire de l'auteur d'une telle idée, pensée, croyance. Autrement dit, avant d'arriver à manifestation visible, vos pensées électriques, nourries, d'émotions magnétiques, sont dans une dimension de créativité plus ou moins proche ou éloignée de la dimension universelle de l'Amour de Dieu, et donc plus ou moins parfaites, belles et transformatrices dans leur pouvoir créateur.

Vient enfin la Loi selon laquelle **Tout est Un**, homme ou femme, voisin ou étranger, animaux ou plantes. **Vous êtes tous Un à la racine de votre être**. La séparation et/ou le jugement que vous imaginez, et donc que vous vous créez, est un veau d'or qui doit lui aussi être jeté au feu Divin pour ne plus exister dans votre cœur et votre esprit afin que naisse la pleine conscience que tout ce que vous faites à autrui (de manière volontaire ou bien en réaction à ce qui vous a été fait) vous sera inévitablement retourné.

Alors prenez garde à vous-mêmes et à vos réactions incontrôlées face aux agressions d'autrui ou aux évènements de la vie. Je vous demande donc de sourire à la Vie, ce qui signifie en outre de sourire aux évènements et de les voir comme des opportunités de croissance et de développement. Que ces évènements et expériences soient vus ou non par vous comme positifs ou négatifs, n'oubliez pas, vous ne voyez qu'avec une vision très limitée.

Sourire à la Vie, c'est également sourire aux autres dans votre manière d'agir avec autrui. Car ceux qui sourient aux autres et leur envoient de l'Amour en Intention, quels que soient les évènements de la vie, sont des êtres bénis qui construisent pour eux-mêmes l'édifice divin de leur Royaume des Cieux dans leur après-vie, puisque rien ne peut avoir d'impact sur l'Amour.

Alors qu'au contraire, ceux qui sont grincheux et pestent contre la Vie sont ceux qui malheureusement bâtissent pour eux-mêmes l'édifice fragile du doute et de la médiocrité, sur les sables mouvants de leur ignorance.

Prenez donc garde à vos pensées et émotions, car le sol sur lequel vous vous tenez, la matière qui vous soutient, ne sont que Conscience Divine et ne restent en place que par vos bonnes intentions.

Au moindre signe de fissure de celui-ci, arrêtez-vous car vos pensées, et donc votre conscience, sont en train de défaire la structure électromagnétique logique de la symbiose parfaite de l'Homme avec l'entièreté de son environnement. C'est ainsi que se produisent des failles dans les structures de votre corps, de votre planète ou de votre soleil, ainsi que dans le champ magnétique terrestre protecteur contre les objets et les flux d'énergies surpuissants qui parcourent l'espace, et qui sont susceptibles de perturber le fonctionnement de votre planète et de menacer la vie sur Terre.

Voilà pourquoi vous devez instaurer le Royaume des Cieux en vous, car ce n'est qu'ainsi que vous aiderez à rétablir l'Amour créatif qui garde en un tout cohérent et dénué de tout dysfonctionnement votre corps et votre planète.

Je pense avoir été très clair dans ce message en vous demandant de vous purifier en utilisant une métaphore très forte, qui est celle du sacrifice et ensuite de vous demander de prendre pleinement conscience des Lois de l'Existence du domaine de la conscience. Celles-ci régissent votre monde ainsi que chaque atome et cellule de votre corps, mais aussi des étoiles, des planètes et de leur influence cosmiques dans vos vies. Et tout cela pour que vous puissiez sourire à la Vie.

Car Dieu est Infini et de L'infini jaillit la Lumière, qui est « Je Suis », la Lumière Primordiale de la Création, l'Intelligence et l'Amour d'une union parfaite. Cette Lumière est Amour, et lorsque vous plongez en vous-mêmes pour expérimenter le Divin, le premier signe de Sa présence sera son sourire pour vous.

Alors ne vous retenez pas, souriez-Lui, souriez à la Vie.

Commentaire

Danielle me dit : « Que tu le veuilles ou non, si tu ne mènes pas la vie que tu dois mener, tu souffres, et tu devras voir les choses autrement, sinon tu ne feras que souffrir. « En l'absence d'évolution spirituelle personnelle puissante », comme il est écrit. Si dans ta vie, tu veux faire les choses uniquement avec ton égo, où va-t-il t'emmener ? Tu te casses la figure, c'est tout. On est un petit esprit et on ne peut rien construire si on n'a pas cette puissante aide divine. On perd un temps fou sans cela. Quand tu prends conscience que tu as quelque chose de puissant en toi, alors cela te guide, et tu n'as absolument pas besoin de te faire de souci pour quoi que ce soit. Si tu écoutes les uns et les autres, tu auras l'avis de l'un, puis l'avis d'un autre, et en fin de compte, qu'est-ce que cela te donne ? Tu es perdu. Raison pour laquelle il faut avoir la conviction des choses lors d'un projet personnel. Tout dépend si tu es proche ou éloigné de l'amour. Et si tu rencontres des problèmes avec des gens, laisse dire, ne fais rien, et laisse faire, car tôt ou tard, il y aura une note à payer, alors ne te prends pas la tête. »

32.

Peurs et Amour

Le 9 juillet 2020

Psaume 23 :

« L'Éternel est mon berger je ne manquerai de rien. Il me fait reposer dans de verts pâturages, Il me dirige près des eaux paisibles. Il restaure mon âme, Il me conduit dans les sentiers de la justice à cause de son Nom. Quand je marche dans la vallée de l'ombre de la mort, Je ne crains aucun mal car Tu es avec moi. Tu dresses devant moi une table en face de mes adversaires, Tu oins d'huile ma tête et ma coupe déborde. Oui, le bonheur et la grâce m'accompagneront tous les jours de ma vie et j'habiterai dans la maison de l'Éternel jusqu'à la fin de mes jours ».

L'Homme est ancré dans la matière et le restera tant qu'il n'aura pas combattu la peur jusqu'au plus profond de lui-même.

La peur est l'énergie source de toute forme de destruction terrestre. Elle tire son origine de l'égo et se loge dans les pensées les plus reculées et les plus profondes de votre esprit conscient et inconscient.

La peur est la source de tout conflit, car elle engendre la haine du fait que l'égo craint tout ce qui pourrait le menacer. L'Homme croit dur comme fer les impulsions de peur de l'égo qui se transforment en haine.

La peur est aussi à l'origine de toute forme de tristesse, qui elle-même engendre la haine et la révolte, <u>raison pour laquelle la tristesse doit être ardemment combattue</u>. La peur oblige l'Homme à la ruse car il pense qu'il pourra fuir la peur alors qu'elle est en lui et qu'en tentant de se dérober à elle, il l'intègre toujours plus en profondeur de lui-même et lui donne encore plus matière à se développer et à le handicaper.

La peur est aussi la source du doute qui est l'énergie de destruction, de déconstruction des évènements de vie inspirés par le désir existant du devenir.

La peur est la source du mensonge, car l'Homme ne souhaite pas être ce qu'il est et cherche donc à paraître « bon » ou « mauvais » pour avoir ce qu'il a peur de ne pouvoir obtenir sans mensonges.

La peur est à la source du rejet de soi, car celui qui a peur rejette ce qu'il est, rejette ses paroles, rejette ses actions sur les autres. Il rejette la responsabilité de l'intégralité de son être.

De cela il se crée et imagine la faute. Il crée, donc croit de la part de l'imagination que les autres l'accusent. Par la peur d'être ce qu'il est, par la peur de rechercher la vérité, et donc d'accuser les autres et Dieu de ses malheurs, par la peur de voir la vie, par la peur de la mort et des éventualités négatives qu'il imagine, l'Homme crée lui-même le « péché ». Il créé ses limitations, ses maladies, les circonstances et évènements lui permettant de matérialiser ses pensées et émotions et de pouvoir vivre sa peur de façon réelle en reprochant, en critiquant, en accusant les autres et en se positionnant comme victime des circonstances de la vie qu'il jugera comme dures et terribles.

Oui, **comme l'Homme s'imagine fermement que l'autre est cause de malheurs,** alors même que ses conditions de vie sont tout à fait convenables, **il fera des forces extérieures issues de son imagination la cause de ses réels malheurs**

futurs qui le frapperont en temps voulu, comme moisson de ce qu'il aura semé. L'Homme est encore et toujours un être qui rejette la responsabilité de son existence passée, présente et future sur les autres, et tant qu'il sera lâche, il sera victime.

L'Homme se voile à lui-même sa propre responsabilité de l'entièreté de sa vie et de son existence. Ce rejet de lui-même provoque donc malheurs, privations, maladies et misères.

Non, ce n'est pas en accusant Dieu et les autres que l'Homme sera libre. Ce n'est pas en croyant charger un bouc de ses « péchés » et en le jetant dans le désert que l'Homme échappera aux conséquences de ses croyances, pensées, paroles, actions. La peur est en l'égo, et l'égo est en l'Homme et le contrôle, l'enchaîne, l'aveugle et le rend captif de lui-même.

La seule solution pour se débarrasser de la peur, et finalement de l'égo, est de prendre pleinement conscience de la Vérité de l'Existence et de sans cesse la rechercher.

L'Homme doit comprendre qu'il est, avec l'aide Divine s'il fait appel à elle, le seul créateur de son existence terrestre présente. Il est donc crucial qu'il prenne la pleine responsabilité de sa vie et de tout ce qui lui arrive. Un être pleinement imprégné de la vérité, aimant son créateur et lui faisant confiance en chaque instant, ne peut subir aucun dommage, car aucune puissance extérieure n'a de pouvoir contre la Lumière Créatrice.

Cela signifie qu'en premier lieu, l'Homme doit connaître ses propres limites, ses faiblesses, reconnaître ses peurs et accepter également sa propre vie, et ce quels que soient le passé et le présent de celui-ci.

Ensuite, il est nécessaire d'accepter ses propres désirs de la vie, d'assumer et de reconnaître vouloir vivre pleinement la vie car c'est la raison pour laquelle l'âme s'est incarnée, et se réincarnera autant de fois que nécessaire, jusqu'à ce que l'Homme accepte enfin que cette vie lui est entièrement offerte et n'est pas un obstacle contre lequel il faut chercher des sécurités. C'est une opportunité de dépassement de son état d'être présent, pour être l'expression de soi la plus élevée que l'esprit de l'Homme est en capacité de concevoir de lui-même.

Enfin, une fois ces étapes franchies et validées, il est temps d'obtenir la clef du paradis, la prise de conscience parfaite et totale de la Réalité de l'Amour à l'origine de la création tout entière, qui la maintient et la soutient en permanence, satisfaisant tous les besoins de ses créatures avec le plus grand soin apporté aux détails pour les nourrir, les protéger, les guérir, les faire évoluer, et satisfaire les besoins et désirs de l'Homme de toutes sortes. L'Amour travaille pour l'Homme et avec l'Homme d'une manière ordonnée, disciplinée dans le but de lui assurer sa survie heureuse et joyeuse. À condition qu'il fasse appel à elle, dans le calme, qu'il croit, ait la foi et aime d'Amour Divin à son tour, et qu'il se rappelle constamment que ce qui sort de son esprit, de son cœur et de sa bouche se matérialise.

L'Amour est la clef et implique d'aimer son prochain au-delà de ce que l'on conçoit de juste ou de raisonnable, car l'Amour véritable est inconditionnel. Autrement dit, la « condition » ne fait pas partie de son être et ne doit pas faire partie du vôtre non plus. Quelles que soient vos conditions de vie, l'Amour vous donnera la parfaite satisfaction de vos besoins sans jamais vous imposer de conditions.

Ainsi, l'Homme doit prendre pleinement conscience de l'Amour, de son pouvoir, de sa puissance, et qu'il est l'Intelligence Divine et la dirige. Aucune limite ne peut lui faire barrage et n'a de puissance contre lui.

Aucune, sauf votre manque de foi en lui et vos peurs qui créent aussi votre doute et l'empêchent d'accomplir son travail.

Les portes des Royaumes de la Conscience Divine ne pourront jamais être forcées par ceux qui se forcent à refuser de vivre et d'assumer la pleine responsabilité de leur existence.
Les portes de la Grâce et de la Gloire Ultime ne s'ouvriront pas à ceux qui refusent de s'ouvrir à l'Amour Divin.
À ceux qui ont l'amour fragile, la clef se brisera. Leur l'âme sera contrainte de retourner sur Terre, tant que l'Homme n'aura pas pleinement appris à briser ses croyances de conditions de l'Amour véritable.

Si votre quête sur Terre est de vivre d'Amour Divin dans votre existence présente, de prier et de méditer avec foi et confiance absolue d'exprimer cet Amour du mieux possible suivant votre état de conscience présent et de chercher sans cesse à accéder à une vérité supérieure, alors l'Amour sera en mesure de vous faire vivre pleinement. L'Amour vous purifiera de vous-même et vous donnera des expériences de vie dont vous ne soupçonnez même pas l'existence.
Quiconque a peur, vit dans la peur ou ressent des sentiments issus de la peur, rejette l'Amour Divin de sa vie. Il détruit le chemin sur lequel il avance et se crée ainsi des failles d'où émergent les voleurs, les maladies et les désastres.
Celui qui fait confiance à son Créateur et choisit de se reposer dans son Amour enveloppant et sécurisant, se met à l'abri des créations erronées de l'égo des êtres humains.
Quiconque choisit avec détermination de rejeter son fardeau et de cesser de se cacher à lui-même derrière des pensées, paroles et actes verra advenir la délivrance. Car le Père Créateur s'empresse toujours de délivrer celui qui le lui demande, et sa bienveillance et son Puissant Amour seront en

permanence actifs tant que celui qui a fait appel à l'aide Divine ne sera pas remis sur pied et en état d'avancer à nouveau sur le chemin de son existence.

Les êtres humains du monde entier lèvent les yeux pour voir leur créateur et ne le trouveront jamais tant qu'ils ne tourneront pas leur regard en eux et dans le cœur d'autrui. L'Homme qui martèle la vie de son prochain de son égo finira malade, maigre et affamé. **Mais l'Homme qui recherche son Créateur et qui est prêt à donner tout l'Amour jusqu'à l'extrême de soi-même sera abreuvé et connaîtra la gloire de l'Amour Divin et ne manquera plus de rien**. L'Amour est Lumière, et c'est par lui et lui seul que vous ferez fondre la peur glaciale de votre cœur, pour vous permettre de vous délivrer et d'accomplir ainsi votre destinée de communication et d'expression Divine, dans un état d'être toujours plus puissant de force de créativité et d'expression de l'Amour Divin en soi.

Votre Créateur est Amoureux et vous êtes son être Aimé. Lorsque l'Homme cessera de se cacher à lui-même et combattra ainsi son « péché » qu'il s'est lui-même créé, alors il s'ouvrira à son Créateur Aimant car il sera conscient d'être son Bien-Aimé. Il entrera ainsi dans un mouvement lumineux de Don et de Réception constant et continu. Ils formeront Un seul corps, Un même Esprit car entre eux est l'Amour qui est en eux qui représente la seule et unique réalité de leur être et de leur existence. Ils seront Un, à jamais.

Je Suis la Vie qui te montrera ton chemin ;
Je Suis la Vérité qui grandit ta Conscience ;
Confie-Moi ta vie et Je te délivrerai, mon enfant Bien-Aimé ;
Je chasserai tes peurs pour te donner tout Mon Amour.

33.

De la Théorie à la Pratique

Le 17 juillet 2020

Je viens à nouveau à vous afin de vous rendre attentif à la manière dont vous fonctionnez en conscience, et comment, dans votre vie quotidienne, vous pouvez mettre en pratique les Lois de l'Existence, afin d'améliorer votre vie d'y manifester, lentement puis de façon plus rapide, vive, dynamique et enthousiaste vos désirs, rêves et besoins les plus chers à votre cœur.

Afin de vous rafraîchir la mémoire, Je vous énumère à nouveau ici les Lois les plus fondamentales de la Conscience, à l'œuvre dans votre vie de tous les jours.

❖ Tout est Un

Vous, l'autre, l'univers, votre Créateur, vos pensées, Ses pensées, la Conscience, la matière, Tout est issu du même point de la pensée, de l'intention primordiale, et Tout est une forme de conscience. Tout est Conscience sous des formes et aspects différents. L'extérieur est l'expression de l'intérieur et l'intérieur le contient. Cette Conscience est Connaissance de Soi orientée vers son but, à jamais, dans l'être en évolution constante. S'il y a une chose, c'est qu'elle existe dans la Conscience à l'instant présent, et si elle continue d'exister, c'est que la Connaissance de cette chose est en état de focalisation.

❖ **Tout est Amour**

La Loi d'Amour est fondamentale, elle est Dieu manifesté dans son être. Il est crucial que vous en ayez conscience de manière complète, totale, et absolue pour votre bien-être, votre santé et votre vie tout entière. Ainsi donc, tout ce que vous demandez, vous le recevrez, tout ce que vous cherchez vous le trouverez, partout où vous frapperez, on vous ouvrira.

❖ **La Loi de la Foi ou Conviction**

Tout ce que vous croyez être ou ne pas être, Est. Quand vous croyez et affirmez qu'une chose est bonne ou mauvaise, simple ou compliquée, alors par la répétition de cette croyance dans votre vie, vous matérialisez cet aspect dans votre existence, qu'il vous soit favorable ou non. **Ceci est la Loi de l'Attraction**.

Quand par votre observation limitée de l'existence, vous affirmez que la vie est dure ou difficile, alors vous manifestez la dureté et les difficultés dans votre vie. Et ces difficultés, voire des circonstances parfois très graves que vous manifestez, renforcent votre observation des difficultés, jusqu'à ce qu'elles deviennent si denses qu'il vous est presque impossible de faire marche arrière dans votre vie pour manifester un environnement et des expériences positives dans votre quotidien.

❖ **La Loi de Cause à Effet où On Récolte Ce Que l'On Sème**

Elle est entièrement complémentaire à la précédente, mais dénote son aspect dans votre comportement au niveau extérieur, avec les autres et votre environnement. Tout ce que vous pensez, dites, ressentez ou faites à autrui (humain ou autre) vous sera inévitablement retourné, non comme une juste rétribution positive ou négative, mais tout simplement comme étant votre propre création.

Toutes ces Lois ne sont pas distinctes les unes des autres. Elles sont en réalité une seule et même Loi, le fonctionnement de la Conscience. Mais étant donné la nécessité de faire comprendre à votre intellect ses différents aspects, il est important de les prendre individuellement pour vous les expliquer. Elles sont absolument et entièrement complémentaires, et chacune ne pourrait exister sans les autres, car en effet Tout est Un, inséparable et indivisible.

Ces Lois sont en tout temps actives dans votre vie, que vous le voyez ou non, que vous le vouliez ou non. C'est pour cela qu'il est temps ici de vous donner un mode d'emploi quotidien, une routine spirituelle (mais qui ne doit jamais prendre l'aspect lassant et morose d'une routine). Pourquoi donc un mode d'emploi spirituel quotidien ?

Car à moins que vous acceptiez de le respecter, votre conscience agira comme elle le fait actuellement pour vous, comme une girouette. Vous vivez de fluctuations de « hauts » et de « bas » spirituels, avec des moments de joie et des sentiments de Puissance Spirituelle et de clairvoyance, et d'autres moments ternes, sombres, voire négatifs et très égoïstes de colère, de fatigue mentale, de tristesse et d'ennui.

Si vous estimez que vos conditions présente d'existence sont parfaites alors cessez de lire et retournez à vos occupations. Mais si vous trouvez qu'il existe des aspects de votre vie où la pure et merveilleuse joie spirituelle n'est pas présente, alors continuez à lire, et surtout, APPLIQUEZ ce qui vous sera dit.

Ayez une <u>discipline</u>, une force et une volonté spirituelles !
Si vous refusez ou abandonnez, vous ne pourrez que rester une girouette écrasée par le poids de la matière qui vous retient et vous limite dans votre élan spirituel, que vous désirez par-dessus tout. Vous resterez insatisfait et assoiffé, tant au niveau matériel que spirituel.

Alors voici les règles toutes simples à appliquer dans votre vie pour améliorer de façon significative votre existence et celle d'autrui.

❖ Règle n° 1 : Priez

Oui, cela peut paraître simple, et ça l'est, mais pas comme vous l'imaginez. Efforcez-vous de prier MAIS <u>pour les autres</u> !

Commencez par prendre pleinement conscience des Lois de l'Existence avant chaque prière, puis priez pour les personnes de votre entourage, leurs biens, leur environnement et leur existence.

Je vous encourage à prier plusieurs fois par jour, pour les autres, puis des prières plus personnelles pour vous-même et ce que vous estimez nécessaire ou ce dont vous avez besoin dans votre vie. Prenez l'habitude d'avoir des prières claires et simples, sans que JAMAIS cela ne devienne une routine. Car une prière simplement répétée et sans émotions ni prise de conscience des mots que vous pensez ou prononcez perd en puissance dans votre esprit, et dans son aspect transformateur tant désiré dans votre vie.

Si vous avez une prière apprise et définie alors ayez conscience et réfléchissez à la signification de chaque mot que vous employez.
Autrement dit, il est tout aussi utile d'effectuer un renouveau chaque jour. En effet, la prière est un aspect Puissant de l'énergie divine. Le Divin est en constant mouvement de devenir, alors ne figez rien, devenez et exprimez dans vos actes et vos prières le mouvement de renaissance constant du flux Divin Créateur.

❖ **Règle n° 2 : Faites des Affirmations**

Les affirmations sont capitales dans votre existence, car elles matérialisent ce que vous souhaitez voir advenir. Malheureusement, vous les utilisez beaucoup trop souvent pour exprimer les aspects négatifs de votre vie, ou de votre observation des conditions actuelles sur Terre. Vous pouvez utiliser des affirmations personnelles ou bien utiliser celles qui vous inspirent et vous motivent issues de vos lectures. Et n'oubliez pas, si vous avez prié pour changer un aspect de votre vie, ou encore obtenir ou être ce qui vous plaît, **<u>la Loi d'Amour est la Puissance qui répond à votre prière et met tout en œuvre pour manifester l'objet de votre désir</u>**. Car cela est absolument et évidemment accepté par le Divin en vous. Comment donc ne pouvez-vous pas ensuite affirmer être et croire en la réception de ce que vous avez demandé ?

❖ **Règles n° 3 : Méditez**

Prières et affirmations ne vous semblent pas compliquées à mettre en œuvre, mais voici l'aspect le plus crucial et important : la méditation.

Beaucoup rechignent ou refusent tout simplement de méditer alors qu'elle est des plus simples et des plus agréables pour tout être spirituel. La méditation est la seule et unique clef vous permettant de briser les barrières de votre égo. Je vais vous poser une question à laquelle j'attends de vous une réponse honnête, franche et sincère. S'il n'existe aucune séparation entre vous et votre Créateur Céleste, si toute prière est acceptée et peut se manifester dans votre vie pour vous et pour autrui, si votre Père Céleste vous aime d'un Amour sans condition à un point tel dont votre conscient n'a même pas idée ; alors pourquoi certaines choses que vous demandez, parfois après tant et tant d'années, ne se manifestent pas, et peut-être ne se manifesteront jamais dans votre vie présente ?

Eh bien je vais vous le dire, et ma réponse est vraie, que cela vous plaise ou non. Il n'existe aucune barrière entre vous et le Divin, aucune barrière entre vous et la manifestation de votre prière. Non, aucune barrière, aucune, sauf celles que vous créez vous-même par vos affirmations négatives de la vie, par votre vision morose de la vie, par vos critiques des autres et de leur comportement. Non, aucune barrière à part vos colères, vos hurlements, votre manque de patience, votre insistance à parler de vous-même pour renforcer votre égo, au lieu de connaître le cœur d'autrui par le biais de questions intelligentes et inspirées.

Non, aucune barrière à part vos grossièretés et vos moqueries. Aucune barrière à part vos doutes. Non, aucune barrière à part votre refus d'aimer et de soutenir ceux qui sont faibles et qui souffrent.

Non, aucune barrière à part celles de refuser de donner à ceux qui font l'expérience du manque et qui ne demandent qu'un peu d'attention positive et un sourire pour réjouir leur vie. **Non, il n'existe aucune barrière à part votre égo !**

J'espère à présent que vous êtes capable de comprendre car je ne peux pas être plus clair. Seule la méditation peut briser les barrières de votre égo et vous rapprocher de votre Créateur Puissamment Aimant. Il vous suffit de quinze à trente minutes par jour, où après avoir pris conscience de l'Amour Divin vous demandez simplement à être purifié des aspects négatifs que vous savez posséder dans votre personnalité.

Puis demandez à ce que les caractéristiques Divines de votre Source de Vie deviennent vôtres. Une fois cela fait, laissez aller vos pensées. Ne vous arrêtez sur aucune d'entre elles ni sur aucune émotion ou image, et vous pourrez un jour peut-être, si vous êtes suffisamment assidu, entrer dans la Pure Puissance Divine Infinie de l'Équilibre Universel qui changera à jamais votre puissance intérieure, votre volonté, votre caractère et votre capacité transformatrice dans le monde.

La méditation vous sera bénéfique pour vous détendre et pour vous purifier lentement de vous-même. Elle fait tomber les barrières de l'égo, laissant un peu plus chaque jour de place pour votre âme, et donc le Divin en vous pour réjouir vos vies.

❖ Règle n° 4 : Aidez, Donnez, Aimez

Comment pouvez-vous obtenir tout l'Amour que vous désirez si vous n'alignez pas vos vibrations de conscience avec ce que vous désirez ?

Comment pouvez-vous être en contact conscient et puissant avec le Divin si vous ne vous alignez pas sur Lui et son Amour ? Vous Récoltez ce que vous Semez, et donc si vous cherchez à mener une existence prospère et heureuse, il est nécessaire que vous abandonniez toutes vos caractéristiques négatives et que vous vous mettiez à exprimer l'Amour Divin pour les autres et votre environnement.

Autrement dit, vous ne Recevez que ce que vous Donnez.

❖ Règles n° 5 : l'Étude

L'étude est une composante essentielle de la discipline spirituelle, car elle permet, lorsque le cœur et l'esprit sont embourbés ou pris dans le courant tumultueux de la vie, de se recentrer sur des concepts et des notions spirituelles de vérité.

Il a bien été dit ici l'étude, et non la lecture.

En effet, l'étude est la faculté de scruter et de lire des textes mystiques, poétiques ou spirituels de manière lente et attentive aux mots et concepts utilisés, pour pouvoir se recentrer sur soi-même, voir ses aspects positifs et négatifs à corriger, dans le but d'élever sa conscience. Étudiez au calme et dans la tranquillité est capital si vous en avez la possibilité, car la remise en question et l'approfondissement des vérités éternelles vous permettront de vous maintenir dans votre élan spirituel. L'étude vous donne également une vision toujours plus claire et profonde de l'Amour Divin à votre égard, ce qui est éminemment important pour votre bien-être. De plus, vous y trouverez des affirmations issues de vos nouvelles compréhensions afin de continuer à spiritualiser vos vies.

Je vous ai donné ici les moyens les plus simples et concrets à mettre en œuvre chaque jour de votre vie pour vous rapprocher de votre Père Aimant et pour changer le cours de votre existence. Seuls ceux qui ont la Volonté d'atteindre leurs Buts et qui sont **DISCIPLINÉS** vivront le Royaume des Cieux.

Pour vous sera la dureté des aléas de la vie si vous refusez de les appliquer.
Pour vous seront les bénédictions si vous les appliquez.

Vous êtes aimé, vous êtes chéri, soyez bénis à tout jamais, et que mon Amour Céleste élève votre cœur et votre pensée.

Commentaire

Danielle : « Je te l'ai déjà dit, l'amour est la base de tout, et si tu n'en as pas, alors tu n'as rien. S'il y a des choses difficiles dans la vie, alors il faut cesser de pleurer toute la journée, car tu t'attires la misère. Si la vie c'est la litanie du matin au soir à se plaindre, alors c'est foutu. Il faut aller de l'avant, laisser le passé où il est et aller de l'avant. Si le passé bloque dans le présent, alors il faut se poser des questions et se creuser la tête, car si tu crées de la négativité, alors tu en vivras. »

34.

Paroles du Cœur

Le 26 juillet 2020

Seul par l'élévation de son cœur et de son âme que l'Homme peut trouver la grâce qu'il recherche.

L'Amour est la Loi, béni est l'être qui s'y conforme, s'y soumet et la garde à jamais devant son frêle regard, dans la joie de l'observance et dans la crainte de son caractère évanescent. Malheur aux êtres qui s'en écartent, ils se voilent et s'enivrent des apparences trompeuses du monde et deviennent des idolâtres de leurs pensées et de leurs sentiments funestes, grossiers et malveillants.

Quiconque met le pied sur le sentier de la vérité se verra éprouvé pour pouvoir avancer, car la rouille recouvre sa peau, et il est temps de s'en purifier. Aveuglé par les apparences du monde, vous en serez abreuvé et votre soif jamais satisfaite.

L'être qui s'adonne à la haine, à la critique, à la calomnie et à toute noirceur du tréfonds de son instinct bestial sera rabaissé à la hauteur de celles-ci. Oui, un être à la stature divine réduit à s'écraser sous la semelle de ses conquérants venus des zones d'ombres de ses pensées et sentiments. Il sera capturé et rendu esclave de lui-même, résultat de son idolâtrie, de sa peur et de sa critique de son extérieur éphémère au caractère illusoire et changeant. Aucun innocent ne vivra jamais de souffrance, car il ne porte son regard de la pureté de leur cœur qu'en direction de la Lumière de l'invisible.

Comment vivre la Loi si vous n'y soumettez pas votre cœur et votre esprit ? Comment vivre d'Amour si vous souillez vos pensées et vos sentiments ?

Quiconque ne rapporte pas au cœur les images de sa vue est considéré comme aveugle. Les pensées corrompues par la méfiance et la critique n'amènent que plus de souffrance, et l'être se perd dans les méandres de ses illusions.

Amour, Amour, Amour, celui qui l'oublie, oublie Dieu et oublie son âme et se perd dans le désert. Point d'oasis de verdure et de fraîcheur, mais seulement la peau brûlée par le soleil, l'esprit confus par la chaleur et les rares zones d'ombres occupées par les serpents.
Pourquoi levez-vous les yeux au ciel quand ce que vous cherchez ne s'y trouve pas. Mais se cache dans les cœurs et en tout ce qui vous entoure ? **Le Dévoilé se manifeste dans ce qui est caché, le Caché se dévoile dans ce qu'il manifeste. Et tous deux sont du nom Un.**
L'être qui abandonne le Divin pour chercher querelle et demande solution au désordre qui s'en suit ne peut obtenir de réponse à sa requête. Alors vivez de joie pour vous-même et en vous-même. L'Amour relie à jamais l'Amant à l'être aimé.
Béni est celui qui se sait aimé par son Amant, car il ne connaîtra jamais la faim ni la soif. Sa coupe se remplira au rythme de ses besoins et il vivra dans allégresse jusqu'à la fin de ses jours.

Alors au moment de tourner son regard vers l'orient pour son ultime souffle du nom du Dieu Un, il passera les murailles de la cité éternelle bâtie d'après la Loi et sera enseigné par les maîtres. Le maître de la Récitation de la Soumission à l'Amour, le maître de la Bonne Nouvelle du Royaume des Cieux, les maîtres de l'étude de la Vérité ; les maîtres de la Conscience.

Alors Toi, ô ma Bien-Aimée, redresse ton front vers Celui qui à jamais te regarde ; parcours le sentier de verdure qui se déroule et sur lequel à jamais nous marcherons ;
À l'ombre de tes actions de grâce, pour toujours nous nous reposerons ;
Ensemble à la coupe de l'abondance nous boirons, et enivrés par l'allégresse, le cantique de la Gloire du Seigneur de Vie nous chanterons ;
Ô, souris ma Bien-Aimée car la joie parcourt nos cœurs unis par l'Être de l'Unité ;
La Paix dans l'âme, à l'ombre de l'Éternel nous nous abandonnerons et de son Amour nous nous délecterons.

35.

Au-delà de la Nature

Le 28 juillet 2020

Je choisis de venir à vous dans ce présent message afin de vous parler de la confiance parfaite et absolue qu'il est nécessaire d'atteindre afin que ceux qui cherchent une solution à leurs soucis et problèmes quotidiens en viennent à une foi parfaite dans leur vie, et qu'ils soient créateurs d'expériences de joie ultime et de réjouissances individuelles, mais aussi collectives.

Quoi qu'il puisse advenir dans vos vies, que vous le jugiez comme étant « bon » ou « mauvais », il est important et même urgent de vous en remettre à votre Père Céleste en vous.

Soit pour remercier pour les choses qui vous donnent du plaisir, soit pour demander la bonne solution et le bon remède à la situation déplaisante que vous vivez ou que vit autrui.

À chaque bonne chose, remerciez, non pour faire plaisir à Dieu et vous montrer reconnaissant, mais bien pour prendre pleinement conscience que tout bienfait n'est pas votre création, mals celle de l'Amour du Père à votre égard.

Et que ces bienfaits se multiplieront en quantité et en intensité au fur et à mesure que vous progresserez sur la voie des Vérités Célestes et de la purification de tous les aspects négatifs de votre être. Vous devez en être conscient, car l'Amour Divin détient dans sa Conscience Infinie toute la Connaissance nécessaire et voulue pour réjouir vos vies.

Si seulement vous en étiez conscient ! Ensuite, à chaque chose jugée désagréable ou mauvaise pour vous, arrêtez-vous et priez, méditez, et demandez la bonne solution. Vous verrez les verrous qui scellaient votre cœur s'ouvrir, et les chaînes mentales qui oppressaient votre esprit se délier, et finalement disparaître. Ne pensez pas pouvoir connaître la solution aux problèmes, à moins que vous ayez été divinement inspiré pour la penser par vous-même ou la transmettre à autrui.

Tout dans l'existence a ses besoins et voit ses besoins satisfaits. Mais l'Homme verra ses besoins comblés selon sa foi et la tranquillité de son cœur et de son esprit.

À chaque carence, quelle que soit sa nature, remettez le manque au Père en vous et réjouissez-vous ! Réjouissez-vous d'avoir été en contact conscient avec le Divin, réjouissez-vous car vous avez été entendu et compris. Réjouissez-vous car votre demande a déclenché et mis en mouvement les énergies créatrices de la Loi d'Amour pour toute sa création, et vous en sortirez grandi, guéri et parfaitement satisfait.

Il est tout aussi nécessaire de vous en remettre constamment au Divin si vous voulez vivre de belles vies inspirées et joyeuses.

Cela passe principalement par écarter de votre cœur, de votre esprit et donc de vos croyances et convictions, l'ensemble des lois de la nature que vous pensez être réelles et existantes. Elles sont issues de votre observation du monde, des évènements, des circonstances de vie, des paroles, des actes et des expériences d'autrui.

Vous devez être conscient qu'il n'existe que Dieu et Vous, et que rien, ni homme, ni femme, ni force extérieure ne peut avoir de pouvoir sur vous ou sur votre Créateur. Et jamais, au grand jamais n'associez de pouvoir extérieur à votre Créateur, en raison de la nature de cet extérieur en pensant que Dieu n'a pas d'influence sur cela. La foi et la confiance parfaites ne passent que par la tranquillité de cœur et d'esprit, sans jamais considérer les évènements extérieurs comme des menaces.

En effet, si vous réagissez à ce qui vous entoure et y voyez une menace à votre mode de vie ou à votre personne, alors vous ne vous en rendez pas forcément compte, mais vous choisissez d'abandonner Dieu au profit de ce que vos sens vous montrent et vous font ressentir, c'est-à-dire toute négativité que vous pouvez exprimer.
Et c'est cela l'idolâtrie, dangereuse et périlleuse pour la vie et le bien-être de l'Homme. C'est ce qui se passe lorsque vous êtes triste, en colère ou en haine, vous idolâtrez les autres et vous-même car vous ne croyez plus en cet instant en l'Amour de Dieu.

Non, ayez confiance et réjouissez-vous !
Celui qui a confiance en l'Amour Divin, le Divin l'enveloppe d'un halo de protection et de satisfaction parfaite. Celui qui a confiance se verra satisfait par des moyens qui sembleront miraculeux au-delà de la nature. Car oui, celui qui a confiance et a une foi parfaite en l'Amour du Père et en sa capacité Puissante et Transformatrice de tout ce qui peut être une contrainte pour l'Homme, se verra guéri, abreuvé, nourri, satisfait dans ses besoins. Et par des moyens Divins qui seront tous à chaque fois plus beaux et étonnants de bonté, d'intelligence et de beautés.

Celui qui fait confiance se purifie, étudie, prie, médite et se donne pour autrui et devient une vive lumière dans son monde. Il est pour la Conscience Divine la prunelle de ses yeux, le centre de toutes ses bonnes intentions.
Car partout où il appellera Mon Nom, Je viendrai le Bénir.

Il est juste nécessaire de persévérer dans les pratiques divines et de s'y maintenir le plus constant possible, sans jamais dévier de votre route.

Alors, même perdu dans le désert et éloigné de tout, l'Homme, dans sa confiance parfaite en son Père Aimant, fera descendre la manne et tous ses besoins seront comblés.

Passez au-delà des apparences, au-delà de votre vue, au-delà de vos sens et de ce que vous pouvez conclure de vos expériences, car vous n'êtes que trop limité. **Lâchez votre façon de faire les choses par vous-même ainsi que votre personnalité et développez votre foi, ayez une confiance parfaite car vous êtes le Cœur et la Pensée Divine.**

Éveillez-vous et vivez chaque jour de votre vie dans la connaissance de la Puissance et de l'Amour Divin. Vivez chaque jour de façon miraculeuse, et vous verrez le vide faire place à l'abondance.
Vous serez peut-être incompris aux yeux du monde extérieur, mais vous deviendrez des faiseurs de miracles car Dieu pourvoira, et vous serez des mangeurs de manne.

36.

Le Verger de l'Amour

Qui n'aurait jamais cru que l'Amour puisse être sans fin ?

À présent en terre avec toi, alors que le monde pleure des morts, ceux qui sont plus vivants que jamais.

Ô ma Bien-Aimée, ouvre tes yeux et aperçois la Lumière de la Vie et rejoint moi main dans la main à travers ce voyage du retour à soi, sans que jamais nous ne nous séparions de nouveau.

Traversons ensemble ses rayons d'éternité et ses joyaux de vie aux facettes étincelantes.

Que de louanges, que de chants mélodieux nous souhaitent la bienvenue.

Je te vois de nouveau, mon Bien-Aimé et mon cœur se réjouit.

Bienvenue au seuil des Portes du Paradis, Verger d'Amour et d'allégresse, où tous ceux qui y aspirent y rentrent de joie et de soulagement.

Seul l'Amour est la Lumière visible ;

La seule mélodie du Jardin est l'Amour ;

Les seules odeurs sont l'Amour ;

La seule langue parlée est l'Amour.

Bénis sont ceux qui ont vécu d'Amour car ils verront, ils entendront, ils sentiront et loueront le Dieu Un.

Parcourons ensemble ce sentier de vie, n'aie point d'amertume quant à la sécheresse de la vie passé. Nous ne faisions que traverser le désert des révélations cosmiques de l'Amour de l'Un.

Ô ma Bien-Aimée, marchons ensemble sur cette nouvelle terre, ôte ton voile et laisse transparaître la beauté de ton cœur.
Mon Bien-Aimé ouvre ton esprit et dévoile-moi ta force de conviction.
Je suis amant et je t'aime d'amour, ô ma Bien-Aimée, un baiser de ma bouche et sentir la douceur du miel sur la langue. Laisse tomber ta chevelure lumineuse, il s'y dégage une senteur de myrrhe délicieuse.
Mon Bien-Aimé, je suis amoureuse d'amour et d'union avec l'Un. Alors continuons à marcher sous le chant des rossignols et courons, chantons et dansons main dans la main sans jamais nous arrêter, dans la joie et l'allégresse. À quoi bon les inquiétudes passées quand à présent nous pouvons nous agenouiller sur l'herbe grasse et proclamer les louanges de la foi au Seigneur de Vie, et chanter ses louanges dans l'Amour du Sans Fin Je Suis.
Béni est l'être qui dans la joie affirme Ce qu'il Est et chante le cantique de la Grâce de l'Amour en tout ce qu'il demande. Car à présent sa coupe déborde et son puits abreuvera sans fin ceux qui ont soif. Béni ! Béni ! Béni à tout jamais est celui qui ne voit que Dieu partout où il va, car là où son cœur est, il sera.

Je comprends à présent ta beauté, ô ma Bien-Aimée, car mon esprit s'ouvre de connaissance.
Ô mon Bien-Aimé, mon cœur se serre tant la pression de mon amour est forte.
Je suis à présent créateur dans la création et ne reste qu'une créature du Divin.

Je vois en toi et je regarde au plus profond de ta frêle pupille, je m'y noie et je vois en toi, je vois la Lumière de la création, la beauté divine qui transparaît dans ton regard.

Ô ma Bien-Aimée, comment puis-je soutenir ton regard, tant de Lumière j'y vois, tant d'Amour au-dedans de toi.

Je peux à présent dire « je t'aime », mais ce n'est que fragile parole. Les océans pourraient être noirs d'encre que je ne pourrai point exprimer l'Amour que le Divin m'a donné pour toi.

Point de pudeur mon Bien-Aimé, jetons-la au feu Divin et d'une Union Une nous nous unirons.

Où donc est la gêne, quand la Loi d'Amour est le seul maître mot ?

Sentez, mes enfants, sentez les doux parfums du Verger. La Lumière d'Amour parcourt les ruisseaux et les odeurs de roses. Voyez la vie dans chaque brin d'herbe. Sentez la joie qui s'y exprime lorsque les perles de rosée viennent délicatement s'y poser. Ouvrez les yeux et regardez.

Comprenez ce qui vous entoure, comme les odeurs de fleurs et de verdures vous réjouissent, et comme les fruits murissent de la joie de vos cœurs qui battent ensemble d'un même battement.

Ô ma Bien-Aimée, tant de grâce que je ne puis retenir mes larmes.

Pleure mon Bien-Aimé, pleure de joie, car ceux qui ont écouté et suivi les enseignements de notre Seigneur sont enfin à l'abri, sans malheur à redouter, et peuvent se reposer dans la paix et la grâce.

Tu ouvres ton esprit, et de ta connaissance je fais mes délices, des mets délicats en bouche et le vin de joie enivrent mon cœur, et ton esprit se regarde du dedans de lui-même.

Mon Bien-Aimé je suis ton cœur ;

Ma Bien-Aimée je suis ton esprit.

Ô Tout de mon Tout, essence de mon essence, tu fus une énigme à mon esprit et à présent, j'ai fait naître le désir dans ton cœur.

Jadis je m'approchais et tu t'éloignais.

Jadis tu t'approchais et je m'éloignais.

À présent, nos regards se mélangent, et les boutons de rose éclosent de la splendeur de leurs pétales.

Tout de mon Tout, jadis nous étions aveugles l'un à l'autre, et à présent nos yeux s'ouvrent.

Jadis las des douleurs de cœur, et ton cœur épuisé des tortures de mon esprit. Aujourd'hui, l'Amour a apaisé et donné la paix à mon esprit, et la plénitude a illuminé ton cœur.

Nous nous reposons à présent dans la douce quiétude Divine de son Puissant Silence, où les mots sont impuissants face à la profondeur du Sens.

Comment mon esprit peut-il voir clair si ce n'est par le discernement de ton cœur ?

Nous ne sommes plus « moi », nous ne sommes plus « toi », nous ne sommes plus « nous ». Il n'y a plus qu'Un. D'un baiser en devenir où les lèvres se rejoignent, le souffle de l'esprit de Dieu s'y échange et nous créons la Vie, et d'une même Lumière nous disons « Je Suis ».

À présent unis par le Divin sous le dais nuptial, les inquiétudes font place à la paix et à la joie. Le bonheur et l'extase de la grandeur de l'expression de l'Amour sont plus grands qu'ils ne l'ont jamais été.

La foi dans les lendemains les rendra emplis d'allégresse, et nous serons au sommet du monde, caressant les nuages de la gloire.

Chaque jour qui suit nous fera voir que nous étions le jour précédent en bas de la montagne.

Telle sera notre perception glorieuse de notre ascension céleste.

Ô ma Bien-Aimée, déployons nos ailes, et envolons-nous dans les mélodieuses nuées Lumineuses, où le Grand Esprit

Cosmique orchestre la symphonie de l'Amour, où dansent les étoiles au rythme de la respiration de Dieu du dedans de nos cœurs battant à l'unisson.

Amour, Foi, Vérité, Connaissance.

Qui en fait son mode de vie, Sa vie, les recherche sans jamais les perdre de vue, les tient sans jamais les lâcher quoi qu'il arrive, se verra emporter dans le cœur de l'Un, d'où son frémissement originel de conscience a fait jaillir la Lumière primordiale de la Parole Je Suis. Il se verra élevé jusqu'à son esprit et ils ne feront qu'Un.

Aimé, vous êtes tant aimés, vous êtes tant chéris. Voyez Dieu, voyez-le partout car il est Tout et en Tout ce qui existe. Regardez votre prochain et observez Dieu actif dans le Don Ultime de Soi, et vous ne pourrez plus vous retenir d'aimer.

Vous serez élevés dans les nuées de gloire et de louanges d'avoir accompli ce pourquoi l'Homme a été créé et conçu. Vivre d'Amour et donner l'Amour de Dieu. Comment pouvez-vous en douter et redouter quand vous êtes la quintessence même de la Vie ?

Ceci est le message d'Amour le plus pur que vous puissiez à ce jour recevoir, qui jamais ne se termine.

Dans la rotation du mouvement créatif, il vous fait exister dans l'instant présent et se déploie dans le Sans Fin, d'où l'Infini se réjouit de sa présence en Soi à tout jamais.

Tout message précédemment reçu et à venir est Saint et à haute teneur spirituelle. Mais s'ils sont Saints, vous avez ici le Saint des Saints dans lequel, si vous êtes suffisamment réceptifs, vous pourrez de nouveau vous plonger, dans la Pureté de Son Amour.

Commentaire

Il me semble nécessaire de donner quelques informations concernant ce message. Il a l'air d'une poésie, mais cela n'est aucunement le cas. J'étais extrêmement troublé, rempli de frissons et de tremblements émotionnels intérieurs tellement ce que je voyais et ressentais était puissant. Je ressentais ici-bas une infime partie de ce qui se déroule au-delà, et je peux affirmer que c'est extrêmement déroutant. Beaucoup de messages expliquent les choses assez clairement, mais il arrive un moment où les explications humaines logiques n'ont plus aucune utilité ni même de sens. Il faut pour cela exprimer les idées de manière quasi symbolique et imagée, et seul un fort ressenti vous permettra de comprendre ce message.

Je me souviens d'ailleurs de la première fois que Danielle a lu ce message, quelques jours après l'avoir reçu. Elle s'est mise à pleurer et m'a dit : « Cela ne parle que d'amour. Jamais de ma vie je n'ai pu supporter le manque d'amour. J'en souffre terriblement. Mon âme souffre terriblement de voir sans cesse le manque d'amour, qui est présent partout. C'est dur, tellement dur. Ici, dans ce message, on essaye de te faire connaître Dieu et son Amour, on essaye de te faire connaître l'au-delà, ni plus ni moins. »

37.

Mariage Homme-Femme

Le 8 août 2020

L'Homme est double, issu de l'Un et retourne à l'Un. Son aspect masculin, vu comme l'Intelligence, doit être d'une union totale et complète avec l'aspect féminin de l'Amour, afin que l'Intelligence devienne l'Intelligence Aimante, et que l'Amour devienne l'Amour Intelligent.

Que le cœur et l'esprit s'unissent, se marient dans la pureté de l'état Divin, naissant dans la conscience de l'être.

Dieu est Vie, Dieu est Vérité et seuls ceux qui choisissent la vérité connaîtront la vie et vivront dans l'union divine de « l'homme » et de la « femme » à intérieur de l'être. Comment donc est-il possible de vivre dans le mensonge ?

Par la dualité exprimée dans la relativité de l'existence terrestre, il est permis aux êtres en évolution de l'exercer pour un temps seulement. Car tout est en mouvement évolutif hors de l'Un allant vers l'Un, dans l'Infini de son être. Après tant et tant d'années, la vérité triomphera, car telle est la Nature de l'Éternel dans son Infinie bonté pour toutes ses divines créatures.

Il vous est donc demandé, à un moment de votre évolution de vous purifier et de vous réveiller de votre état somnolent, de votre ignorance.

Priez et remerciez que le regard de Dieu jamais ne se ferme, jamais ne se détourne de l'Homme de vérité et de l'Homme de mensonge. Dans sa Miséricorde Aimante il élèvera celui qui se rabaisse pour faire vivre la vérité. Il éclairera et mettra en lumière l'Homme de mensonge afin qu'il puisse découvrir sa véritable nature et évoluer. Bien qu'insoutenable dans l'esprit du falsificateur de vie, ses mensonges mis en lumière, il sera forcé en son être d'admettre la vérité de sa propre vie, et de renvoyer dans le néant les non-vérités vécues au cours de ses nombreuses vies et années d'existence terrestre.

Ainsi mis en lumière sur lui-même, l'être humain devra admettre un jour ou l'autre son aspect Mère de la Conscience Divine, la femme intérieure, ainsi que l'aspect Père de la Conscience Divine, l'homme intérieur, et opérer un changement drastique dans son mode de vie et sa façon de penser son être et ses relations à autrui.

Ceci est la réalité du mariage spirituel, au sens divin du terme. La réunion totale, équilibrée, complète et joyeuse de l'homme et de la femme intérieure de l'être humain. Ce n'est qu'ainsi qu'une union physique, mentale, émotionnelle et spirituelle entre un être humain masculin équilibré dans son aspect Père-Mère avec un être humain féminin équilibré dans son aspect Mère-Père permettra de donner naissance à un enfant Divin. Il sera illuminé, il vivra dans une société d'êtres aimants, reconnaissants envers leurs aînés, maîtres d'enseignements spirituels pour les générations futures, qui ne seront plus opprimées mais divinement aimées et qui aimeront à leur tour.

Ceci est votre destinée à tous, car vous le désirez au plus profond de votre cœur, de votre âme, et vous y serez conduit, bien qu'actuellement vous résistiez vigoureusement à toutes ces bénédictions. Ainsi, l'homme doit obligatoirement s'éveiller à la chaleur de l'Amour et à la compassion pour son prochain, et la femme à l'assurance forte et paisible à elle-même, pour être la pourvoyeuse d'Amour qu'elle incarne. Et ces deux aspects doivent se retrouver en totalité dans la conscience de l'être humain, qu'il soit masculin ou féminin.

Sans cet équilibre <u>dans</u> l'être humain, l'homme restera froid et asservira la femme aux tâches de simple exécutante des désirs de l'homme, qu'elle sait intuitivement ne pas devoir subir et supporter.

La vie est un champ, un champ de conscience dans lequel vous ne faites que semer des graines de pensée, de parole, de sentiment et d'acte. Et je vous dis ceci : seules les graines de vérité nourriront de vie le semeur de vérité, et toutes les autres graines mortes de non-vérité amèneront épuisement, fatigue, désastre et mort du semeur de mensonges.

Ainsi, les êtres de vérité éclairent leur monde de leur Amour, et mettent en lumière les êtres vivant de mensonges, qui se retrouveront au cours de leurs expériences terrestres épurés des mensonges et mis à nu face au monde et face à eux-mêmes, afin de s'ouvrir à la Vérité de l'Existence.

Ô vous qui vous battez et luttez pour que les ténèbres laissent place à la lumière, pour que les armées perfides de haine gratuite soient évincées afin de construire l'avenir radieux sur les bases saines de l'Amour Inconditionnel et de la Vérité ; gardez courage, priez pour avoir la foi de continuer la lutte quotidienne. Vous verrez les portes de Lumière s'ouvrir sur votre passage.

Le mensonge courbera l'échine, s'inclinera et s'écrasera à terre sous la Puissance, la force de votre Lumière Divine que vous tirez directement de l'Infinie Puissance de la Conscience Dieu qui est en vous et vous soutient, vous guérit et vous aime plus que jamais.

38.

Qui Suis-Je ?

Le 19 août 2020

D'où viens-je ?
Où vais-je ?
Que deviens-je ?
Qui suis-je ?

Ainsi est l'essence explicite de l'Homme en quête de sa Nature profonde. Où — Quoi — Qui. De l'importance n'est point l'ordre divin de la recherche de l'Homme qui se perd dans les apparences de ses illusions.
Dans les bras de son Père Céleste, comme l'enfant en sécurité dans les bras de sa mère, qui est l'Homme qui s'abandonne aux idoles de son esprit ?

Point de doute pour l'Homme de foi ;
Point de turpitude pour l'Homme qui croit ;
Point de tristesse pour l'Homme hors de son Moi.
Vous tirez votre essence du Sens Universel du « Qui » et s'habille dans le « Quoi ». Du sens à l'apparence. De l'esprit à la matière. Du « Qui est-ce » au « Quoi » de cela. Point de Moi en mon Être.
D'où viens-je ? J'ai toujours été ;
Où vais-je ? Je serai ;
Que deviens-je ? Je deviens Qui Je serais ;

Qui suis-Je ? Je suis Qui, l'Éternelle question, le méconnaissable Je Suis.

Uni à l'Infini vous êtes Un, alors tirez votre être hors du Moi pour que votre esprit « Je » puisse proclamer « Je Suis ».
Ceci est la réponse à « Qui suis-je ? ». De vos pensées et de vos sentiments, de vos paroles et de vos actes vous devenez ce que vous affirmez. En ce que vous êtes à présent repose votre foi.
Il fut un temps où les Hommes étaient esclaves d'autres Hommes. Mais de tout temps, l'Homme a toujours été esclave de lui-même. Le terrible jugement du maître fait lever le fouet contre l'esclave, qui sera marqué jusqu'à sa mort. Le point de l'être est dans le Moi. De qui de l'être ou du Moi serez-vous maître et esclave ? Ou affranchi ? L'être au regard noir et à la Parole venimeuse est esclave de son Moi. Que celui-ci ne s'étonne point d'être battu à mort par son maître.

L'être au regard clair de l'Amour et à la Parole intelligente pleine de compassion est maître de son être, et son Moi est tenu avec rigueur. Béni est celui dont l'esprit est consolateur et guérisseur de ses frères et sœurs tourmentés. Ceci est Qui deviens-je ?
Où vais-je ? D'où viens-je ?
Celui qui est devenu Un avec Lui se confond En Lui et abolit le temps et l'espace, car de l'Un il s'en est allé et à l'Un il est retourné.
Le « Où » s'efface à jamais de sa conscience car à présent il est « Je Suis la Lumière des mondes ».

Dans les rayons éternels de la Lumière Céleste, vous êtes baignés. Remontez ces rayons jusqu'au Point Central de la Pensée Éternelle pour ne faire qu'Un en Lui. Seuls ceux qui voyagent en l'Un et disparaissent en son cœur seront Éternels.

Je Suis la Lumière des mondes et vous êtes mes Lanternes. Éclairez votre monde de ma Lumière, car Je Suis Vous et en mon Amour Vous Êtes.

Commentaire

Il y a beaucoup de jeux de mots dans le but de délivrer une vérité spirituelle et de faire réfléchir le lecteur sur les différents sens possibles. Il faut donc lire et relire mot à mot et se concentrer sur les concepts pour peu à peu comprendre ce qui est dit, jusqu'à finalement pouvoir ressentir les idées.

39.

Sincère Amour et Unité

Le 20 août 2020

Chnéour Zalman de Liadi, *Tanya* :

« Maître de l'univers, je ne désire ni ton paradis ni tes récompenses dans l'au-delà. Ce à quoi j'aspire c'est à te connaître, toi seul. »

Rabia Al Adawiyya marchait avec une cruche d'eau dans une main, et une torche dans son autre main et dit :

« Je vais éteindre le feu de l'enfer, et brûler les bienfaits du paradis car ils empêchent de cheminer vers Dieu. Je ne veux pas adorer par crainte de l'enfer ni pour une quelconque promesse du paradis, mais simplement pour l'Amour de Dieu. »
Ô hommes et femmes, jeunes et vieux, dans quel but vous dirigez-vous vers votre Créateur Aimant ?
Que ressent un homme lorsqu'il croise une femme qu'il n'a jamais vue, mais dont la beauté et l'élégance et la grâce font chavirer son cœur en un instant qu'il s'en retrouve perturbé au plus profond de son être ?
Que ressent une femme qui voit un homme beau, élégant et dont la force lui inspire un sentiment de grandeur, d'admiration et de dévotion ? Quel est ce sentiment si celui-ci n'est pas de l'Amour ? Le plus pur et profond pour l'être aimé et qui inspire le

frémissement le plus complet et perturbateur des émotions dans le cœur de celui ou celle qui aime.

Que les hommes et femmes sont pleins d'abandon de Soi dans l'amour d'autrui, celui-ci est cause de souffrance et de détresse. Non, le véritable Amour est un Amour de Soi et de l'Autre dans ce qu'il est pour lui-même et non pour vous-même. Celui qui abandonne son Soi, son être pour l'autre ne peut tomber que dans les abysses de souffrance et de tristesse.
Le véritable Amour est celui du Divin en Soi qui est donné à l'être aimé, sans <u>jamais</u> s'abandonner et s'oublier. Car celui qui s'abandonne oublie Dieu, et celui qui l'oublie se perd dans une errance du deux, qui ne prendra fin que lorsqu'il pliera genou à terre sous les coups des exigences de son Moi qui a réduit son Être au silence. Ceci car le Moi, non par Amour d'autrui, mais par désir de passion pour lui-même, écrasera son être qui aime pour obtenir satisfaction auprès de l'être aimé, et non pour le satisfaire.

Ainsi l'amour humain est très faible, fragile et non conforme à l'Amour Universel, qui est Un et non deux. Si les Hommes sont si enclins à l'amour et à l'attirance, pourquoi ne le sont-ils pas pour leur Créateur Aimant ?
Ô vous, hommes et femmes de croyance et de spiritualité, en quoi est votre spiritualité, si votre relation avec votre Père Aimant n'est que celle d'un enfant venant réclamer ce dont il a envie et ce qu'il désire ?
Auriez-vous envie (et l'amour parfait) de donner à vos enfants, si la seule relation qu'ils entretiennent avec vous est celle de vous demander sans cesse ce qu'ils désirent, tout en sachant qu'ils n'acceptent que très rarement ce que vous leur donnez ?
Alors pourquoi agir ainsi ?
Et je vous le dis, bien que cela puisse paraître dur pour vous dans le contexte de vos vies présentes, vous vous sentirez

desséché et toujours vide si la seule relation que vous entretenez avec le Divin est celle de quémander pour combler vos besoins. **Et pourtant, à la différence des Hommes, le Père en vous vous donne tous ses bienfaits et tout son Amour sans jamais compter.**
Car le Don de soi et la satisfaction des besoins sont Sa Nature qui est Sa Volonté à l'égard de toute Sa Création. Car ce n'est que son Amour pour vous qui fera en dernier lieu que vous chercherez à Le rejoindre une fois débarrassé de votre Moi, de votre égo.

Et puisque la relation de l'Homme avec son Créateur Aimant n'est qu'Amour, je vous demande, pour que vous puissiez vous-même mieux vous connaître, de prier et de méditer. Oui, de prier et de méditer sans jamais rien demander, excepté la purification pour accéder à une proximité divine. Des prières et méditations entièrement désintéressées et tournées exclusivement vers votre Père Céleste en vous.
Et nous verrons ensemble par la suite avec vous le degré de pureté de votre cœur et de votre esprit, car n'a-t-il pas été dit « cherchez <u>d'abord</u> le Royaume des Cieux et toutes bonnes choses vous seront données en plus »[4] ?

« Purifie-Moi, mon Dieu, qu'entre nous il n'y ait plus ni de Toi ni de Moi ; loin de moi la pensée d'affirmer deux. Mais qu'il n'y ait plus qu'Un. »
« Purifie-Moi », vous voyez bien que c'est le « Moi » qui doit être purifié, sans avoir besoin de compléter la phrase. Ici le « Moi » n'est pas le « moi » de l'être mais le « Moi » de l'égo. On pourrait dire « Purifie-Égo » où « mon » est sous-entendu.
Alors, oui, affirmez « Purifie-Moi », car ce n'est qu'une fois le Moi purifié/effacé que celui-ci ne sera plus nécessaire et que

---

[4] Matthieu 6:33

l'inutile vacarme de l'égo fera place au Puissant Silence du Divin.

Le silence est l'Infini, l'équilibre de la dimension Universelle – Un — d'où jaillit le Sens, la Lumière Je Suis de la Parole de Dieu. Et la Parole, la Lumière Est, car son Sens est celui du mouvement hors de Lui allant à Lui en Dieu. **Car je vous le dis en vérité, il n'existe pas de jour où l'éclat de la Lune ne laisse place à la lumière du Soleil sans que le Dieu Un ne fasse continuellement frémir au plus profond de votre âme Sa Parole dans un rappel à l'Unité.**

40.

Peur

Le 23 novembre 2020

J'aimerais aujourd'hui m'étendre sur le concept de peur. Car celle-ci, bien que partout présente est en très grande partie complètement incomprise et entièrement occultée par l'esprit humain.

Il existe principalement deux moyens d'expression de la peur. Celle lorsqu'un danger se présente, où la vie de l'être est en péril, et l'autre où la peur domine la réalisation de l'Homme, ses désirs de nouvelles expériences et modification de son environnement.

Il a été dit dans les précédents messages de vous débarrasser de la peur en raison de son caractère destructeur dans la vie de l'individu, et de la vie humaine en général. Il est en effet important de s'en purifier. Mais à défaut de savoir comment, voici ce qu'il est nécessaire de connaître sur la peur, pour vous en purifier, la maîtriser et l'utiliser à votre avantage.

La peur est issue de votre égo, dont le but est de garantir la survie de l'individu. La peur est un excellent moyen de survie, pour fuir ou se défendre face à un danger menaçant la survie. Celle-ci afflue dans le corps pour décupler les forces de l'individu et lui permettre de s'en sortir vivant. Cette forme de peur se retrouve dans tous les êtres vivants, et est la garantie de survie face au danger.

La seconde forme de peur est beaucoup plus subtile et difficile à comprendre et à appréhender, et bien plus dangereuse dans la vie de l'Homme. La peur lui fait faire des actes déraisonnés et extrêmement perturbateurs dans sa vie, lui causant de grandes souffrances sur le plan individuel et collectif. Car la peur est à l'origine de tous les conflits, des guerres, des disputes, des mensonges, des maladies, etc.

Même si la peur est acceptable en cas de survie, il convient de s'en débarrasser, ou bien de l'utiliser afin de sortir victorieux de vos propres conflits intérieurs. Voici quelques métaphores très simples afin de comprendre la peur et comment elle fonctionne : La peur est un feu en vous, un feu émotionnel qui utilise la visualisation par la pensée, sous forme de projection dans votre esprit, vous donnant l'illusion que le danger est à venir et qu'il faut s'en protéger. Si le danger est identifié comme un être humain alors la peur fera agir l'individu de différentes manières. Il pourra utiliser la violence physique ou verbale, le mensonge, la colère, la haine, la fuite, le déni, et autres formes de rejet mental-émotionnel violent.

Si au contraire, le danger identifié par la peur prend la forme d'une expérience ou d'un évènement, alors la peur fera rejeter cette expérience ou et évènement, par la fuite. Mais la peur est un feu ardent, et entraîne inévitablement le repli sur soi, ce qui consume l'individu, ses relations, sa famille, ses amis et sa santé. La peur peut être assimilée à une ombre noire et glaciale à l'allure puissante, indomptable et féroce. Celle-ci derrière l'Homme le terrifie car elle identifie un objet de danger extérieur à l'individu.

La peur en l'Homme est rusée et sournoise, et pour éviter ce qu'elle désigne comme extérieur à elle, elle fait se retourner l'individu en soi. Il est alors consumé par sa peur.

Ou alors il fuit, mais ne sachant où aller, il trébuche et se fait rattraper par sa peur qui le consume. Dans tous les cas, la peur gagne et fait croire à l'Homme qu'il a bien fait de réagir ainsi.

Ceci est le stratagème de manipulation de la peur. Il est celui-là même utilisé par les individus pour justifier des actes durs et égoïstes envers eux-mêmes et leurs semblables. Car la conscience de l'individu, toujours alerte, est reléguée au rang de perturbatrice à ne pas écouter. L'Homme qui a été consumé par sa peur sans s'en rendre compte se met à avoir des regrets, des remords terribles d'avoir été lâche envers lui-même.

Et c'est là que la peur ressurgit. Car pour le protéger de ce qu'il qualifie de honte et de lâcheté, elle va lui dire que c'est l'extérieur qui en est responsable, que c'est l'environnement qui est défavorable, que c'est à cause des autres qu'il a échoué dans ses objectifs, que c'est à cause des circonstances qu'il n'a pas su avancer vers ses rêves.

Et donc, l'Homme accusera le monde entier de ses erreurs et échecs, lui faisant oublier qu'il est entièrement responsable de sa vie et de son existence. Ceci est le terrible cercle vicieux de la chute et de la décadence humaine où l'Hommes s'enfonce toujours plus dans sa noirceur intérieure, sans même s'en rendre compte.

Il existe pourtant une solution. Si l'Homme souhaite se débarrasser de la peur, il doit premièrement la comprendre, regarder sa bête intérieure et lui faire face. Cela signifie en outre de ne pas se laisser envahir par elle, car si l'Homme abandonne le contrôle de son esprit, la peur s'en accapare et les pensées et émotions se retrouvent alors piégées dans les griffes de l'égo.

La peur, ou la peur d'avoir peur, ou la peur du regard d'autrui doit être maîtrisée. Comment ? **L'Homme doit prendre**

pleinement conscience dans un premier temps de la Nature Divine qui le soutient et contient l'univers tout entier : l'Amour immanent de la création et la transcendant. Le bien-être, la protection, la guérison et la paix du corps et de l'esprit. Pour prendre conscience de cet Amour, il est nécessaire d'en imprégner son esprit, pour que cette connaissance théorique imprègne le conscient et l'inconscient et soit considérée comme normale et naturelle dans le cœur de l'Homme.

Et cela ne peut se faire que par le développement de la confiance en soi, de la foi parfaite de l'Amour de Dieu en soi.

Il est donc nécessaire d'utiliser des affirmations puissantes et inspirantes quotidiennement pour détruire le doute qui nourrit la peur. Seules les affirmations puissantes permettront à l'Homme de changer et de se développer, car il est créateur par ses croyances.

Afin de développer de nouvelles croyances par de nouvelles affirmations et donc une nouvelle création, l'Homme doit développer une qualité trop peu citée et encore moins pratiquée, même chez les personnes spirituelles : **la discipline !**

La prière pour atteindre l'énergie créatrice d'Amour Divin, la méditation pour permettre à la Puissance Créatrice d'affluer dans l'être et les affirmations pour créer, <u>doivent être réalisées quotidiennement, donc de manière disciplinée, telle une obsession jusqu'à matérialisation de la chose désirée.</u>

En effet, beaucoup échouent dans leurs objectifs par manque de foi et de discipline. Et même s'il est sur la bonne voie, l'Homme à la foi fragile et à la discipline vacillante se verra consumé par sa peur et perdra ses repères.

Soyez avisé et lorsque vous avez peur, comprenez que votre égo n'a pas envie de changement, même si vous êtes sur le point d'atteindre le succès et la réalisation de vos rêves et de vos désirs. **Si vous avez peur et que vous êtes sur le point**

de vous laisser consumer par elle c'est que justement vous êtes à deux doigts de la réussite et du succès.

Vous devriez donc utiliser la peur à votre avantage, utiliser cette excitation et ce mouvement effréné de pensée et des émotions vers l'accomplissement joyeux de votre désir, et non comme un avertissement d'un danger. Car la peur ne fait pas de différence entre un danger mortel où elle doit être utilisée pour vous sauver la vie, et un changement de votre existence par l'accomplissement d'un désir puissant. Dans les deux cas, votre vie change radicalement, et cela est considéré par l'instinct de survie de l'égo comme une menace à son intégrité et à la sécurité de son confort routinier.

Puissiez-vous utiliser la peur à votre avantage pour vous pousser vers l'accomplissement de vos désirs. Que votre avancée en Connaissance Divine et votre réalisation de soi vous donne Amour, Intelligence, une foi et une conviction puissantes, inébranlables, et un esprit tourné vers la réalisation de votre destinée. Alors, définitivement orienté vers la Lumière Divine vous pourrez ainsi vous débarrasser complètement de toute peur et avancer en toute confiance et en toute tranquillité vers l'Unité d'Être. Car **l'être, en l'absence de peur, est l'incarnation de Dieu en Action.**

41.

Amour, encore et Toujours

Le 25 décembre 2020

Au commencement était l'Infini, et l'Infini était Dieu, et l'Infini est Dieu. Dieu est Amour et l'Amour est l'Intention Créatrice hors de l'Infini allant à Lui. La Création est tirée du néant pour y retourner. L'Amour est le retour à soi allant vers la création, allant vers l'autre, expression de la dualité.

L'Amour est Principe, la Puissance de la création en elle, et la soutient au-delà de tout autre concept. Rien n'y est étranger et tout retournera en elle. Et alors la création connaîtra ce qu'elle est et retournera dans l'Un, l'Amour Universel.

Mes très chers enfants, je choisis ce jour pour vous délivrer un énième message d'Amour.

Je viens pour vous aider à comprendre que vous êtes soutenus et aimés en chaque instant de votre vie. Bien que la période actuelle soit perturbée et mouvementée dans votre monde matériel, Je vous demande de ne pas, de ne plus prêter aucune attention aux aspects extérieurs. Ce qui se déroule est l'effet visible de la récolte des semences passées.

Les énergies créatrices sont basses, mais d'autres s'élèvent et doivent continuer ainsi. C'est à vous, personnes courageuses, que je m'adresse, car c'est sur vous que repose le futur équilibre joyeux de votre planète en difficulté.

C'est pourquoi je viens expressément, avec la puissance de mon Amour vous demander de ne pas baisser les bras, de garder courage et de persévérer.

Je viens pour vous demander de persévérer dans l'Amour de votre prochain, d'offrir bonté et compréhension, soutien et guidance spirituelle ainsi que matérielle dans vos paroles et dans vos actes.

Continuez à prier avec une plus grande ferveur de jour en jour. Continuez à méditer avec sincérité dans votre contact du Divin en vous. Continuez à vous intérioriser, continuez à rechercher la beauté de la vie cachée en chaque chose. Continuez chaque jour et en chaque instant, même si le monde entier vous rejette, car un jour viendra où l'on appellera « pauvres » ceux dont la Lumière de l'âme est bloquée par la carapace imperméable de l'égo.

Continuez à donner de l'Amour, car vous êtes une perle de Lumière au milieu d'un champ de bataille obscur et mouvementé.

Aimez, aimez de tout votre cœur, car ceci est la seule Loi, ceci est Dieu, et ce n'est qu'avec l'Amour donné que vous pourrez faire descendre la Puissance Divine dans votre vie.

Aimez votre prochain <u>au-delà</u> de vous-même, telle est la Loi des maîtres. Et ainsi, vous verrez Dieu. Car son regard est constamment dirigé vers vous, dans l'Amour transcendant les limites du possible humain. Car vous êtes béni, et vous êtes attendu avec joie dans un retour merveilleux, puissant et extatique dans le cœur de l'Universel présent en toute chose.

Je l'ai déjà dit et je le redis, vous êtes aimé, vous êtes tant aimé !

Et jamais l'Homme d'Amour ne sera abandonné. Au grand jamais nous ne vous avons abandonné. Dussiez-vous vous trouver au fond des abîmes ténébreux, un appel à l'aide et vous serez secouru. Personne ne sera mis à l'écart ou laissé à la traîne.

La Lumière est Infinie, et l'Infini se charge de secourir ceux qui sont en danger, de nourrir ceux qui ont faim, de sécher les larmes de ceux qui souffrent, de guérir ceux qui sont malades et de donner à ceux qui manquent.

Alors à votre tour, donnez, donnez le bras tendu et la main ouverte à votre frère, à votre sœur, dans le besoin et non point avec résistance.

Donnez avec la Puissance de la Conviction et de la Foi et avec Amour que plus vous ouvrez votre cœur pour donner, plus abondants seront les bienfaits qui naîtront et s'inviteront dans votre vie et vos expériences.

Il est temps à présent de laisser de côté la logique humaine et d'adopter la logique Divine dans vos vies. Cessez de vouloir contrôler, et laissez-vous guider par l'Amour. Priez, demandez et recevez !

Cela signifie qu'il est temps d'abandonner toute rationalisation issue des réflexions de l'égo, et de les remplacer par la glorieuse guidance d'Amour de Dieu en vous dans l'affirmation du bien, de l'Amour manifesté, de la Volonté de son Amour. Ainsi vous vivrez de façon miraculeuse et serez l'expression du miracle de la Conscience Divine pour toute Sa Création.

La charité, la bonté, le don de soi sont l'Amour en action. Car à quoi bon étudier l'Amour si vous n'exprimez pas son merveilleux reflet dans vos vies matérielles ?

Comment pouvez-vous douter ? Vous avez été envoyés à ce moment précis pour cela, durant cet âge où l'égo des Hommes s'affole, où les repères sont perdus, et où l'être humain ne sait plus vers qui ni vers quoi se tourner. Vous avez été envoyés car vous avez été appelés par la souffrance et le désespoir de ceux qui ont perdu la vision du cœur.

Tous les bienfaits sont ceux du Divin quand l'Homme ouvre une porte au plus profond de lui-même. Alors, comme la flamme d'une bougie partagée ne se tarit jamais, donnez à ceux qui cherchent à être nourris. Nourris en bien et nourris en Connaissance, nourris en Amour.

L'Homme est en Dieu et Dieu en l'Homme, ainsi le Divin porte celui qui le porte en lui. L'Amour de Dieu porte et soutient l'Homme qui donne l'Amour qu'il reçoit. Le Trône de Gloire porte ses porteurs car ce qui est divinement manifesté ne subsiste dans son être que par la Puissance de l'Infini, principe créateur de toute existence.

L'illusion de la vie matérielle n'est faite que de perte dans le temps. La connaissance de Dieu est pour ceux qui la recherchent et qui craignent de s'en éloigner. Ainsi donc, avec la vision de l'Un, l'illusion s'effondre, et derrière la perte et le manque se cachent l'abondance et la perfection vivante que tout ce qui fut, est et sera, est l'expression de la perfection. Celui qui voit Dieu en lui et en toute chose incarnera la perfection et exprimera le Divin pour effacer l'illusion dans les esprits et soulager les cœurs meurtris.

Dussiez-vous vous trouver dans les ténèbres, vous ne craindrez aucun mal, car Je Suis avec vous.

Tournez-vous vers moi quand vous êtes triste et je vous donnerai ma joie. Ainsi ma joie sera votre joie et ensemble, d'un Amour Un, nous nous réjouirons.

Tournez-vous vers moi dans les périodes de manque. Celui qui demande reçoit, alors dans la joie, vous serez comblé.

Tournez-vous vers moi lorsque votre cœur est endolori, car Je Sais ce qui vous fait souffrir, alors mon Amour soignera vos plaies pour réjouir votre vie.

Tournez-vous vers moi lorsque vous êtes perdu, et alors je vous montrerai le chemin.

Tournez-vous vers moi lorsque vous êtes faible et fatigué, et alors je vous redonnerai la vie et le repos.

Tournez-vous vers moi lorsque vous êtes dans la confusion, et ma Lumière vous éclairera car Je Suis Vérité.

Tournez-vous vers Moi et en me trouvant vous vous trouverez et vous pourrez affirmer la Puissance Créatrice de Dieu en vous et autour de vous.

Tournez-vous vers votre frère, votre sœur, car eux aussi ont besoin de Moi, eux aussi ont besoin de vous.

Commentaire

Danielle me dit : « Heureux ceux qui ne voient pas, heureux les simples d'esprit. Pas besoin de donner à celui qui a, mais on donnera à celui qui n'a pas. Dieu est la finalité, et il nous dit ce qu'il faut faire maintenant. Ici, avec les messages, on a la théorie. Et là, maintenant, c'est la pratique. Je ne supporte pas la souffrance, ni la mesquinerie et le mensonge. Pour moi, c'est une horreur de vivre comme ça. Mon âme souffre énormément de cette vie que je mène, mais il fallait que j'apprenne. Et c'est pour ça que je dis qu'il y a très longtemps que j'aurai dû quitter mon mari. Mais je n'avais pas encore accompli ce que je voulais accomplir avec lui. Et Dieu sait que je ne me sauverai pas, je le sais aussi. Tous les jours, je vois une toute petite amélioration. Il a refusé de faire le test qu'on lui a conseillé de faire avant le vaccin. « Moi, on ne me commande pas, il est hors de question que je fasse le test ! » Quand il a fini par le faire, je lui ai demandé pourquoi et il a répondu : « Je ne sais pas, comme ça. » C'est infime comme progrès, mais ça fait quand même le tour du cerveau. J'essaye de voir l'étincelle qui est en lui. Elle est minuscule et le processus est très long, car il est influencé par ce qui est négatif. C'est une goutte d'eau dans l'océan, mais c'est ça, les miracles.

Voilà pourquoi je dis tout le temps aux gens qu'il faut commencer par travailler sur soi. Les pensées sont créatrices, elles sont capitales. Faites des affirmations si vous voulez que les choses se réalisent dans vos vies. Je n'aime pas voir les gens souffrir, j'ai horreur de ça, je ne supporte pas. Les gens adhèrent aux religions qu'ils veulent, mais ils doivent rester des électrons libres, faire ce qu'ils veulent comme ils veulent, en respectant les autres et en les aimant.

Tout est une épreuve. On est sur Terre pour faire des expériences de vie et se mettre à la place de l'autre, pour ensuite retourner à la Source. C'est pour cela qu'il faut passer par les épreuves du monde matériel, les souffrances et la négativité des gens.

Avec mon mari, j'ai vécu une vie de sécheresse d'amour, pour mieux ressentir l'amour que j'ai pour l'autre et pour l'humain. Dans les derniers temps à l'hôpital il m'a dit : « prie pour moi », alors qu'il ne croit en rien du tout et ne m'a jamais parlé de prière. Et même à ce moment-là, il me parlait mal, il n'avait pas changé. Je le revois en train de me parler sèchement dans la chambre d'hôpital : « Allez, reste assise ! Bouge pas ! » C'est là que je me suis dit que malgré l'épreuve, il n'avait pas changé du tout. Mon fils attendait parfois trois ou quatre heures dans la voiture, et on se faisait engueuler comme des chiens. Est-ce cela le remerciement ? Je peux te dire que durant ces trois mois à l'hôpital, le karma l'a fait payer par une souffrance terrible. En raison de tout ce qu'il m'a fait endurer durant toutes ces années, il a souffert le martyre. Je ne souhaitais qu'une vie normale, et non la folie que j'ai vécue. J'ai vu la noirceur dans toute sa splendeur. Aujourd'hui, j'ai même l'impression de ne pas avoir vécu avec lui, comme si nous étions des colocataires. À présent, je vais beaucoup mieux, mais peu me comprennent. Pourquoi pleurer et faire l'hypocrite ? Pour faire plaisir à qui ? Je n'ai plus envie de pleurer, je ne souhaite que rire et vivre une vie normale. Je ne ressens aucune peine car à présent, je me sens libérée. J'ai une amie qui était distante avec son mari alors que lui était très amoureux d'elle. Aujourd'hui, il est décédé, et c'est elle qui ne cesse de le pleurer. »

42.

Du deux à l'Un

Le 19 janvier 2021

Patrick Lévy, *Dieu croit-il en Dieu* : « Lorsque tu veux sortir de l'univers, de la réalité, densifie l'infini jusqu'à deux : n'importe quelle opposition fait l'affaire. Ensuite, travaille à les unir ; lorsque tu as uni une opposition, tu connais le sentiment de l'union, il te permet de passer la porte du deux et d'entrer dans l'Un. »

Les questions donnent des réponses et des enseignements, mais les énigmes apportent l'envol mystique de la Conscience en son sein pour jaillir au contact de sa Source Créatrice, l'Infini-Béni.
Qui est celui derrière votre regard qui observe le monde ? Est-ce la Conscience ou le Moi de l'égo, l'esprit analytique ? Comment le savez-vous ?
Tout est Un ; comment se peut-il que Vous Soyez ?
L'intérieur crée l'extérieur et le contient, alors où est la frontière ? Où se touchent-ils ?

L'Un, point de pensée, initie en tête le commencement du deux et créa six, expression du chant du désir, les ciels de la Conscience et la terre du Je ;
De l'Infini équilibre jaillit l'Infinie activité attraction – répulsion tous deux reliés, Un ;

Et la terre était tohu-bohu en Lui ;
Et la terre unie aux ciels, c'est Toi qui Me lis en Moi ;
La stupeur, l'étonnement et la surprise d'être Toi ;
« Qui Suis-Je ? » te dis-tu ;
En Toi je dis Je Suis, et la Lumière fut.

Ainsi est le passage de l'Inconscience à la Conscience qui fait se rejouer l'instant premier de la Création.

Approche-toi et entre dans ma Conscience Divine ;
Tu connaîtras la Puissance Infinie de Création et de Créativité, la Puissance d'Être ; essaye de t'approcher de ma Conscience Un-iverselle sans jamais y entrer ;
Et tu apercevras l'Un-finie sagesse, sans jamais vraiment la posséder.

Questionne l'Infini, vide universel, et tu feras jaillir la Lumière de l'enseignement Je Suis ;
Laisse les principes danser et se mouvoir sans jamais les figer ;
Élève-toi avec eux dans l'ascension du courant vers l'Unité ;
Alors tu connaîtras la Cause des Secrets sans jamais y pénétrer, au risque de perdre ta singularité.
Toi être fini à l'image de l'Infini Créateur ;
Rassemble les opposés et ressens l'Unité impénétrable, où ton attraction des deux en l'Un révèle l'irrésistible nature d'expansion de l'Un, qui se dérobe à l'esprit au moment où il surgit et révèle le premier instant de la pensée à l'origine de la création continue.

Dis et redis et répète : « Aucun dieu, Aucun dieu, non Aucun dieu n'existe……………………………………Que Dieu. »
Dans la stupeur des révélations, dans le vertige des secrets, dans la crainte du contact avec l'Infini, la Cause des Causes ;
Alors du dedans de Toi, l'Un tu connaîtras.

Commentaire

L'Homme non spirituel se dit : « Comment se peut-il qu'un Dieu existe alors qu'il y a tant de problèmes et de souffrances dans le monde ? » Il ne trouve pas de réponse, excepté celle de renier l'existence d'un Créateur.

Mais une fois qu'il a vécu des expériences mystiques et qu'il a intériorisé sa réflexion, il se dit : « Tout est Un, alors comment se peut-il que j'existe ? Comment se peut-il qu'il y ait des différences, des divisions et des séparations ? » Car ce n'est pas avec une croyance aveugle, mais avec une solide connaissance de la Source dont il est issu —de ce qui est Un, pour vivre la division du deux, du monde relatif—que l'Homme se questionne et réfléchit pour rassembler, unir les oppositions et retourner à sa Source Une.

43.

Maître et esclave

Les 23 et 26 mars 2021

Désirez-vous être heureux dans la Vie ?
Quel amour désirez-vous ?
Quel <u>type</u> d'amour êtes-vous prêt à recevoir ?
Quel <u>type</u> d'amour êtes-vous prêt à donner ?

Je m'adresse à vous à nouveau par le biais de ce message, car trop souvent l'être humain manque de vigilance et se perd dans l'errance des mouvements incontrôlés de son esprit.

Oui, toujours trop d'entre vous, même ceux engagés sur le chemin spirituel de l'Amour Inconditionnel, se font piéger par la faiblesse de leur esprit et se rendent captifs de leur égo.

Comment pouvez-vous croire que pour vous élever en conscience vous pouvez continuer avec les mêmes schémas de pensée et d'émotion dans votre vie quotidienne, en réaction aux aléas de vos expériences ? Vous désirez vivre en paix, être aimé et avoir la satisfaction de tous vos besoins. Mais dès qu'il vous arrive une expérience que <u>vous jugez</u> déplaisante, alors vous vous plaignez. Dès que vous êtes en colère, vous vous mettez à hurler, à critiquer et à vous abandonner à la haine.

Quelles que soient les raisons de vos débordements négatifs en émotion, sachez qu'à ce moment-là, vous perdez le contrôle de vous-même. **Laissez-moi vous rafraîchir la mémoire sur la Loi la plus fondamentale de votre existence : vous récoltez**

ce que vous semez ! En d'autres termes : vous ne recevez que ce que vous donnez !

En cas de conflit avec quelqu'un que vous jugez comme une menace, comme un ennemi ou comme responsable de votre expérience désagréable, vous vociférez et en parlez autour de vous pour exprimer votre colère. Mais comment de simples gestes, de simples paroles, même des insultes ou un contretemps peuvent-ils vous faire perdre votre conscience de l'Amour Divin à votre égard ? La raison est la suivante : car vous n'avez pas conscience de l'Amour en vous !
Vous n'avez pas conscience à ce moment-là de votre état mental et émotionnel. **OR, LA CONSCIENCE DE L'AMOUR ET DE VOTRE ÉTAT D'ESPRIT EST FONDAMENTALE DANS VOTRE VIE DE TOUS LES JOURS.**
Les personnes qui vous créent des problèmes, ou si vous vivez des expériences désagréables, ne sont là que pour vous montrer qu'ils sont vos maîtres. Car vous succombez sous les coups verbaux, et sombrez dans les tourments de votre égo par vos pensées et émotions de haine et de colère et votre apitoiement sur vous-même.
Vous ne pouvez pas obtenir l'Amour Inconditionnel quand vous ne comprenez pas ni n'acceptez la Vie dans toutes ses facettes, et encore moins quand vous vous arrêtez aux apparences mensongères de la Vie que vous vous inventez en raison de votre ignorance.

La Vie est belle et magnifique, que ce soit dans ses hauts ou dans ses bas car sinon elle ne serait pas la Vie sans ses contrastes, si nécessaires à votre évolution dans la connaissance de vous-même.
Vous vous purifiez par l'utilisation non contrôlée de votre esprit, et les expériences négatives que vous récoltez ne sont là que pour affiner votre être, à la clarté de la Lumière de Dieu. Le but

de l'être humain est d'arriver à la maîtrise de soi et à la Conscience de la Présence Vivante de Dieu dans l'éternité du moment présent de sa vie. Puis de vivre et exprimer cette Ultime Puissance Paisible de la Création.

La maîtrise de soi ne passe que par la remise en question permanente de ses pensées, de ses émotions et de ses actes. Tout spécialement lors des expériences négatives ou lors de disputes.

Si vous vous disputez, ce n'est pas pour savoir qui a tort ou a raison. Bien que ce soit votre vision étroite du monde, ce n'est pas la vision spirituelle. Au contraire, la vision spirituelle est de savoir qui sera le pacificateur. Qui cherchera à contrôler ses pensées et ses émotions ? Car celui qui cède à la colère, à la haine et à tout ressenti négatif oublie Dieu. Qui oublis la Puissance d'Amour devient idolâtre des besoins de son égo, esclave de celui-ci, et esclave de la personne qui contrôle les émotions pour les détourner de Dieu.

NE CHERCHEZ DONC PAS DE MAÎTRE EXTÉRIEUR À L'UN DIVIN, SOURCE UNIQUE DE VOTRE PLUS GRANDE LIBERTÉ.

Vous êtes tous dignes d'Amour, mais vous êtes si effrayés de devoir changer votre manière de voir la Vie, votre Vie, que vous préférez continuer avec vos esclavages passés et présents, tout en vous plaignant de ceux-ci. Vous ne pouvez pas vivre d'amour et de paix si vous ne vous aimez pas vous-même. **Alors aimez-vous car malgré les apparences, vous êtes aimé bien plus que vous ne l'imaginez.**

Aimez la Vie pour ce qu'elle est et pour ce qu'elle vous permet de devenir, car ces expériences de joie sont à chérir au plus profond de votre cœur pour vous donner foi en elle et en vous. Toute épreuve n'est qu'une réaction à la non-maîtrise de soi, une expérience à retourner (inverser), pour y apercevoir le bénéfice spirituel qui peut vous être enseigné, pour ainsi évoluer dans l'Amour Inconditionnel de soi Et des autres et exprimer votre Créateur dans vos pensées, vos émotions, vos paroles et vos actes.

N'oubliez jamais, le monde ne tient que par ceux qui gardent paix et amour dans leur esprit et dans leur cœur quelles que soient les apparences extérieures du monde et de leur vie.

Puisse cet enseignement vous grandir et vous permettre d'évoluer, dans un contact toujours plus rapproché avec votre Créateur.

<u>Commentaire</u>

Ici, le fait de se plaindre, d'être en colère est signe qu'on ne s'aime pas soi-même, car on porte son attention sur ce qu'on n'aime pas, alors qu'il y a assurément dans notre vie des causes de réjouissance. Nous avons des yeux pour voir, un corps qui fonctionne, un cœur qui bat, un esprit qui raisonne. Au moindre problème, on n'arrête pas de se plaindre et de gémir. Or, cela n'est pas l'amour de soi, qui est si fondamental dans notre vie.

En effet, on récolte ce que l'on sème, donc porter notre attention sur les choses déplaisantes de la vie nous amènera toujours plus de difficultés. Et c'est se faire volontairement du mal à soi-même, ce qui n'est pas de l'amour de soi. Il faut donc faire face à soi-même, car si on ne s'aime pas, on se met à se mentir à soi-même ou aux autres pour occulter nos défauts, et pour ensuite s'échapper de la responsabilité de se transformer car la peur nous domine. S'aimer soi-même est nécessaire, car c'est aimer chaque partie de notre être, et le Divin en nous que l'on est ensuite capable de voir chez les autres. C'est ainsi qu'aimer sincèrement autrui passe d'abord par s'aimer soi-même.

44.

La voie de l'abondance

Le 13 avril 2021

Jérémie 29 :11-13 : « Car je connais les projets que j'ai formés sur vous, dit l'Éternel, projets de paix et non de malheur, afin de vous donner un avenir et de l'espérance. Vous m'invoquerez, et vous partirez ; vous me prierez, et je vous exaucerai. Vous me chercherez et vous me trouverez, si vous me cherchez de tout votre cœur. »

Tant de questions qui émanent de la Conscience du manque s'élèvent et percent le Ciel, pour venir se déposer dans les ailes de la Providence Divine, qui répond dans sa Conscience d'Abondance, mais qui n'est que très rarement reçue par ceux qui implorent et qui n'attendent que trop peu la réponse...
« Pourquoi suis-je ici ? Pourquoi suis-je rempli de peur ? Pourquoi est-ce que je souffre autant à chaque fois ?
N'ai-je pas le droit de connaître la paix ? N'ai-je pas le droit à l'amour et à l'abondance ?
Ne pourrai-je jamais vivre dans la quiétude et la joie ? Quand est-ce que je pourrai enfin connaître le bonheur ?
Ô, mon Dieu, éclaire moi, je t'en prie... »

Mes chers enfants, tant de questions, tant de supplications, et toujours trop peu de réponses à vos besoins. Soyez-en sûr, vous êtes entendu. Vous êtes entendu dans l'Amour, avec le plus grand soin apporté à chacun d'entre vous. Mais trop peu possèdent l'élévation de Conscience et le Silence Intérieur nécessaires pour recevoir les grâces de l'Amour Ultime, libérateur des ténèbres qui pèsent lourdement dans votre cœur et votre esprit.

Alors pour tous ceux d'entre vous qui souhaitent trouver un sens à leur vie, pour tous ceux qui souhaitent changer leur vie et transformer leurs larmes de tristesse en larmes de joie, je dis ceci :

1. Dans l'éternité de ton existence, tu aimeras la Conscience Céleste de tout ton cœur et de toute ta pensée. Car tu vis en ton Créateur, et Il vit en toi.

2. Tu te rappelleras sans cesse et pour l'éternité que le Divin est ton Créateur et que sa Nature est l'Amour.

3. Tu le chercheras sans cesse car même si tu connais beaucoup, tu te souviendras que son Être est Infini. Il t'est donc nécessaire de comprendre que la Vérité ne peut jamais pleinement être appréhendée dans son entièreté.

4. Tu te rappelleras que la Source de l'Être est la Cause des Causes, mais aussi le But Final. En conséquence directe, tu ne détourneras pas ton regard de l'éternel instant présent, de la beauté éphémère du monde. Car les merveilles du monde sont pour celui qui ouvre son cœur au travers de son regard, bénissant ainsi le monde et lui-même grâce à la Lumière Divine qui se cache en lui. En effet, voir la beauté du monde, c'est voir ce qui se cache au-delà de la matière et de la vue.

5. Tu te souviendras constamment qu'aucun dieu n'existe, rien, aucun dieu, jamais. Aucun dieu n'existe, excepté la Conscience

Divine en toi, l'Amour qui inspire la Création et qui respire à travers elle.

6. Tu aimeras ton prochain de tout ton cœur et de toute ta pensée. Car ton prochain n'est que ton reflet, et tu te trouves au plus profond de son cœur. Même s'il a lui-même scellé son âme, tu te dois de l'aimer pour le libérer, car ton Amour Inconditionnel est l'action de grâce de Dieu pour ton Âme Sœur et pour le monde.

7. En tout lieu et en tout temps, tu prendras le parti du plus faible ou du persécuté. Tu lui porteras secours et assistance, même contre l'avis de la majorité de tes frères. Tu renonceras à la protection de ton père et de ta mère, de la justice des Hommes, de leurs religion et traditions, de leurs opinions et de leurs lois pour sortir ton prochain de la condamnation et du mépris des Hommes.
Car tu te rappelleras à jamais que **JE SUIS avec Lui ; que JE SUIS avec Toi.**

8. Tu te souviendras que c'est en abandonnant tes envies humaines pour satisfaire celles des autres que ton Père Céleste sera en mesure parfaite de satisfaire les plus beaux désirs de ton cœur.

9. Tu mettras toute ta confiance, toutes tes croyances, toute ta foi dans l'Amour que Je te porte, car rien d'autre ne sera jamais en mesure de t'apporter la croissance, la guérison, la protection, la satisfaction de tes besoins et la nourriture que ton corps et que ton âme désirent.

10. Tu es ma création et mon image ici-bas et dans les Cieux. Tu te détourneras donc de toute parole, de tout regard, de toute pensée et de toute émotion que tu ne souhaites pas voir advenir dans le monde et qui n'est pas de l'Amour Inconditionnel.

11. Tu te souviendras que tu es un créateur en pensée, en parole et en émotion. Que tout ce sur quoi tu portes ton attention, que tu le désires ou non, se réalisera pour toi et le monde entier. En conséquence, tu écouteras ton cœur pour connaître si dans l'instant présent tu manifestes ou non les plus beaux désirs de ton Être.

12. Tu travailleras chaque jour pour avoir une foi parfaite, car pour bâtir un monde lumineux, la Conscience de l'Abondance est nécessaire.

13. Tu chercheras à te purifier des influences néfastes de ton égo par tous les moyens. Pour cela, un examen de conscience quotidien est nécessaire. Tu devras donc pardonner et ne pas chercher vengeance. En effet, rien ne manque, tout est simple et paisible pour celui qui a la foi et vit en Moi.

14. Tu apprendras que pour réaliser tes objectifs, la foi, la conviction et la dévotion sont obligatoires. Tu es un esprit Divin, tu es Lumière et tu te focaliseras sur ta création sans jamais te laisser détourner de ton chemin par paresse ou pour tout divertissement illusoire.

15. Tu utiliseras la peur à ton avantage et tu t'en purifieras, car elle n'existe que dans ton esprit. Elle est sans fondement, sans racines, car inexistante dans l'Esprit de ton Créateur.

Finalement, en dernier lieu, sache que tu peux agir comme bon te semble, sans tenir compte de ces paroles. Tu es un être libre, et la Liberté est un fondement essentiel de l'Homme. Souviens-toi juste que l'Amour est la Loi et que tu es Créateur.

Ce n'est qu'ainsi, mes chers enfants, que je peux répondre à ce que vous pourrez me demander, car Je Suis Amour.

Commentaire

Danielle me dit : « On dirait les Dix Commandements, mais à l'ordre du jour, ce ne sont pas des commandements, mais des principes de vie pour vivre une vie divine et être vraiment spirituel. De plus, on ne te parle pas de bien et de mal, car ils n'existent pas. Satan n'existe pas. C'est l'Homme qui a créé ce genre de choses pour pouvoir se sauver de la vérité, pour éviter de se regarder sincèrement lui-même et de s'intérioriser. Comme il t'est dit, l'amour est la loi, c'est une loi, et il convient de s'en souvenir. »

45.

Quand le Silence prend la Parole

Le 22 avril 2021

- Moïse Maïmonide, *Le Guide des égarés* : « Mon but est de faire en sorte que les vérités soient entrevues et qu'ensuite elles se dérobent. »
- Chnéour Zalman de Liadi, *Tanya* : « À n'importe quel moment, un homme est capable et libre de se débarrasser de l'esprit de folie et d'oubli, de se rappeler et de réveiller son amour de Dieu qui, sans aucun doute, est latent dans son cœur. Cet amour inclut aussi la crainte, c'est-à-dire la peur et le refus de se séparer, sous quelque forme que ce soit, de Son Unité et de Son Unicité bénies, même au prix de la vie ; et ce sans raison ni logique, mais simplement en vertu de sa nature Divine. »
- Psaume 25 :14 : « Les secrets de l'Éternel sont pour ceux qui le craignent. »

La crainte n'est pas une peur, elle n'est pas de l'effroi, la crainte spirituelle est celle du cœur qui bat la chamade lorsque l'œil de l'esprit aperçoit derrière le voile de l'illusion la réalité des mondes. La crainte, c'est lorsque l'esprit et le cœur s'unissent pour entrer dans la Lumière de la Connaissance sans Nom.

La crainte, c'est entrer en contact avec la Réalité du Silence Intérieur, entrer en contact avec Dieu et craindre d'en être séparé. La crainte, c'est voir la beauté éphémère du monde apparaître et disparaître à chaque instant.

Lorsque dans l'esprit de l'Homme se déroulera le conflit, le choc du feu de l'âme et de la glace de son Moi, alors il mourra à lui-même pour entrer dans le silence et renaître à la Vie.

Ce message est un murmure, un souffle d'une parole silencieuse qui ne peut se comprendre qu'avec l'expérience. **La Parole Originelle de création est le Verbe porté par la parole qui crée, dans le Silence Infini. Le Silence porte la Parole, comme l'Infini porte la création en Lui. Le Silence du néant est le support à la Parole créatrice. L'Homme est un Verbe vivant porté par la Parole du souffle de Dieu.** C'est ainsi qu'il entre dans le monde mortel, car il se définit par sa parole. Plus il se détermine et plus il se rapetisse, plus il se réduit et s'enfonce dans le gouffre infinitésimal de son imagination et de ses choix. **LA PAROLE CRÉE LE MONDE DONT ELLE PARLE,** et c'est par elle que tout se brise et se divise.

L'Homme crée la division par sa parole et se détermine par rapport à elle, raison pour laquelle il est mortel. Seul le Non-Dit est vivant, seul le Potentiel du Champ Infini de l'Équilibre Universel est Vivant. Il est Un et inclut tout, en dehors du bien et du mal, car il est Le Vrai, Il est le Nom Vérité.

Ce n'est que lorsque l'Homme cessera de s'abreuver de celui qui boit de sa propre eau, ce n'est que lorsque l'Homme cessera d'écouter celui qui se berce de ses propres paroles qu'il sera en mesure d'entendre le Silence de Dieu qui est Parole de Vie, car le Silence est l'écho de la Parole de Dieu au moment de l'instant qui précède le Commencement.

L'Homme est captif du monde par sa propre parole, mais elle est aussi l'instrument qui l'en délivrera. **C'est par l'utilisation silencieuse du souffle de sa bouche qu'il doit sacraliser le**

monde. Ainsi sa parole silencieuse sera vérité et se fera Parole de Dieu. **La loi du Retour à Dieu est la suivante : la Parole de Cessation** (le silence sacré, la vérité) **doit dominer la parole des rondes des jours** (parole de création et parole de création du bien et du mal).

Ainsi, l'Homme doit apprendre à faire taire sa bouche, à faire taire son mental et ses émotions, IL DOIT APPRENDRE À NE PLUS ÊTRE IDOLÂTRE DE SA PROPRE PAROLE. Car les secrets de Dieu sont pour ceux qui l'écoutent dans le silence de leur âme pour vivre, au travers de leur Créateur, la création tirée du néant et qui y retourne à chaque instant avant d'être à nouveau expulsée. **Ainsi le Silence se mêle à la Crainte et l'Homme meurt à lui-même pour être l'incarnation de la Vie. Il exprimera les secrets dévoilés dans le Silence et deviendra la Lumière de la Connaissance, la symphonie du silence qui révèle le sens.**

L'Homme doit donc entrer dans le silence et le garder avec lui s'il souhaite connaître les secrets du monde. Toute vérité exprimée, tout secret dit, lu ou écrit n'est que du sable fin qui s'échappe et glisse entre ses doigts pour retourner et se fondre dans l'immensité du désert du Silence, d'où les secrets ont été tirés.

CE QUI SIGNIFIE QUE RIEN NE PEUT ÊTRE DIT OU EXPRIMÉ, LE SEUL CONTACT AVEC DIEU SE FAIT DANS LE SILENCE DE L'ÂME QUE L'HOMME AURA RÉUSSI À CRÉER EN LUI.

Ce message n'est qu'un murmure du fond des âges au cœur de l'Infini. Pour être réellement compris, il doit impérativement être expérimenté intérieurement, auquel cas il ne sera que mensonge.

Puissiez-vous écouter le Silence révélateur des secrets cachés à l'origine du monde, les Principes de Vie.

Puissiez-vous vous y élever par la Parole sacralisée, par la Bénédiction et la Vérité.

46.

Mourir à soi-même

Le 9 et 10 mai 2021

- Job 30 : 23 : « Car je le sais, tu me mènes à la mort, au rendez-vous de tous les vivants. »

- Psaume 109 :15 : « Qu'ils soient toujours présents devant l'Éternel, et qu'il retranche de la terre leur mémoire. »

L'Homme est esprit et produit par celui-ci pensées et émotions. Au-delà de ce que l'Homme est se trouve son âme, Source de Connaissance, de Joie et de Paix. Mon message ici s'adresse à toutes celles et à tous ceux qui pensent être sur la voie de la spiritualité et qui, pourtant, de Notre point de vue, se trouvent autant embourbés dans le monde matériel que le sont ceux qui ne vivent que de la volonté et de l'imagination de leur égo.
Vous, vous tous, que vous le vouliez ou non, vivez la vie de vos pensées. Et si vous estimez qu'il existe de lourds problèmes dans votre monde, c'est qu'alors il existe de grandes perturbations dans vos pensées et émotions, et que c'est à vous et à vous seuls de travailler. Quand l'argile est sur un tour, c'est au potier de la modeler et de la maîtriser, et non à l'argile d'entraîner le potier dans son mouvement. Ainsi en est-il de votre travail. Le contraste réside dans l'idéal de l'âme entraperçu par votre conscience, et les pensées habituelles de votre esprit.

<u>Posez-vous la question : dans quel état est le monde ?</u> Écoutez votre réponse et comprenez le contraste existant avec votre âme ; là est votre travail. Aussi déplaisant que cela puisse paraitre, mon intention n'est que de vous aider à passer à l'étape supérieure de votre existence terrestre. **Le monde est dans le regard, la réalité de l'individu est dans l'observation de ce qui est regardé.** Or, cela n'est pas la Réalité Absolue. **Dieu porte à chaque instant son regard sur vous. Son Monde, Sa Création EST son regard. Et vous ? Quel est le monde de votre regard ?**

Ce rappel est nécessaire, car il vous a déjà été dit **qu'aucun dieu, non, rien, aucun dieu n'existe, que Seul Dieu Est** car l'Homme est idolâtre, non de statues de pierre, mais des pensées et émotions de son esprit, autrement dit de ses croyances. L'Humanité vit dans le désert et croit aux mirages de son esprit. L'Homme croit étancher sa soif mais n'avale que du sable, ce qui renforce la sécheresse de son monde. Puis, à la fin de sa vie, il meurt, assoiffé par ses désirs de lui-même. Raison pour laquelle ses existences terrestres sont les fruits de son désir d'être.
Alors que pour l'Homme qui vit de la Réalité de l'Un aux paysages fertiles et d'abondance, la Source de Vie le suit à la trace, il boit de son eau et n'aura plus jamais soif.

La première étape est celle de la maîtrise de votre esprit. Encore trop d'entre vous sont toujours concernés. Un cheval fou doit être mis dans un enclos, puis recevoir l'éducation nécessaire. D'où l'importance pour vous d'étudier, de prier, de méditer, de vous observer et d'appliquer l'enseignement spirituel normalement acquis. C'est seulement après le dressage de son esprit que l'Homme le dominera, et pourra abattre les barrières de son enclos pour connaître la vérité qui lui donnera la liberté de mouvement et la maîtrise de lui-même.

Au-delà de ce point existe la notion la plus fondamentale de toutes, qui malheureusement n'est même pas imaginée, appréhendée et n'effleure pas encore l'esprit de ceux qui sont sur la voie de la spiritualité. Car quel est votre but durant votre incarnation présente ? Quel est votre objectif avant de rendre votre dernier souffle ? Un métier que vous aimez ? Créer votre vision d'une vie parfaite ? La joie de vivre ? La paix et la tranquillité pour vous et votre famille ? Ou autre chose peut-être ? Aussi respectables et réalisables que puissent être ces objectifs, je vous dis ceci : ils ne sont qu'illusions issues des pensées mortelles de votre esprit qui ne désire que lui-même.
N'a-t-il pas été dit qu'aucun dieu n'existe, non, rien, aucun dieu n'existe, que Seul Dieu Est ?

L'Homme fractionne le monde par sa pensée, s'invente le mensonge et y croit dur comme fer. **Seul maintenant existe. Le passé, le présent et le futur ne sont que des illusions. Perdu dans le temps est celui qui le divise. Avec Dieu est celui qui vit maintenant**.
Comment pouvez-vous connaître le bonheur si vous ne l'incarnez pas dès à présent ? Comment pouvez-vous arrêter le conflit et connaître la paix, si le conflit réside dans les pensées de votre esprit ?
Et mieux encore : **comment pouvez-vous croire que vous vivrez de paix, d'amour, de joie et de bonheur dans l'au-delà si vous ne les incarnez pas dans ce monde ? Celui qui n'incarne pas les valeurs les plus hautes de son âme dans ce monde ne sera pas en mesure de les reconnaître dans l'au-delà**.
Celui qui ne connaît pas son créateur ne connaît que son désir d'être et reviendra encore et encore s'incarner dans son désir d'être, avec toutes les limitations, souffrances et manques liés à ses désirs du « Moi ».

En second lieu, le détachement de l'Homme du monde est l'étape cruciale à sa délivrance finale. Hommes, femmes, enfants, famille, amis, biens matériels, ainsi que toutes les caractéristiques négatives de votre égo (possessivité, jalousie, colère, souffrance, tristesse, haine, etc.) doivent êtres dissoutes dans votre conscience. Ainsi, après la maîtrise de leur esprit et donc d'eux-mêmes, **le détachement de ce monde est le passage obligatoire pour celles et ceux qui veulent vivre une vie dite spirituelle.** Un puissant pouvoir créateur, accompagné d'une satisfaction abondante et permanente de la vie, est le résultat de la maîtrise de votre esprit et du détachement du monde.

Enfin, en dernier lieu, le point déterminant de l'objectif réel de l'Homme et point central de ce message : la mort de l'Homme à lui-même.
L'Homme vit dans ce monde puis revit, puis revit, puis revit... et un jour connaît la mort pour enfin être vivant. Même l'Homme maître de son esprit et détaché du monde, s'il n'est pas mort à lui-même, reviendra encore et encore. Car comment pouvez-vous connaître Dieu et donc être vivant, si vous ne désirez que vous-même et n'êtes pas prêt à abandonner votre propre existence ?

Je vous le dis, **ceux qui désirent le monde vivront ce que le monde a à offrir et ses illusions. Ceux qui désirent la vie de leurs pensées vivront leur création, leur réussite et leur manque. Quant à ceux qui désirent leur mort, Ils vivront en Moi.** La finalité de l'Homme dans son incarnation est de rejoindre sa Cause, de cesser d'être à lui-même et de retourner à Lui pendant qu'il vit. Alors seulement ensuite il connaîtra l'existence éternelle. C'est ainsi, en cessant d'être qu'il connaîtra la paix et vivra l'équilibre du Grand Silence.

C'est pour cela que l'Homme doit désirer et travailler : « Mort à moi avant de mourir pour connaître la joie. Mort à moi pour renaître et vivre du Vivant en soi. »

La mort matérielle est la miséricorde de Dieu aux illusions de l'Homme. Mais la mort spirituelle est la promesse de Dieu pour donner à l'Homme la Vie Éternelle.

Aucune paix, joie ou créativité illimitée n'est possible à ceux qui ne désirent qu'eux-mêmes. Il est nécessaire de voir l'invisible, d'entendre le silence. La délivrance est proche de celui qui s'abandonne à elle. Dieu, votre seul repère dans ce monde, est toujours plus proche que vous ne l'imaginez. Mais Il se dérobe à ceux qui le cherchent avec leurs yeux, Il se tait aux oreilles de ceux qui parlent sans cesse de Lui. Et reste silencieux à ceux qui estiment connaître Sa Volonté.

Seul celui qui cesse de se bercer de ses propres paroles et concepts sera en mesure de résider dans le Silence. Et ce n'est que par l'équilibre et l'immobilité intérieurs que le Divin sera en mesure d'affluer dans l'esprit et le cœur de l'Homme pour lui apporter Sa Nature Infinie de Paix, de Joie, d'Abondance et de Connaissance.

Puissent ces Paroles vous apporter les changements nécessaires dans votre mode de vie pour vous amener au contact de votre Unique Source de Vie.

Commentaire

« Dans quel état est le monde ? » On nous pose ici une question qui peut amener à de très longs débats. On n'est pas ici pour obtenir une réponse qui serait le reflet de notre opinion, mais pour que notre réponse nous fasse réfléchir sur nous-même (comme toutes les autres questions, d'ailleurs). Notre réponse à tous est bien souvent la suivante : « le monde va mal ». Effectivement, il existe des difficultés en tous genres.

Mais ici, on ne cherche pas à connaître notre opinion, ce n'est pas un message pour nous faire prendre conscience des problèmes politiques, géopolitiques, climatiques ou de société. Ici, ce qui est recherché est le contraste entre notre réalité intérieure de l'âme et ce qu'on exprime en actes et en esprit. Il est dit que nous vivons la vie de nos pensées. Autrement dit, notre vie est la projection de nos pensées, puisque nous observons suivant notre regard et nous disons « oh ! le monde va mal ». Mais cela n'est pas vrai, car ce qui va mal, ce sont nos pensées, et donc notre opinion de nous-même et de la vie que nous projetons à l'extérieur.

Or, au plus profond de nous-même réside notre âme, qui est l'expression de la beauté, de l'amour et de la bienveillance. C'est là que se trouve le contraste entre la réalité de notre âme —dont il est nécessaire de prendre conscience et qu'il faut mettre en application dans notre monde via nos pensées, émotions, paroles et actes —et notre regard sur le monde, qui n'est fait que de critiques, de négativité et de jugements. Il est important de dire qu'il ne s'agit pas de se voiler la face en disant que tout va pour le mieux.

Le titre est « mourir à soi-même ».Donc notre opinion sur le monde n'intéresse personne. Il est temps de cesser d'aduler notre propre personne et de croire tout ce qui sort de notre esprit et de notre bouche. Si on estime que les choses vont mal, c'est qu'elles ont d'abord été pensées. Et donc si changement d'état de conscience il y a, alors changement du monde il y aura. Ce changement ne passe que par soi-même, et il n'y a rien à attendre de l'extérieur. Si nous changeons nous-même et tentons d'annihiler notre négativité, alors nous rayonnerons de bonheur et de joie qui s'exprimeront à l'extérieur, car notre regard de nous-même et du monde sera beau et harmonieux, et notre observation du monde sera transformée. Finalement, nous vivons aussi dans la dualité quand nous critiquons le monde et n'observons que la négativité. Car il y a notre opinion d'une part et notre idéal intérieur de l'autre, où mourir à soi-même, c'est chercher à être Un en soi et avec tout ce qui nous entoure. Si on cherche à voir les choses autrement, on pourrait dire que le monde va bien, que la faune, la flore et le climat se portent à merveille, et que si le désordre règne, c'est que nous l'avons voulu et avons travaillé et continuons à travailler pour vivre ce que nous vivons et faisons subir au monde en général. Notre jugement du monde extérieur est le reflet de notre monde intérieur. On projette à l'extérieur notre négativité intérieure. On refuse de prendre la responsabilité de notre monde extérieur, et encore plus celle de notre monde intérieur. On refuse de travailler sur soi et on préfère affirmer que ce sont les choses extérieures et les autres qui doivent changer, pour que l'on puisse ensuite aller mieux intérieurement.

Donc, en conclusion, qui va mal ? Le monde non créé par l'Homme qui est l'expression de l'harmonie et de l'unité ? Ou les pensées, émotions, paroles et actes de l'être humain, qui modifie le monde à son image et qui porte son attention sur la négativité ? Mourir à soi-même est d'une extrême complexité, mais une fois fait, comment pourrions-nous dire que le monde va mal ? À ce moment, nous serions en parfaite harmonie avec les lois de l'existence.

Or, c'est nous qui allons en contradiction avec l'unité et l'harmonie, et créons en conséquence des résultats contraires à notre bien-être général. Et si nous choisissons de changer, alors la Vie qui s'exprime dans le monde lui permettra de fleurir à nouveau.
Puisque notre création ne correspond pas à l'Être, alors elle dérègle notre point de vue et nous nous déréglons nous-même, car on récolte ce que l'on sème.

Si partout où se porte notre regard nous estimons que rien ne va, alors notre attention est focalisée sur la négativité qui est en nous-même. Et c'est là qu'est notre travail, c'est là qu'il faut changer, pour chercher ce qui correspond aux valeurs de l'Amour inconditionnel en soi, pour ensuite les exprimer dans notre monde.

47.

Riche à millions

Le 23 mai 2021

Un jour, un mendiant maigre, dénudé, et assis sur deux gros sacs de toile observait les nombreux passants. Il se faisait appeler « l'Invisible » par les autres mendiants, car peu faisaient attention à lui. Une minorité d'entre eux osaient lui porter un regard, mais quand une personne avait le courage de plonger ses yeux dans les siens avec un pincement au cœur, le mendiant les regardait également droit dans les yeux avec force et puissance, mais avec une infinie douceur. C'était comme s'il les interrogeait de son regard.

Parmi les passants, seulement un seul osait le regarder avec compassion et lui donner de temps en temps une pièce avec bienveillance. Quand cela arrivait, le mendiant disait à chaque fois la même phrase à l'homme :
— L'Amour de Celui qui te soutient est avec toi, et la paix il te donnera.
Une autre fois, un homme riche passa et entendit des pièces s'entrechoquer. Il se retourna et le mendiant secoua sa main et lui dit :
— Mon ami ! Une petite pièce pour l'Invisible que je suis ?
L'homme s'arrêta.
— Et pourquoi devrais-je te donner une pièce ?
Le mendiant sourit.

— Parce que je suis le coffre à bijoux du Bon Dieu et je tiens les comptes.

L'homme rit.

— Toi, un coffre plein de richesses ? Alors demande-lui directement de l'or et de l'argent, et ne m'importune pas avec tes âneries !

— Mon bon ami, dit le mendiant, as-tu besoin d'une de mes pièces ? Elles multiplieront tes richesses pour réjouir ton existence !

— Et pourquoi veux-tu que je prenne une pièce de tes mains sales ? Et pourquoi me demandes-tu une pièce si c'est pour ensuite m'en proposer une ? lui dit l'homme riche.

Le mendiant lui répondit :

— « Tout bien qui t'atteint vient d'Allah et tout mal qui t'atteint vient de toi-même », comme il est écrit[5].C'est dommage pour toi, mon ami, j'aurais bien discuté longuement avec toi, et j'aurais pris plaisir à partager ma fortune avec toi une fois que l'on se serait rejoints dans ma demeure !

C'est alors que l'homme riche et avare tourna les talons et partit en disant :

— Oui, c'est ça, on verra quand on sera là-bas.

Une fois l'homme riche éloigné, le mendiant mit dans ses deux gros sacs de toile les quelques pièces qu'il avait dans ses mains. Il se leva et dit à la foule à voix haute :

— Oh mes amis ! Je suis là depuis toujours, et pourtant vous ne me voyez pas ! Je vous ai constamment tendu la main, et vous m'avez ignoré ! Je vous ai parlé, mais vous m'avez rejeté ! Peu m'ont vu, peu m'ont entendu, peu m'ont prêté attention, mais à eux appartiennent les richesses, car le monde est pour ceux qui le regardent avec le cœur !

---

[5] Coran 4:79

Après avoir prononcé ces paroles, il partit définitivement. Il se déplaçait à grand-peine, chargé de ses deux très lourds sacs de toile.

Il arriva alors près d'un autre mendiant, aussi miséreux que lui, assis par terre, et qui était considéré avec mépris par les membres de la communauté. Notre mendiant s'arrêta et lui dit :
— Mon frère, as-tu la foi qu'un jour Celui qui soutient ta vie t'apporte la richesse ?
L'homme lui répondit d'un air morose en regardant le sol :
— Mon ami, je ne comprends même pas de quoi tu parles. Mais si tu dis vrai, alors je méditerai tes paroles.
Alors notre mendiant laissa tomber près de lui un de ses deux très lourds sacs et dit :
— Je te vois et je suis là pour te montrer que tu dois avoir la foi, car moi je crois en toi.
Puis il partit. Le pauvre miséreux ouvrit le sac et vit plusieurs milliers de pièces. Il n'en revenait pas d'avoir reçu l'aide d'une personne aussi riche. Il n'avait pas idée que c'était un mendiant comme lui. Il fut heureux et se sentit dans l'abondance.

Notre mendiant continua sa route sur un chemin entre deux villages. Il s'arrêta lorsqu'il vit une femme assise au beau milieu du chemin et lui dit :
— Que fais-tu seule ici, ma sœur ?
— Je ne sais pas, lui dit la femme, sans crainte. J'ai été rejetée par ma famille et par celui que je devais épouser, car l'enfant à qui je donne le sein est d'un autre homme.
Le mendiant demanda alors à la femme :
— Ma sœur, as-tu la foi qu'un jour Celui qui soutient ta vie t'apporte la richesse et l'abondance ?
— Oui, répondit la jeune femme. Je le prierai dès ce soir, quand j'aurai trouvé une chambre dans une auberge pour me loger.

Le mendiant se réjouit immédiatement, lâcha son deuxième sac près de la femme et dit :

— Ta foi t'a sauvée, ma sœur, car « avant qu'ils m'invoquent, je répondrai, avant qu'il ait cessé de parler, j'exaucerai », comme il est écrit[6].

Notre Invisible reprit son chemin et nul ne le revit jamais.

Pour nos protagonistes, ce fut bien plus tard qu'ils se donnèrent rendez-vous au séjour des Vivants. Un homme beau, rayonnant puissamment sa lumière, accueillit le premier homme qui avait donné de l'argent. L'homme demanda :

— Qui es-tu ?

— Je ne suis qu'un messager, lui dit-il.

L'homme fut conduit dans un endroit magnifique, avec au milieu un énorme coffre sur lequel était écrit le mot « dette ».L'homme, surpris, dit qu'il n'avait de dettes envers personne. Mais le messager au vu de tous lui dit dans la paix :

— Toi non, mais Dieu si, car jadis, tu m'as donné l'argent qu'Il t'avait permis d'obtenir. Tu as investi énormément en me donnant de ton argent. Tu as investi ton argent dans les mains des nécessiteux et tu as bien fait.

Vint ensuite le tour de l'homme riche et avare. Il fut surpris et paniqué car il était aveugle :

— Où suis-je ? Tout est blanc et je ne me vois même plus !

Le messager répondit calmement :

— N'aie crainte, mon bon ami, « quiconque aura été aveugle ici-bas sera aveugle dans l'au-delà, et sera plus égaré par rapport à la bonne voie », comme il est écrit[7].Tu ne vois pas car tu n'as pas cherché à voir. Laisse-moi te raccompagner.

— Mais où m'emmènes-tu ? lui demanda l'homme.

— Je te ramène là où tu verras sans voir, mon ami. Tu apprendras, car si tu cherches, tu trouveras. Ne t'inquiète pas,

---

6 Esaïe 65:24

7 Coran 17:72

tu retrouveras la vue, mais ce n'est pas avec les yeux que tu verras, dit le messager.

— Je ne comprends pas, dit l'homme. Je maîtrisais tout et tout le monde, et me voilà ici sans rien.

— C'est normal, lui dit le messager. « Toute personne qui s'élève sera abaissée, et celle qui s'abaisse sera élevée », comme il est écrit[8].Il est donc l'heure pour toi de renaître. L'homme ne comprenait toujours pas.

— Mais toi qui me parles, où es-tu ? Et quel est ton nom ?

Le messager répondit :

— Partout où tu me chercheras, « Je Suis ».

Puis l'homme dut repartir perplexe d'où il était venu.

Vint le tour du pauvre mendiant miséreux et de la femme rejetée. Tous deux étaient dans le ravissement et virent le messager. Ils le reconnurent immédiatement et éclatèrent de joie, car ils comprenaient enfin qu'il n'était pas un simple inconnu de passage. Ils le remercièrent de les avoir aidés si généreusement. Le messager leur dit alors :

— « Si vous croyez, vous n'avez qu'à demander, sans jamais douter, et il vous sera donné, car c'est une loi de l'Existence, quand vous demandez, vous recevez. Quand vous cherchez, ce que vous cherchez vous est révélé. Quand vous frappez, on vous ouvre », comme il est dit[9]. Le premier homme les rejoignit et quand tous furent réunis, le messager ouvrit une brèche dans l'espace lumineux, menant dans un endroit merveilleux à la quintessence de la beauté.

— Suivez ce chemin, celui-ci vous appartient, la foi et l'amour ouvrent aux merveilles de Dieu alors « entrez dans ses portes avec reconnaissance, dans ses parvis avec des chants de louange. Célébrez-le, bénissez son Nom, car l'Éternel est bon,

---

[8] Luc 14:11

[9] Les Articles www.christsway.co.za

sa bonté dure éternellement et sa fidélité de génération en génération[10]. » La paix est avec vous.

48.

Orientation

Le 7 juin 2021

Psaume 34:10 : « Les lionceaux éprouvent la disette et la faim, mais ceux qui cherchent l'Éternel ne sont privés d'aucun bien. »

Je viens, par l'intermédiaire de ce message, afin de vous apporter des informations complémentaires aux précédents messages, et afin de vous aider dans vos vies de tous les jours. Beaucoup de gens cherchent un nouvel élan dans leur existence, que ce soit au moyen de diverses occupations matérielles ou bien de nouvelles pratiques ou connaissances dites « spirituelles ». Beaucoup de gens cherchent une échappatoire à leurs difficultés du quotidien via ces nouvelles expériences.

Mais je vous le dis et je vous demande de me croire, aucun d'entre vous ne peut durablement changer son existence ou ses conditions de vie en cherchant en dehors de soi. Chercher le remède « ailleurs » revient à cacher la poussière sous le tapis et à refuser de voir les problèmes internes à soi.

Je viens donc pour vous aider, vous aider à changer le cap de votre existence par l'orientation de l'attention de votre esprit, afin de l'aligner vers les voies électromagnétiques du bien-être, de l'amour et de la paix.

Comment faire ? Comment régler vos problèmes quand ceux-ci s'accumulent et alourdissent votre charge quotidienne ?

La réponse à cela vient de vous être dite, il vous faut **réorienter,** par votre **Volonté Consciente,** votre **attention** du cours de votre existence. Que signifie ceci ?

Cela signifie utiliser votre libre arbitre, mais suivant sa définition spirituelle et non humaine. Dans vos vies, le libre arbitre signifie choisir volontairement de faire ou de ne pas faire ce que vous voulez, de peser le pour et le contre et d'opérer un choix selon votre volonté.

Mais laissez-moi vous poser la question suivante : d'où vient votre volonté si **VOUS** la suivez ? Vous pourriez me dire « mais moi c'est ma volonté, évidemment ». Alors pourquoi vivez-vous des vies qui ne vous plaisent pas, que ce soit en partie ou en totalité ? Vous pouvez rétorquer que dans la vie, vous ne pouvez pas faire tout ce que vous voulez et que vous avez des obligations de toutes sortes. Mais alors, où est donc votre libre arbitre ? Et même si vous aviez la pleine possession de votre **Véritable libre arbitre**, comment expliquez-vous que vous vivez des expériences qui vous déplaisent, étant donné que vous êtes tous sans exception créateurs de chacune de vos expériences et conditions de vie terrestres ?

La réponse est simple. Vous n'avez pas (encore) de Volonté Consciente, autrement dit de libre arbitre spirituel. De notre point de vue spirituel, il est tout à fait possible et aisé de sonder en profondeur l'origine et les fonctionnements tortueux des mécanismes de votre esprit et de votre cœur, pour comprendre parfaitement ce que vous cachez aux autres, mais surtout ce que vous vous cachez à vous-mêmes. Car je vous le dis, votre esprit n'est ni votre ami, ni votre ennemi. Il pensera de façon créative pour vous ce que vous lui donnez à penser, ou bien ce que votre égo lui demandera de penser.

Que se passe-t-il si quelqu'un se moque de vous ? Vous humilie ? Vous calomnie ? Vous critique ? Vous manque de respect ? Vous trahit ? Vous vole ? Ou vous agresse ? Vous réagissez soit par de la colère, de la tristesse, de l'indignation, de la peur ou de la haine. Et toutes, sans nul doute, engendrent de la souffrance.

Quel rapport avec la Volonté Consciente ou le libre arbitre ? Eh bien je vous le dis, **c'est ici** en premier lieu que doit s'exercer **votre volonté**, **votre véritable libre arbitre**. Car **posez-vous la question : qui tient qui ?** Est-ce votre égo, animé des pulsions d'envie pour soi et de rejet de ce qu'il ne veut pas, qui vous tient fermement au cou entre ses griffes ? Ou bien est-ce vous qui le tenez fermement attaché et qui **choisissez volontairement** de l'utiliser ou non dans une situation particulièrement contraignante pour vous ?
En d'autres termes, orientez-vous vos réactions mentales/émotionnelles vers l'Amour et la Paix, ou êtes-vous automatiquement dirigé vers la colère, la haine et la souffrance ? Je vois en vous, en votre esprit et en votre cœur, bien plus que vous en êtes capable. Et si passé le court moment du choc et de l'étonnement de l'expérience négative vous n'êtes pas en mesure de vous orienter vers la joie, alors vous êtes esclave de vous-même.
Votre mari vous irrite ? Disputez-vous avec vous-même ! Vous ne supportez plus votre femme ? Disputez-vous avec vous-même ! Vos enfants vous accablent, vos amis vous rejettent ? Disputez-vous avec vous-même !
Vous pouvez penser que je vous fais des reproches et que vous méritez les horreurs qui vous arrivent, mais ce n'est aucunement le cas ni mes intentions derrière ces paroles.
Je suis là pour vous éveiller à votre potentiel créatif et à votre fonctionnement mental/émotionnel, pour vous aider à évoluer. L'évolution, comme vous le savez, est la première caractéristique de la Conscience Divine.

Vous pouvez comprendre ici que nul ne doit jamais se reposer sur ses acquis spirituels, car **qui n'avance pas sur la voie de la Vérité est dans l'erreur**. Un petit enfant qui apprend à faire du vélo comprend rapidement que pour avancer en toute sécurité, il lui faut pédaler, sans quoi le vélo ralentit puis s'arrête et l'enfant chute après avoir perdu l'équilibre. Donc, en conclusion, comment rester en joie, quelle que soit la situation ? Au risque de trouver ma réponse contraignante, je me dois de vous la communiquer. **Vous devez en faire le choix !** Faites le choix de vous sentir bien, quelle que soit la situation que vous vivez. Plus facile à dire qu'à faire, me direz-vous.

À cela je réponds que toute chose faite pour la toute première fois depuis de nombreuses vies d'existences n'est certes pas facile. Que préférer la liberté à l'esclavage n'est pas facile. Que se lever et assumer pleinement son être n'est pas facile, alors que pendant plusieurs existences, de lourdes chaînes étaient solidement attachées à votre cou.

Je vous le dis, vous devez impérativement faire le choix d'être heureux et en joie, car la colère et la mauvaise humeur d'une expérience assombrissent le cours de votre existence et vos futures expériences.

C'est la raison pour laquelle il vous faut travailler sur deux points essentiels et capitaux que sont la **FOI** et la **CONNAISSANCE**.

Si vous vous inquiétez, avez des doutes, du stress, des angoisses, des peurs, des appréhensions, alors vous n'avez pas la foi, et vous considérez comme vraies les illusions de votre imagination.

Autrement dit, vous êtes **idolâtre**.

Et si vous croyez que rien n'est sûr dans la vie, que des dangers peuvent se présenter, que le manque, la maladie, la solitude, la tristesse, la douleur peuvent vous accabler, alors vous n'avez aucune connaissance véritable de Dieu. Si cela vous arrive, vous ne voyez et ne croyez qu'à la puissance de votre raisonnement et de votre force physique limitée pour mener vos vies.

Autrement dit, vous êtes **rempli d'orgueil.**

Alors je vous en prie, pour votre propre bien, quoi qu'il arrive, arrêtez-vous, **faites le choix conscient de garder votre paix, prenez conscience que Tout est Amour** et qu'il ne veut que votre bien. **Ayez foi** en celui-ci et **il vous délivrera.**

La cause de vos malheurs vient du fait que vous n'êtes pas suffisamment conscient d'être autant aimé. Car personne ne peut se mettre en colère ou être triste lorsqu'il se sent autant aimé. Il vous faut donc **méditer** et **prier toujours et <u>sans cesse</u>.** Car la vraie prière, ce n'est pas de fermer les yeux pendant quelques secondes ou quelques minutes, dans le confort de votre vie, pour vous adresser à votre Père Créateur en espérant en demi-teinte d'être entendu.

La véritable prière, c'est celle de celui qui tremble de tout son être car il doit dormir dans le froid, c'est celle de celui qui lutte dans la douleur de la maladie.

Donc si **vous voulez véritablement prier** et demander, <u>**priez avec ferveur**</u>. Le miracle n'est que le travail normal de Dieu, car Tout est miracle. Si vous souhaitez voir votre prière se matérialiser dans vos vies, alors ayez la foi durant la prière, mais surtout une fois celle-ci terminée ! **Il vous faut avoir la foi, donc <u>la connaissance et la joie d'obtenir la chose demandée, bien qu'elle ne soit pas encore là</u> car la foi tient la prière, la foi rend la prière vivante !** Sans cette foi durant vos tâches quotidiennes, votre prière disparaît comme brouillard au soleil.

Mes très chers, **la Conscience Divine est l'Intelligence Transcendante** dans les Cieux qui peut et qui veut arranger votre vie pour vous rendre la joie.

La Conscience Divine est l'Amour Immanent qui attend patiemment que vous fassiez Silence en vous pour apaiser votre cœur lorsqu'il est endolori. Il redonne la vitalité de la jeunesse à votre corps, que la vieillesse d'une vie douloureuse a meurtri. Il régénère et guérit votre être quand celui-ci connaît la maladie, et il redonne ainsi la joie dans votre cœur et la paix en votre esprit.

Croyez-moi, il n'existe pas de temps où l'Amour ne cesse d'être. Il rayonne toujours, constamment et inlassablement dans votre vie, attendant que vous le reconnaissiez.

Je vous l'ai déjà dit et je vous le redis, **vous êtes aimé, vous êtes tant aimés**. Mais vous ne le voyez pas et ne cherchez pas à le voir. Que vous le vouliez ou non, cela changera.

L'Universel est votre unique lieu de repos et de réconfort. Il vous appartient donc d'aller à Lui, d'orienter votre attention dans Sa direction et de Lui accorder de votre temps pour recevoir Son Amour.

<u>Commentaire</u>

Ce message évoque une notion qui n'est abordée que de façon sous-entendue ailleurs, en nous demandant de réorienter notre centre d'attention, en sortant de soi pour être spectateur des évènements qui nous arrivent. En effet, lorsque nous vivons une expérience que l'on considère comme désagréable, nous nous irritons d'une manière ou d'une autre. Ou au contraire, quand nous vivons une expérience jugée comme agréable, nous sommes en joie. Et parfois, cela se transforme en excès de confiance en soi, et nous ne sommes plus attentifs à ce que nous disons et faisons. Il nous est demandé ici de réorienter notre attention, c'est-à-dire de ne plus être une victime de nous-même en raison des pensées et émotions incontrôlées qui prennent possession de nous dans une situation particulière. Il s'agit donc de s'extraire de soi-même et de la situation pour se demander comment l'on veut se sentir. Personne ne prend plaisir à se sentir en colère, triste ou plein de haine durant une expérience négative. Or, il nous appartient de ne plus être victime de cela, en réorientant notre attention de façon consciente, délibérée, et non en se laissant embarquer inconsciemment par les pulsions de notre égo qui se sent menacé ou arrogant pour un oui ou pour un non.

Laissez-moi vous donner un exemple : si une personne vous insulte ou trahit votre confiance, vous la regardez de travers et l'insultez en retour, ou vous ne dites rien et prenez sur vous mais ressentez quand même de la colère ou de la tristesse. C'est donc ici qu'est le travail, de prendre conscience d'une part que vous êtes aimé par la vie, et donc que rien ne vous menace réellement, et d'autre part de choisir volontairement, donc consciemment, votre réaction face à cette situation négative. En d'autres termes, voulez-vous continuer comme vous l'avez toujours fait jusqu'à présent ? Ou voulez-vous lutter en vous-même pour définitivement faire taire vos pensées et émotions négatives désagréables, et retrouver la paix et le bien-être intérieurs que vous aviez avant de vivre cette expérience ? Qui est maître de vos réactions émotionnelles ? Vous ou autrui ?

49.

La Parole Souffle de Vie

Le 10 juin 2021

- Psaume 34:12-13 : « Quel est l'homme qui aime la vie, qui désire la prolonger pour jouir du bonheur ? Préserve ta langue du mal et tes lèvres des paroles trompeuses. »
- Bahya Ibn Paquda, *Les devoirs du cœur* : « La bouche est la plume du cœur. »
- Lettre 2, *Lettres du Christ* : « Ne vous attardez pas sur ce que vous n'avez pas. Pensez aux choses qui peuvent être les vôtres si vous vous tournez vers le Père en vous, en demandant avec une foi parfaite. »

Voici un nouveau message avec un enseignement des plus importants pour améliorer votre vie au quotidien. Car aujourd'hui encore, beaucoup trop d'entre vous sont inconscients de la Puissance de la Parole.

L'Homme est un être créateur. Et bien qu'il soit créateur en actes, il l'est d'autant plus en Parole, car celle-ci fait le lien entre vos intentions, vos pensées/émotions et vos actes. La Parole est l'outil le plus puissant de l'Homme, car comme cela a déjà été dit : **LA PAROLE CRÉE LE MONDE DONT ELLE PARLE.**

Et quel monde créez-vous dans votre quotidien ? À quoi passez-vous le plus de temps à parler chaque jour de votre existence ?

Il suffit pour cela d'une réunion entre amis, en famille, ou d'un simple appel téléphonique pour que l'Homme prenne plaisir à raconter ses malheurs, ses déboires, ses peines ou ses colères sur sa vie, et encore pire, à rapporter les horreurs du monde, alors qu'il existe assurément dans sa vie des causes de joie. Il prend ainsi plaisir dans toutes les souffrances passées, présentes et à venir.

L'Homme envie son prochain, ne s'imagine pas à la hauteur de ses exigences personnelles, et dénigre ainsi son voisin pour se sentir plus grand et se rassurer. Ou bien au contraire, lorsque tout se passe pour le mieux, l'Homme préfère imaginer le pire, car il a peur de lui-même et de son avenir, ne voulant pas se créer ainsi « des illusions ». Cela est d'autant plus grave quand il est en confiance et se permet de dénigrer, de critiquer de façon désinvolte et arrogante, en riant de ses propres insultes sur son prochain.

Beaucoup d'entre vous ont appris à ne pas agresser physiquement leur prochain pour le blesser ou le tuer. Certains ont appris à ne pas dérober à leur prochain. Mais quasiment aucun d'entre vous n'a appris à surveiller sa bouche.

Or c'est elle aujourd'hui qui cause le plus de dégâts sur Terre, car elle est contrôlée par votre égo (cause de toutes vos souffrances et conditions malsaines sur votre planète), vous faisant croire qu'une parole n'est que des mots inoffensifs et sans gravité.

Comment voulez-vous améliorer vos vies si vous vous plaignez sans cesse ? **Vous ne pourrez jamais connaître la joie et la paix si vous parlez de ce qui vous manque, ou si vous parlez des conditions de vie que vous n'aimez pas. Vous maintenez ce que vous n'aimez pas dans votre vie en y prêtant attention et en en parlant.**

La Parole n'est pas innocente, bien au contraire. Elle est la cause de tous vos malheurs ou de tous vos bonheurs car **elle** exprime vos intentions, elle exprime le modèle électromagnétique, le schéma de conscience que vous imprimez dans votre existence.

PAR LE VERBE, LA PAROLE RÉVÈLE CE QUI EST CACHÉ DANS LE CŒUR. TOUT COMME LA CRÉATION INFINIMENT INTELLIGENTE ET DÉBORDANTE D'AMOUR EXPRIME L'INTENTION DE DIEU. AINSI EN EST-IL DE LA PAROLE DE L'HOMME QUI RÉVÈLE L'INVISIBLE DE SES INTENTIONS CACHÉES QUAND IL UTILISE SA PAROLE POUR MATÉRIALISER SA VIE.

Cela revient aux notions du précédent message quant à l'orientation de votre Volonté Consciente. Car jamais une personne **ne profère ou n'écoute de la médisance et des malédictions** sur son prochain lorsque cette personne choisit d'orienter son attention sur la joie, la foi et la connaissance.
Comment pouvez-vous croire que vous pouvez prospérer par la malédiction ?
Par vos paroles de malédiction, de haine, de colère, de médisance et de dénigrement <u>vous créez vos propres Lois</u> qui régiront vos vies. Ainsi, l'Homme devient l'esclave de lui-même <u>et est soumis aux œuvres de sa bouche</u>. Il serre toujours plus fort sa corde autour de son cou, ainsi que les jugements et décrets à son égard à mesure qu'il exprime sa haine et sa souffrance.
Si vous avez froid et que la pluie tombe sur votre visage, gardez votre bouche de la colère, car en plus de la pluie, vous pourriez faire tomber la foudre entre vos yeux. Et lorsque tout est au beau fixe dans votre vie, n'en profitez pas pour devenir arrogant, car alors vous attireriez les nuages noirs et la tempête dans votre existence paisible. Car je vous le dis, on reconnaît la valeur de la conscience d'une personne à ses œuvres et à sa Parole.

L'Homme est tel une grappe de raisin, quand celle-ci est petite, non encore correctement formée, sans aucun goût ni aucune saveur, elle se dresse fièrement, haut sur la vigne vers le ciel. Alors qu'une fois mûre, belle, sucrée, emplie de lumière et lourde de saveur, elle tombe vers le sol.

Ainsi en est-il de l'Homme orgueilleux qui s'élève et se pense grand, mais qui est en réalité terriblement fragile. Ainsi en est-il de l'Homme humble, enrichi par la foi et empli de la lumière de la Connaissance, et qui s'abaisse dans la paix et sans crainte car son cœur et son esprit sont élevés au sommet du monde.

L'Homme orgueilleux, même après une vie faste, finira triste, insatisfait et malheureux. Alors que l'Homme humble **qui retient sa bouche**, même s'il a eu une vie simple et sans remous, partira de ce monde l'esprit joyeux et dans le contentement.

Gardez-vous également de toute forme de mensonge, qui est une destruction de la structure de la vie de son auteur. Gardez-vous des mensonges sur les autres ou sur vous-même, que ce soit pour vous faire plaindre ou vous grandir. Car la mauvaise langue provient d'un cœur sale.

Et plus l'homme grandit en Conscience, plus il devient puissant en création, donc qu'il redouble de prudence car les récoltes de ce qu'il aura semé peuvent être terribles.

Que votre esprit tourne donc de nombreuses fois autour de votre cœur avant que vos pensées et émotions ne se transforment en parole, car le verbe et le mot sont créateurs.

Vous pouvez penser que je vous encourage à échanger la langue du mal pour adopter celle du bien, mais ce n'est pas le cas. Le bien et le mal ne sont que des notions relatives. Non, **je vous encourage à adopter la Parole de Dieu, le Souffle de Vie, la Parole d'Amour qui est Vérité, car c'est par elle seule que le monde existe et subsiste**. Alors détournez vos Paroles et vos oreilles du faux qui est la haine, la critique, la souffrance, la calomnie, le colportage et la médisance. En d'autres termes, détournez-vous de toute malédiction. **Utilisez vos paroles pour bénir, guérir, réconforter, soutenir, encourager et créer.** Et je vous le dis, ne créez pas de conflit car avec vos Paroles, vous pouvez faire plus de dégâts qu'avec une armée. Vos paroles sont des formes/modèles de conscience qui détruisent des vies, qui ensuite ne peuvent plus être reconstruites.

Vos Intentions deviennent Paroles et sont identiques à la « matière ». N'invitez pas le désastre, ne brisez pas les fondations et ne faites pas s'écrouler le toit sur votre tête, les conséquences peuvent être redoutables.

Alors bénissez votre monde, faites fleurir la vie autour de vous par vos Paroles d'Amour et de Vérité. Séchez les larmes de ceux qui souffrent, répondez par la bonté et la compassion face à ceux qui n'ont que haine et critique. Et sachez une chose, l'Homme pur a des intentions, des pensées, des émotions et des Paroles pures, alors Dieu l'écoute et il ne craint aucun mal. **Quand la Parole est Sainte et Lumineuse, alors l'Homme décrète et Dieu exécute.**

Donc détournez vos oreilles et vos Paroles des malédictions proférées sans aucun discernement. Adressez-vous à votre Père Céleste pour qu'il vous aide à dissoudre vos intentions négatives de l'égo, et elles seront renvoyées dans le néant. Utilisez vos Paroles pour édifier et bénir le monde, et vous le verrez fleurir autour de vous.

Utilisez cette formidable puissance pour apporter l'harmonie là où règne le désordre. Parlez en Vérité et en Amour, et la haine tombera et vous ferez naître un renouveau de joie.

Puissiez-vous entendre ce message d'une importance cruciale pour qu'il change à jamais votre état d'être.

Que vos Intentions soient lumière et que vos mots soient d'or.
Vos Paroles sont le Souffle de Vie, alors devenez la Parole de Dieu.

<u>**Commentaire**</u>

Danielle me dit :
— Deux fois seulement dans ma vie j'ai eu une parole d'appel à l'aide. La première fois, c'était quand mon mari avait amené le chien de ma belle-sœur qu'il voulait garder à tout prix.
Entre nous, c'était constamment des disputes et il m'a dit un jour « Toi tu t'en vas, mais le chien, il reste. » J'étais à bout et je suis allée sur la tombe de mes parents et j'ai dit : « Maman, fais quelque chose parce que je n'en peux plus. Je t'en prie, fais quelque chose, c'est le chien ou c'est moi. » Quelque temps plus tard, en revenant à la maison, on a retrouvé le chien mort derrière la porte d'entrée. La seconde fois, c'était cette année. J'ai prié le Seigneur : « Seigneur, faites quelque chose parce que je n'en peux plus, je ne peux plus le supporter. » C'est là qu'il a attrapé le COVID, et tu connais le résultat.

Qu'est-ce que signifie tout cela ? Cela signifie que la parole est puissante. Peut-être pas pour tout le monde, mais quand il n'y a pas d'ouverture possible, quand il n'y a nulle part ou se sauver, alors le résultat est radical. J'avais pourtant prié pour qu'il vende le chien ou qu'il le donne. Car pauvre animal, jamais je n'ai voulu sa mort. Mais nous étions arrivés à un stade où c'était moi ou le chien. Alors que fait-on dans ce genre de situation ? Pour mon mari, la situation était aussi invivable, c'était lui ou moi. Je repense souvent à ces deux moments, et je me dis que je n'aurais peut-être pas dû demander de cette façon, mais je n'avais aucune idée de comment faire autrement.

Je n'ai jamais bifurqué, et j'ai toujours fait ce qu'il fallait spirituellement. Ce n'était pas logique que ce soit moi qui parte. Donc oui, la parole est très importante. Il faut faire attention aux mots qui sortent de notre bouche car avec la parole et la pensée, on peut prendre la vie ou la redonner.

50.

Souviens-toi

Le 3 août 2021

Qui parmi vous sont ceux qui un jour se sont crus perdus, incompris et abandonnés de tous ?

Qui sont ceux qui ont désespérément cherché une solution à leurs souffrances pour ne rencontrer que l'abandon et l'ignorance ?

Ferme les yeux sans crainte de laisser derrière toi ce que tu as aimé, ce que tu as regretté d'avoir fait ou pas. Laisse, laisse aller la vie, laisse aller ta vie. Celle-ci n'était qu'un lointain souvenir, un flash d'éternité perdue d'une pensée qui s'éloigne au loin.

Bienvenue, bienvenue à toi dans le foyer qui est le tien. Bienvenue à toi parmi les tiens. Tu es aujourd'hui vivant, vivant de vie dans le séjour des vivants.

Ouvre les portails de gloire et suis-moi, car là où je te mène, tu seras. Que de louanges, symphonies d'éternité pour tous ceux qui aspirent à la paix et à la joie. Accueille la Lumière qui danse et envole-toi au-delà de la pensée jusqu'à son origine. Inspire la joie lumineuse, expire son rayonnement de vie. Vogue de vie en vie sur les vagues de tes expériences, ressens le flot de la connaissance. Ainsi le sens émerge et donne droit à une nouvelle naissance. Plus de doute, plus de souffrance. Si à présent tu as compris que l'Amour est la Loi, que l'Amour est la réalité de l'expression de soi, alors pour la première fois depuis bien longtemps, tu es libre.

Au-delà des apparences, au-delà de ta solitude, au-delà de tes souffrances, jamais tu n'as été seul(e), jamais tu n'as versé de larmes dans la solitude, j'ai toujours été là, même si tu ne me voyais pas. Je t'ai toujours écouté(e) et je t'ai toujours répondu, même si tu n'as pas toujours cru, car je suis la voix du Silence et la Lumière Invisible.
Ne t'ai-je pas dit que tu étais aimé(e), que tu étais tant aimé(e) ?

À toutes celles et tous ceux qui font l'expérience du manque, de la disette et de la faim, et qui se retrouvent seul(e)s, qui n'ont que leur peur à qui parler. Toi, si tu es confronté(e) à l'ignorance et à la dureté de tes frères, sache que partout où tu appelleras mon nom, je viendrai te bénir. Si tu traverses les sombres vallées de tristesse et de danger, alors avec toi je Serai, car là où Je Suis, les ténèbres laissent place à la Lumière. N'aie crainte, plus jamais ne redoute l'inconnu. Tu vis en Moi, et Je vis en toi. C'est à travers toi que j'annonce mon rappel à la Vie. Je te bâtis du nom Vérité, Je bénis ton chemin et je guide tes pas. Pour quiconque fait appel à toi, empresse-toi le cœur plein d'Amour et de Joie, car Je réponds toujours à celui qui m'appelle à l'aide. Tu rendras grâce, et celui qui implore guérira, car c'est par les œuvres de tes mains que le monde vivra.

Puisses-tu inscrire en ton cœur que l'Amour est Lumière, qu'elle seule est Puissance, que seul l'Amour est ta réalité, que seul l'Amour que je te porte est source d'éternité. Alors vis, vis de rires et de joie, vis d'Amour et de foi, car à tout jamais Je Suis avec toi.

51.

Désirs, besoins et... envies

Le 16 août 2021

Rabbi Na'hman de Breslev, *Likoutei Moharan*, Torah 7 : « Sache que la raison de l'exil est le manque de foi (...) telle est la notion de miracle qui transcende la nature, car la prière se situe au-delà de la nature. Si la nature impose sa loi, la prière quant à elle est en mesure de modifier cette nature. Il s'agit là du principe du miracle qui requiert de la foi, car l'homme doit croire à l'existence de Celui qui modifie les choses selon Sa Volonté. »

Qui de vous n'a jamais voulu donner à son prochain au-delà des limites du concevable, en raison de son désir d'Amour ?
Qui de vous n'a jamais eu besoin de paix, de joie et de sécurité ?
Qui de vous n'a jamais été envahi par ses envies, et qui pourtant, y a cédé et a été écrasé sous la botte de ses armées ?

Je viens à nouveau à vous afin de vous parler des énergies intrinsèques de l'Homme, qui le poussent à aller de l'avant dans la vie, et qui bien souvent le font avancer sur un chemin qui n'est pas le sien.

Pour cela, j'aimerais vous parler dans un premier temps de la notion de désir. Le désir est l'intention première cachée en chaque être humain. Il est le mouvement créateur de l'âme et son moyen d'expression de soi, quelque soit le monde dans lequel il se trouve. Le désir, ou intention, est Divin, car il pousse la création à l'union, à la réunion de l'Être au Divin. Mais malheureusement, très peu de personnes sur Terre sont capables d'écouter dans le silence et d'agir pour exprimer leur désir d'être. En effet, celui-ci est trop souvent occulté par l'esprit humain, qualifiant ces flashs ou ces intuitions comme étant trop beaux, idylliques, ou inatteignables. Ceci est un désastre pour l'Homme, qui n'écoute pas les plus beaux désirs de son cœur, car il passe à côté et volontairement de la réunion mystique glorieuse de son Être avec la Conscience Divine en lui. Non, **il vous faut écouter les désirs de votre cœur et vous réjouir de ceux-ci, car c'est la Parole de Dieu active en l'Homme pour sa félicité, sa joie incommensurable et son bien-être ultime**. Écouter son désir est primordial et crucial pour votre ravissement et votre avenir glorieux sur cette planète. Car les schémas du Père en vous sont en harmonie avec les schémas du Père pour chaque être humain, et pour toutes ses créatures, afin d'ériger une harmonie de vie lumineuse chantant la gloire de l'Amour du Père en vous.

Alors je vous en prie, écoutez vos désirs, écoutez cette joie et cette harmonie d'Amour, qui est votre glorieux destin sur Terre ! Et mieux, vous n'avez pas besoin de parcourir les mers, la terre et les cieux pour découvrir ce désir qui vous fera atteindre des sommets de spiritualité. Car ce désir est en votre âme, il est votre âme, il est votre ultime réalité d'être au-delà de toutes les apparences du monde. **Ainsi, l'Homme ne doit plus regarder dans un miroir, autour de lui, ou dans le regard d'autrui pour connaître qui il est, mais il doit regarder en soi.**

Laissez-moi à présent vous parler du besoin. Les besoins de l'être humain trouvent leur source dans la construction physique, mentale, émotionnelle et spirituelle de l'être humain. En effet, chaque être possède des besoins similaires et d'autres différents. Vous avez besoin de boire, de manger, d'être en bonne santé, d'avoir des relations amicales, familiales et sociales. Mais vous avez besoin aussi d'indépendance, d'un logement, de différents biens pour assurer votre confort et votre bien-être.

Et pourtant, combien d'entre vous se battent, s'inquiètent, souffre et sont tristes pour pouvoir obtenir satisfaction de leurs besoins. Alors que **satisfaire et combler absolument tous les besoins est une caractéristique essentielle de la nature de la Conscience Divine, et qu'elle satisfera absolument et entièrement tous vos besoins si vous faites appel à elle dans la paix et dans la foi.** La Conscience Divine connaît tous vos besoins et ne désire que le Don de Soi, se donner à vous-même dans la satisfaction de tous vos besoins durant votre séjour sur Terre, et ce, de votre premier à votre dernier jour. L'Amour du Père est sans fin et ne désire que donner encore et encore pour la survie parfaite de ses chers enfants. Vous êtes observé et êtes sous le regard de Dieu à chaque instant de votre vie. Vous êtes sous le regard de l'Amour, de la compassion, de la bonté et de la bienveillance. Vous êtes chéri, vous êtes béni et abreuvé quand vous avez soif, et rassasié quand vous avez faim. Vous êtes entendu dans vos prières et enveloppé dans la grâce lorsque vous avez faim et soif de contact avec votre Conscience Divine bien-aimée. Alors oui, peu en sont conscients, **mais là est le travail de l'Homme, là se joue la grande bataille de l'Homme qui doit se battre chaque jour de sa vie pour la foi.** Car la foi annule les lois de la nature, la foi n'est pas l'ordre naturel des choses.

Je l'ai déjà dit et Je le redis, la foi et la Connaissance de Dieu sont les piliers de a construction d'une vie pleine de sens, de joie et de réussite. **La foi est la connaissance de l'Amour de Dieu, et le ressenti magnétique de joie transcendante qui l'accompagne lorsque l'Homme demande et pense à la**

réception de ses désirs et besoins, alors même qu'ils ne sont pas encore présents dans sa vie. La foi est la connaissance joyeuse de ce qu'il désire et de ce qu'il deviendra. Celui qui sait dans la joie du cœur que Dieu l'aime, alors il vit et a la foi. L'Homme de foi rit et sourit aux évènements, quels qu'ils soient, car il sait que rien ne manque, que le Père est en lui, et que tout besoin dont il fait la demande sera pleinement et dûment satisfait et comblé. C'est ainsi que l'Homme de foi jamais ne se plaint, jamais ne jalouse son prochain, jamais ne se compare à autrui et jamais ressent la tristesse, la dépression ou la souffrance. Il sait sans nul doute que Dieu l'Aime bien plus qu'il ne l'imagine et surtout, l'Homme de foi ne se laisse pas embarquer dans des disputes humaines. Il sait que rien ne menace sa sécurité, sa dignité et son bien-être. **Ainsi, je vous le dis, luttez constamment et cherchez toujours la foi, car ainsi vous ferez naître des miracles. Car rien, au grand jamais, rien n'est impossible pour celui qui possède le pouvoir de la foi, la connaissance de l'Amour et pour exprimer la puissance qu'est Dieu.**

J'aborde enfin la notion d'envie, car bien que le désir soit essentiel et crucial et que les besoins soient légitimes, nécessaires et normaux, l'envie est tout autre.

Vous vivez à une époque où l'Homme ne cesse de courir derrière ses envies, sans jamais réellement les appréhender. Les envies des Hommes dérivent de leur désir d'être, expliqué au début de ce message. Cependant, contrairement au désir qui est celui du Père en vous, vos envies ne sont que la tentative avortée de votre égo de satisfaire vos désirs et vos besoins. En effet, les désirs et besoins passent trop souvent par le filtre de votre égo qui les interprète à sa façon, c'est-à-dire matérielle, afin de vous apporter la joie et la satisfaction que vous souhaitez au plus profond de vous-même. Si les désirs sont les plus beaux idéaux de votre âme, si les besoins représentent l'ensemble des pensées, émotions et possessions vous permettant de vivre heureux, quelles sont donc les envies de l'égo ?

Les envies de l'égo sont l'ensemble des demandes insatiables dues à son manque de foi. L'envie est un puits sans fond que l'on creuse encore plus alors que l'on croit le remplir, et tout ceci au cœur de l'Homme. **Chaque envie comblée ne fait que creuser son abîme d'insatisfaction, car <u>en l'homme se trouve son égo, où celui qui l'affame est rassasié et celui qui le rassasie est affamé</u>.** Les envies prennent différentes formes : achat de biens et possessions en tous genres, consommation excessive de nourriture, de tabac, d'alcool, de drogue, de sexe, envie de reconnaissance, envie de se montrer et de se voir grand dans le regard des autres, ou de se faire plaindre. Chaque envie satisfaite crée un manque supplémentaire. Jusqu'au jour où l'Homme pleinement insatisfait sera jeté dans le désert de son exil personnel, vivant des mirages de ses illusions. **L'Homme qui vit d'illusions crée le mensonge. Le mensonge réduit en miettes et détruit le monde réel matériel et le monde construit par la puissance de l'âme. L'illusion est un monde fantôme, un mirage. Lorsque l'Homme de mensonge s'engouffre dans ses illusions, il tombe dans un puits sans fond d'une tristesse sans fin, d'une perte de soi et de son identité, car il rend gloire à l'image et non à l'Être. C'est ainsi que celui qui vit de mensonge est un être instable et obsédé de lui-même.**

Voilà comment s'exprime la décadence de l'Homme qui a le mauvais œil et perd la mémoire. Le mauvais œil n'est pas la malchance d'une cause extérieure, mais le regard jaloux et envieux, le regard aux mauvaises intentions de posséder de façon égoïste ce qui ne lui appartient pas, et de le prendre au dépend des autres <u>alors, qu'il pourrait obtenir tout ce qu'il souhaite s'il faisait appel au Père en lui demandant avec une foi parfaite</u>. Oui, l'Homme au mauvais œil perd la mémoire car il ne prend pas en considération et oublie que **chaque pensée, émotion, parole et acte est une graine plantée dans son champ de conscience, qui <u>exigera</u> d'être moissonnée en temps voulu.**

Puisque l'Homme aux envies insatiables continu à courir derrière l'illusion de son esprit, puisqu'il dénigre ce qu'autrui possède, et qu'il ne prend pas en considération ce qu'il possède déjà pour lui donner une belle vie et voit sa propre vie avec mépris et sans aucune foi aucune ; alors celui-ci verra ses envies illusoires se dérober entre ses doigts. Ses besoins seront laissés de côté et ses désirs oubliés. Ainsi, l'Homme d'illusion n'obtiendra jamais satisfaction de ses envies, et en raison de ses mauvaises créations, ce qu'il possède déjà lui sera retiré.

Puisses-tu prendre conscience de tes envies amères comme la mort, de tes besoins doux comme la vie et de tes désirs enivrants comme l'Amour.

N'aie crainte et réjouis-toi, mon enfant, trace ton chemin et tiens fermement le flambeau de la foi ;
Alors ma lumière guidera tes pas vers la quintessence de la beauté et de la joie ;
Car **Je ne suis qu'Amour et l'Amour est la Loi.**

52.

Combat de vie

Le 21 août 2021

Wong Mou, femme tibétaine : « Les bonnes pensées sont les meilleures compagnes, avec elles rien n'est confus et je ne m'ennuie jamais. »

Qui parmi vous n'a jamais voulu vivre dans la joie de l'accomplissement de ses desseins ?
Qui de vous ne raisonne pas pour grandir dans l'accomplissement de sa réussite personnelle ?

Je m'adresse à vous dans ce présent message afin de vous faire prendre conscience d'une notion cruciale et des plus importantes pour votre accomplissement dans votre vie. Il est fréquent dans le monde d'aujourd'hui de trouver nombre de conseils sur comment appliquer diverses pratiques spirituelles afin de parvenir à la réussite personnelle. Oui, bon nombre d'entre vous souhaitent une puissance, une aide spirituelle d'Un Amour sans condition, sans frontières et sans aucune limite, afin de satisfaire leurs envies, qui sont toutes, assurément et définitivement, purement égoïstes.
Pour beaucoup, la spiritualité est vue comme une échappatoire aux difficultés du quotidien que le monde vous impose. Beaucoup se réfugient dans un cocon personnel de sécurité illusoire, afin d'échapper à ce qui les poursuit, alors qu'ils

savent sans le moindre doute que l'extérieur ne changera pas pour autant.

Je viens à vous par la puissance de mon Amour, afin de pouvoir éveiller et réveiller celles et ceux qui en sont capables, qui font ce qu'il faut pour en être capable, à la puissance de leur conscience et de leur volonté. Il est possible que ce message ne soit pas perçu comme un don d'Amour, mais l'Amour n'a que pour but l'éveil de sa création à elle-même. J'aimerais que vous compreniez que je ne suis pas là pour vous expliquer comment mener une belle et heureuse vie. Cela a déjà été fait à plusieurs reprises.

Laissez-moi vous rafraîchir cependant la mémoire quant à <u>la Loi de la Foi</u> constamment active dans votre vie. Vous tous, sans exception, vivez la vie que vous menez à présent car elle est en résonnance avec les fréquences vibratoires de votre propre conscience. Autrement dit, plus intense en vibration et donc portée sur l'Amour est votre conscience, plus belle et inspirée sera votre vie. Plus basses sont vos fréquences de conscience, plus dures, amères et tristes seront les circonstances de votre vie. Votre état de conscience est créé par vos pensées quotidiennes conscientes et inconscientes, qui engendrent des émotions toujours conscientes aboutissant ensuite à des paroles et à des actes, vous faisant ainsi récolter ce que vous semez.
Portez donc votre attention sur votre point d'attraction, c'est-à-dire vos émotions magnétiques intérieures. Celles-ci vous indiqueront à ce moment précis si vos pensées électriques créent ce que vous aimez ou n'aimez pas, et qui sera ensuite attiré magnétiquement et vécu dans un avenir plus ou moins proche. Soyez donc quotidiennement attentifs à ce sur quoi vous portez votre attention, à quoi

vous pensez et ce que vous ressentez, car là où sont vos pensées et émotions, vous serez.

Je viens pour vous demander de cesser de voir l'extérieur comme des personnes, des biens, des situations qui seraient susceptibles d'être une menace pour votre vie. Je vous demande de ne plus considérer l'extérieur comme centre premier de votre attention. Et comme l'extérieur est le reflet de l'intérieur, alors plus dures et terribles seront les épreuves extérieures à venir.

Pourquoi est-ce que je vous demande cela ?

Je vous le demande afin de vous sortir de votre rêve, de votre illusion de la vie que vous considérez comme connue, planifiée, alors qu'en réalité, rien n'est connu de vous. Chacun vit dans l'espoir de se construire de beaux évènements et expériences, de se construire en tous points suivant sa nature propre, de ce qui est aimé et rejeté.

Que tout cela n'est que pensées d'Hommes aveugles...

Votre merveilleuse planète vous a été confiée afin d'être une source d'éveil et pour que vous en preniez soin par l'expression de votre nature divine. Mais celle-ci dépérit par la faute des Hommes, qui s'enfoncent dans leur long, long rêve.

Comment pouvez-vous croire que votre venue sur Terre n'a été motivée par aucune raison, ou bien si raison il y a, inconnue elle est ?

Vous êtes toutes et tous ici-bas afin de développer une Conscience de l'Unité Bénie, de la Conscience Divine et de la mettre en pratique en devenant Un avec elle, grâce à votre Connaissance en évolution et à la Puissance de votre Foi.

Non, je ne suis pas là pour vous dire comment vous comporter ou pour vous aider à réussir dans votre égoïsme. **Je suis là pour vous ramener chez vous, afin de vous rappeler votre**

existence dans cette vie, et surtout dans ce qui sera votre véritable demeure après cette vie.

La félicité future ne s'acquiert pas sans difficulté car celles-ci ne sont dues qu'à la nature de votre personnalité, votre égo. La lutte contre **<u>VOTRE</u>** égo, et non contre celui des autres, comme il est courant de l'observer, représente votre véritable lutte et devrait être votre véritable combat de chaque instant. Un combat sans relâche que vous ne menez pas ou pas assez.

Quand cesserez-vous de lutter contre les personnes et évènements extérieurs, pour enfin monter sur le champ de bataille pour faire face à vous-même ? Quand aurez-vous le courage de faire face à votre bête intérieure ? **<u>Celle qui vous contrôle sans même que vous ne le sachiez,</u>** et qui est même prête à vous faire croire que vous êtes sur la bonne voie et le bon chemin spirituel. Et que vous vous débarrassez de lui afin d'avoir le champ libre pour vous conquérir ?

Comment reconnaître votre bête intérieure, votre égo ? Les signes sont toujours les mêmes : peurs, colères, haines, justifications en tout genre, paroles critiques ou paroles de valorisation inappropriée de soi, critiques du comportement d'autrui, doutes, refus de prier, refus de méditer, refus d'imposer le silence, refus de quitter ses activités quotidiennes pour étudier et se recentrer sur soi, refus d'admettre savoir peu, paresse mentale et physique, émotions moroses et tristes, calomnie, médisance, favoritisme en raison d'intérêts personnels, rejet de soi et des autres, jalousie, rancune, intolérance, etc.

Je suis là uniquement pour vous rappeler à la Source de votre Être, je suis là pour vous ramener chez vous. Ceci est la raison pour laquelle je vous demande de lutter, de combattre chaque jour de votre vie votre propre nature, le centre de votre personnalité. Car rien ni personne ne peut en définitive être heureux ici-bas et vivre dans la Dimension Ultime de l'Être sans se débarrasser en fin de compte de son Moi. Beaucoup d'âmes vivent heureuses et en joie dans de hautes sphères de conscience, mais toutes sans nul doute devront revenir s'incarner sur Terre afin d'incarner définitivement la Lumière de la Conscience de l'Amour Inconditionnel.

En conséquence, comment lutter ? Comment combattre la seule et unique entité qui doit être combattue durant toutes vos existences ?
Les problématiques sont différentes, mais les réponses toujours les mêmes : vous devez devenir l'incarnation de l'Amour Inconditionnel !
Dans les disputes ou lors d'un conflit, si aucun accord commun réciproquement profitable ne peut être trouvé, alors taisez-vous. Cessez de vouloir avoir raison ou d'imposer quelque raisonnement que ce soit ou de demander justice, car c'est votre égo qui vous pousse. Ainsi vous combattez, ainsi vous luttez contre votre égo. Réfléchissez sur vos problèmes personnels quels qu'ils soient, cessez de vous trouver des excuses et arguments et luttez ! Luttez contre vous-même car si vous cédez à vos envies, plus dures et douloureuses seront les épreuves à venir.
Luttez contre vos colères, luttez contre vos envies égoïstes et priez encore, encore et toujours, pour en être purifié. Méditez pour calmer votre mental, car personne ne pourra gagner l'épreuve si le mental est agité. Personne ne pourra sortir vainqueur s'il n'a pas continuellement l'esprit là où il doit être, focalisé sur l'objectif Divin de son âme et sur l'Amour de son Créateur lui donnant Foi, courage et force intérieure. Quiconque a peur de sa bête et refuse de lui faire face se verra frappé par celle-ci. Quiconque réagit par de violentes émotions dans sa vie, en raison d'évènements extérieurs qu'il juge injustes, tristes ou défavorables se verra consumé par son égo.

Il est des évènements que personne ne peut éviter, alors pourquoi les pleurer et les déplorer ?

Gardez votre calme intérieur et luttez contre vos émotions négatives quand elles surviennent. Cherchez à comprendre pour quelle **raison intérieure** elles sont apparues et surtout, contrôlez-vous. Par vos pensées, émotions, paroles et actes, vous bâtissez ou détruisez le chemin sur lequel vous avancez inexorablement. Alors si vous chutez, sombrez et succombez aux pensées, émotions, paroles et actes de votre égo, ne regardez pas votre voisin pour savoir d'où il est venu et ce qu'il a fait ou non. **Regardez en vous-même, car vous êtes la seule cause de réjouissance ou de souffrance de toute votre vie !**

Puisez dans la méditation et la prière la puissance de la foi et la force de la volonté, et vous découvrirez alors que votre volonté et votre foi ne sont pas limitées, mais des puissances transformatrices de votre être dont nul ne pourra s'emparer.

Pour toute douleur, colère ou souffrance, cessez de vous quereller avec la vie et **soyez discipliné à passer de l'inconscience à la Conscience.** Détachez-vous de vous-même pour avoir l'humilité de tirer des leçons des expériences et ainsi en sortir grandi. Restez focalisés sur l'Amour Divin chaque jour de votre vie, quoi qu'il arrive, car ce n'est qu'ainsi que vous serez calme et pourrez rayonner la puissance de la paix intérieure. Vous serez alors à même de développer votre sens de l'anticipation face à votre nature, et serez en mesure de ne pas tomber dans les pièges des illusions de l'existence.

À défaut d'Amour, mieux vaut pour vous être sans émotion et rester calme. Car personne ne viendra assumer à votre place les souffrances que vos émotions négatives auront attirées pour vous. Personne ne peut échapper à soi-même, et aucune différence n'existe entre une personne rayonnant l'Amour Ultime qui a atteint le But Final de son existence terrestre et une personne entièrement dominée par son égo. La seule différence réside en ce que chacun rayonne et donne de lui-même, et dans le temps passé au combat intérieur contre soi-même.

Prenez garde à vous-même sans relâche, car l'égo profite de la moindre faiblesse d'esprit de votre part. Laissez-lui une brèche en vous et par la force il entrera. Donnez-lui une envie, une passion ou un motif extérieur et des remords terribles vous envahiront.

Vous créez votre vie avec vos pensées et vos émotions, alors gardez-vous de créer vos propres démons, car par-delà la mort ils vous suivront, et dans l'incarnation suivante ils exigeront réparation.

Luttez, luttez encore et toujours et à chaque instant. N'imaginez pas de repos possible, sinon un jour viendra où votre charge de travail laissée vacante vous submergera, et dans l'invention d'excuses personnelles l'égo vaincra.

Écoutez le Silence de votre âme car il est l'Amour de Dieu. Écoutez ses Paroles Silencieuses et votre Parole demeurera à travers les âges. Cessez donc de vouloir vivre par vous-même. Ouvrez votre esprit et votre cœur à l'Amour pour votre prochain, et vous verrez l'Amour du Père actif en vous, car alors sa Lumière s'incarnera en vous.

L'Amour est la Loi, l'Homme conscient et avisé ne déviera ni à droite ni à gauche. Alors durant toute dispute, durant toute expérience négative, durant toute contrainte, gardez l'Amour solidement ancré dans votre conscience car **le monde tient sur ceux qui taisent leur égo et gardent l'Amour de Dieu dans leur esprit et dans leur cœur.**

Puissiez-vous être constamment attentif à vous-même à chaque instant de votre vie.

Puissiez-vous tirer la Force de Volonté et la Puissance de la Foi de votre Source Divine de l'Être pour continuer à lutter contre la bête intérieure, car seule la Lumière de l'Amour lui fera tomber le glaive.

Puissiez-vous entendre ce message de vie où seuls ceux qui lutteront jusqu'à la fin connaîtront le repos et sauront qu'ils sont finalement en vie.

<u>Avec AMOUR.</u>

<u>Commentaire</u>

Ce message est en réalité assez complexe et nécessite une réflexion en raison de son caractère contre-intuitif. Pour toute difficulté dans la vie, nous sommes en général inconscients de nos propres schémas mentaux et émotionnels négatifs issus de l'égo, parce que nous sommes embarqués dans l'expérience déplaisante. Nous réfléchissons selon notre propre logique et notre propre manière de faire les choses, dans le but de régler la situation. Or, notre réflexion et notre vision de la vie, aussi efficaces ou justes soient-elles, ne sont peut-être pas ou peu souvent partagées par autrui. Chacun a sa propre manière de voir la vie et de réfléchir en fonction de son vécu et des problématiques qu'il a à affronter dans son quotidien. Cela crée des conflits, car chacun ne comprend la situation que selon son propre point de vue, qu'il tente d'imposer à autrui. Quelle que soit la situation, il nous est demandé ici de prendre conscience de la situation et d'écouter nos émotions, et de réorienter par notre volonté consciente[11] nos pensées, et donc nos émotions, afin de nous sentir mieux avec nous-même et autrui. Il convient ensuite de chercher à comprendre l'origine de notre

---

[11] Voir message *Orientation* page 255.

mécontentement afin de lutter contre celui-ci, car comme il est dit : « l'extérieur est le reflet de l'intérieur ». Ce que nous vivons est dû à nos propres semences en conscience, c'est-à-dire nos pensées, émotions, paroles et actes passés, et nous vivons donc extérieurement ce que nous sommes intérieurement. Ce n'est qu'après avoir eu le courage de lutter contre nous-même pour arriver à changer notre état de conscience que nous serons à même de vivre autrement, d'attirer à nous de nouvelles expériences et de ne plus nous concentrer sur ce qui ne va pas et réagir négativement avec autrui.

La lutte est le centre de ce message, c'est la notion que nous devons comprendre et qui doit être mise en pratique dans notre vie quotidienne. Il faut pour cela être attentif à nos réactions, être sur nos gardes comme si nous étions face à un prédateur, car nous sommes à la merci de nous-même. Il n'est pas question de considérer l'égo comme un démon, car il se développe depuis notre naissance en raison de notre vécu, de nos forces et faiblesses, de notre considération personnelle, de ce que nous avons le courage de réaliser ou pas. Il ne faut pas oublier qu'il veille à notre survie, et il utilisera les seuls outils qu'il a à sa disposition pour la garantir quoi qu'il arrive. Cependant, rappelons-nous que toute action de notre état de conscience engendre une réaction. Donc développer un contact intérieur intime et puissant avec la Source de la Vie nous permettra dans un premier temps de nous débarrasser des réactions de l'égo, d'éviter ainsi plus de difficultés et de souffrance. Dans un second temps, cela nous mettra sous l'amour et la protection de la Vie, pour nous guider sur notre chemin et garantir la satisfaction de nos besoins, sans avoir à mettre en mouvement les impulsions de l'égo.

53.

Guidance Divine et Création

Le 1er septembre 2021

Je choisis de venir à vous à nouveau pour vous faire passer un message extrêmement important, et afin de clarifier un aspect du comportement humain dans ses facultés créatrices. Laissez-moi vous rappeler les points suivants, les plus fondamentaux de votre existence :

1. L'Homme est un être créateur en pensées, émotions, paroles et actes. Ceux-ci représentent tous une partie de votre état de conscience. Et lorsque vous les utilisez, ils forment une énergie de conscience qui flotte tout autour de vous et représente vos schémas, vos plans de conscience électrique, qui attire magnétiquement, via vos émotions, d'autres pensées et particules électriques attirant et matérialisant vos schémas de conscience qui seront ensuite vécus. **En effet, lorsque vos pensées s'accumulent, elles représentent l'impulsion du mouvement électrique. Une fois enflammés par les émotions de l'intention, du désir ou du but, ces schémas conscients ou inconscients se matérialisent dans votre vie, car l'Homme tire la puissance de vie de son Créateur.** Ainsi, l'Homme crée ce qu'il souhaite mais également tous ses comportements avec lui-même et avec autrui car tout émane de son esprit et de son cœur.

2. La Conscience Divine est la Puissance Créatrice Intelligente, elle est l'Amour Parfait. Sa Nature fixe et invariable assure toujours et à chaque instant **l'évolution** (ou croissance), **la protection, la guérison, la nutrition, la satisfaction de tous les besoins, la survie, l'ordre et la loi de l'univers** et finalement le **travail Intelligent qui est toujours et inlassablement motivé et réalisé par Amour à un rythme parfait.** Et, point important, **la Nature Divine représente la Volonté Divine**. L'Homme peut être assuré que tout désir et besoin qu'il ressent est juste, légitime, et que c'est toujours la Volonté de la Puissance Créatrice Aimante de les satisfaire pour assurer la joie, le bonheur, la paix, le contentement et la tranquillité d'esprit de toute Sa création.

Ces deux points représentent la plus haute connaissance que l'être humain peut recevoir à ce jour. Elle est celle avec laquelle il doit apprendre à travailler il doit faire tous les efforts possibles pour la maîtriser.

Cependant voici un point important, et objet même de ce message. Si l'Homme est créateur et qu'il sait ce qu'il souhaite dans la vie, que par la foi et la connaissance des Lois de l'Existence il pense à ce qu'il veut et croit émotionnellement à la réception de l'objet de sa volonté, alors pourquoi aurait-il donc besoin de la Conscience Divine, de Dieu dans sa vie ? Si l'Homme a un désir, il n'a qu'à croire et il se manifestera. Si l'Homme est pauvre, il n'a qu'à croire à la richesse, à se visualiser riche, et cela se manifestera. Si l'Homme est malade, il n'a qu'à se visualiser en parfaite santé et y croire, et cela se manifestera.
Donc, si l'Homme peut exercer sa volonté et la vivre matériellement à partir du moment où il y croit parfaitement, à quoi bon une Conscience Divine d'Amour ?

Comme je vous l'ai déjà dit, je ne suis pas là uniquement pour vous dire comment vivre une vie issue de votre volonté, mais pour vous ramener à votre Source Créatrice, à votre Origine de l'Être. Car oui, l'Homme peut tout créer comme il le veut, que ce soit obtenir un verre d'eau ou créer une multinationale avec des dizaines de milliers d'employés et un résultat à dix ou onze chiffres.

Cependant, qui est le « il veut » de l'Homme ? Qu'est-ce que « la volonté de l'Homme » ? Qui est le « je veux » que vous prononcez à longueur de journée ?

Eh bien oui, c'est votre égo divinement créé pour assurer **<u>votre survie individuelle</u>** sur Terre. Bien que ce soit tout à son honneur de chercher par tous les moyens à assurer votre survie heureuse et joyeuse sur Terre, celui-ci manque cruellement de justice et de discernement.

Commencez-vous à présent à comprendre l'objet de ce message ?

L'électromagnétique est l'effet visible de l'activité de la Conscience, de la Loi de Conviction ou Loi de l'Attraction, ainsi que de la Loi de Cause à Effet ou On Récolte ce que l'On Sème. En conséquence, **vous êtes seul et unique responsable de toute votre vie**. Expliqué autrement la **Loi de la Conscience** s'exprime comme suit :

- **Ce que vous croyez être** (en bon, en mauvais ou dans l'indifférence), **vous le deviendrez** ;

- **Ce que vous craignez, redoutez, appréhendez qu'autrui vous fasse, ou quelque expérience qui surviendrait dans votre vie, vous le vivrez** ;

- **Ce que vous souhaitez recevoir, vous devez d'abord le donner** ;

- **Ce que vous pensez, dites et faites aux autres, il vous sera fait** ;

- Quand vous pardonnez aux autres, alors de vous-même vous serez épargné.

Quand vos pensées électriques émettent un message, l'émotion magnétique attire la réponse à ce message. Vous vivez en conséquence, suivant la fréquence vibratoire de votre conscience, qui est plus ou moins proche ou éloignée de l'Amour Universel. Il vous faut pour cela comprendre et accepter que <u>votre égo ne peut pas créer la vie parfaite que vous souhaitez, car ses créations vous apporteront un côté joyeux ainsi qu'un côté triste et amer.</u>

Soyez donc prudent quant à l'utilisation de votre volonté, car celle-ci met en place les énergies de l'égo et coupe ainsi la Présence Divine en vous. L'exercice de la volonté de l'égo pour vos projets personnels ou les réactions de l'égo dans votre quotidien envers les autres et vous-même créent une tension, et la Conscience Divine ne peut plus exprimer correctement sa Nature Divine en vous. C'est de ce manque de Conscience Divine que naissent les maladies, la misère et la pauvreté. Vous constaterez finalement que le désir de votre âme s'exprime comme un besoin ou une envie matérielle. Lors de votre demande à la Conscience Divine, vous pourriez obtenir quelque chose de parfois différent de votre demande, car la Conscience Divine répond à l'essence de votre désir et pas toujours à l'objet de la demande si celui-ci ne correspond pas au désir spirituel. **Mais dans tous les cas, soyez assuré que l'Amour répond toujours pour vous combler, bien mieux et bien plus parfaitement que vous ne pourrez jamais le faire pour vous-même et les autres.**

C'est pour cela que je vous demande toujours en premier lieu de chercher la guidance de la Conscience Divine avant d'entamer le moindre projet dans votre vie.

La Conscience Divine connaît votre raison d'être, elle connaît ce qui vous comblera, ce qui vous apportera la joie et l'abondance, ainsi qu'aux autres.

Ainsi, demandez la Guidance Divine. Une fois celle-ci obtenue, demandez sa réalisation dans votre vie. Celle-ci ne peut apporter que son côté lumineux, profitable pour vous et les autres. Alors, l'Homme inspiré par le Divin en lui travaillera sur sa foi, en croyant qu'il recevra ce qu'il ne voit pas grâce à sa nature de créateur via la Loi de Conviction. Le résultat dépassera ses espérances, car la Loi d'Amour le comblera puisque la Conscience Divine le connaît mieux que lui-même. **Ce n'est qu'ainsi que l'Homme exprimera le Divin et qu'ils seront Un.** Ce processus revient une nouvelle fois à lutter contre votre égo. L'Homme créatif uniquement via son égo sera à jamais insatisfait, ou bien créera du bonheur mais aussi des malheurs autour de lui. Comme il a été dit précédemment, **l'Homme qui rassasie son égo sera affamé et en voudra toujours plus. Mais l'Homme qui affame son égo sera finalement rassasié, car Dieu pourvoira. Plus jamais il ne connaîtra le besoin car il sera satisfait avant même qu'il n'ait connaissance d'un tel besoin.**

En conséquence, comprenez bien les concepts, mais aussi prenez garde à tous ceux qui vous enseigneront uniquement la pensée positive ou la Loi de l'Attraction. Car bien qu'elle soit nécessaire, la parfaite connaissance et la mise en pratique de cette loi ne feront pas de vous une personne heureuse et comblée. C'est votre égo qui sera rassasié, et vous affamé. **Personne ne peut créer la vie parfaite pour lui-même, à moins d'être parfait en son esprit et en son cœur.** Vous serez parfait lorsque vous aurez reçu l'illumination et aurez purifié à jamais de votre esprit et de votre cœur les pensées et sentiments négatifs de l'égo. En attendant ce moment unique et glorieux, il vous reste beaucoup de travail.

Rappelez-vous que pour tout projet, il vous faut chercher la Guidance Divine, et ensuite demander sa manifestation. **Rappelez-vous sans cesse la Nature Divine** et travaillez en vous-même pour **avoir la foi**, pour **croire** et donc **ressentir de la joie** en la **réception de votre demande**. Car ainsi vous travaillerez à l'unisson à la matérialisation physique d'une idée parfaitement Intelligente de l'Amour Divin.

Si vous ressentez des difficultés à croire, alors priez pour pouvoir croire. Étudiez toujours et sans cesse, luttez avec discipline pour combattre les forces destructrices du doute, de la colère et de la tristesse. Méditez pour faire taire votre égo dans votre esprit et pour vous ouvrir à l'influx du Divin.

Réjouissez-vous, car ainsi vous vivrez dans l'abondance et dans la joie ; ainsi vous vivrez de votre foi grâce à la Connaissance de Dieu et de ses Lois.

54.

Regarde avec foi

Le 23 décembre 2021/le 6 janvier 2022

L'Homme est devenu esclave des œuvres de ses mains. Entraîné dans son propre mouvement, il ne peut plus s'arrêter et s'invente des justifications. Sa conscience s'est égarée et s'est retrouvée enfermée derrière les portes de l'aliénation, où l'esclave défend son maître et lui donne raison. Mais gloire, réussite et fortune ne sont rien tant que son égo le guide par la main.

L'Homme est béni et n'a pas besoin de courir derrière le succès et les richesses, car ses bénédictions le poursuivent et ne demandent qu'à être reconnues et acceptées pour être vécues et expérimentées. L'Homme n'a d'yeux que pour ce qui est vil, mort et éphémère. Alors que s'il a deux yeux, c'est pour méditer la création et contempler sa propre création pour qu'elle se matérialise.

Ô toi qui es dans l'aveuglement de ta raison, perdu dans tes actions et embourbé dans les méandres de ton environnement et de ton imagination, laisse un peu de place pour ton intuition, au contact des désirs brûlants de ton âme.
Laisse pénétrer la Lumière Céleste dans ta vie surchargée, et je te donnerai le repos tant recherché.

Que le regard Divin perce les sombres nuages du doute et du désespoir, que sa Lumière balaye le rugissement des cyclones et tempêtes glaciales de l'incertitude de ton esprit. Tu y verras sa Lumière de vie écarter les ombres de la colère et les démons de la peur.

Observe cette Lumière de l'existence éclairer les marécages de craintes. Rends grâce à la délivrance et vois la verdure jaillir de vie au travers des cendres.
Ressens à présent la caresse chaude et délicate des vents calmes et puissants de la certitude. Entreprends ton ascension au cœur de toi-même et brise les chaînes du doute et de la servitude.

Laisse-toi bercer par la brise des chants mélodieux des oiseaux qui portent les joies de l'existence.
Écoute cette vie et pose les pieds sur l'esplanade du Palais de Gloire. Laisse ton âme chanter, qui portée dans la mélodie de la vérité s'élève à présent dans la Lumière jusqu'à la Source de l'éternité. Bois de son eau de lumière, étanche ta soif et délecte-toi des saveurs de son Amour qui affluent dans tout ton être. Enivre-toi de cet Amour, alors ton cœur chantera dans l'infini et s'envolera dans l'éternité porté par la symphonie de la vie.

Tous les désirs de votre existence présente, les désirs inavoués et refoulés les plus chers à votre cœur existent déjà car ils sont en vous. Chaque désir puissant trouve sa source dans les plus hautes sphères divines et est projeté en vous par la Conscience Divine elle-même, pour l'accomplissement puissant et glorieux de votre âme dans son odyssée terrestre. Il n'est nul besoin de parcourir le monde et de gravir des montagnes pour les réaliser. La foi en leur réalisation est la seule voie permettant leur manifestation car ils vous sont généreusement donnés. Ne cherchez pas à savoir comment vos désirs se manifesteront, laissez le soin de cette tâche à votre Créateur et contentez-vous d'accepter et de garder la conscience du merveilleux.

Semez, mes chers frères et sœurs. Semez la joie et l'abondance de vos plus hautes aspirations dans ce monde, car nul autre que l'Éternel ne donne dans son infinie bonté, et ses bienfaits durent toujours. Alors semez, levez les yeux et voyez les récoltes abondantes, elles sont là !
La promesse de Dieu jamais ne sera rompue et l'Homme connaîtra pour l'éternité les joies de l'abondance, de la satisfaction et de la prospérité, car tant que tu verras mon Amour, tu recevras. Les bénédictions sont pour ceux qui voient.
Laissez de côté les paroles qui ouvrent les portes de l'égarement, et ne tracez point en pensée de chemin menant vers le désert des apparences et de l'illusion, mais posez uniquement votre attention sur l'Amour de Dieu.

Pose ton regard sur moi et je t'ouvrirai les portails de l'abondance ;
Alors guidé sur la voie des bénédictions, tu avanceras ;
Et en l'amour de ce jour béni tu verras ton arbre de Vie ;
Qui sera pour toi la joie du désir accompli.

55.

Ravissement et consolation

Le 11 janvier 2022

Alors qu'à la table des serpents la vanité se complaît dans les moqueries et la médisance ;

Je ne retire ma joie que de la mélodie de ton Nom chanté dans le Silence.

Partout où se pose mon regard, c'est Toi que je vois.

C'est Ta délicatesse que je comprends quand je regarde une simple fleur.

C'est Ta beauté que Tu me montres quand je vois ses couleurs.

Que de joie et de bonheur quand je médite Tes Lois.

Que de grâce et de douceur quand Tu t'adresses à moi.

Le monde entier attend de manquer pour te tendre les bras et recevoir son bien.

Même dénué de tout, celui qui est avec Toi n'a plus besoin de rien.

De Ton souffle mélodieux en mon esprit, de Ton murmure délicat et savoureux en mon cœur tu ne cesses de me chanter :

Toi et Moi Nous Sommes UN

56.

Libère-toi

Le 27 janvier 2022

Yigal Cohen : « Si tu as une pensée négative, tu as oublié que Dieu t'aime. Un exemple. Ta femme se déplace avec votre bébé, tu l'appelles et lui dis "où es-tu ?" et elle te répond "je suis à telle intersection". Une heure après, tu la rappelles : "où es-tu ?", et elle te répond : "à telle intersection". Une heure après, tu l'appelles et elle te dit "je suis à l'entrée de la ville". Si tu avais demandé au bébé il t'aurait dit "je suis dans les bras de maman". Une heure après "dans les bras de maman" et encore une heure après "dans les bras de maman". Peu importe où il est, il dira "dans les bras de maman". Chers amis, où que vous soyez dans la vie, vous êtes dans les bras de votre Père. Le roi David dit "dussé-je suivre la sombre vallée de la mort, je ne craindrais rien car Tu es avec moi". Ne laissez pas vos pensées négatives prendre le dessus, renversez-les ! Quel plaisir, chers amis, je vous le dis du fond du cœur, Dieu vous a créés et ne vous fera jamais aucun mal, jamais. Où que vous soyez dans la vie, vous êtes entre les meilleures mains du monde, car Dieu vous aime. Si nous avons une pensée négative, c'est que nous avons oublié que nous sommes entre les mains de Dieu. Personne au monde ne touchera à un seul de vos cheveux si vous avez confiance en Dieu. Le bébé n'en a que faire de l'endroit où il se trouve, à l'intersection ou dans la ville, car il est dans le bras de maman. Vous, vous êtes dans les bras de votre Père. »

Qui parmi vous s'est déjà retrouvé étranger parmi sa propre famille et même rejeté par elle ?

Qui parmi vous a déjà gardé peine et souffrance en son cœur pour ne pas subir l'intolérance et la vision dure et froide de ses proches ?

Qui s'est déjà senti seul par le fait d'être entouré de rires ignorants et de faux-semblants ?

Je viens à vous par ce message afin de vous apporter le soutien dont certaines personnes ont besoin dans leur cœur. Car beaucoup trop d'entre vous, qui sont sur le chemin de renonciation de soi, se laissent encore prendre au piège l'esprit des gens toujours englués dans la matérialité du monde.

Pour cela **il est grand temps de prendre conscience et de percevoir clairement l'impulsion Universelle d'Amour à l'origine de ce merveilleux univers**. C'est sur cet Amour qu'il faut qu'un esprit se base jour après jour s'il souhaite pouvoir traverser les épreuves du quotidien sans se faire happer par les vagues violentes de la noirceur de l'égo humain. **L'Amour Universel est la seule réalité sur laquelle l'Homme avisé pose son attention.** Et toute autre chose, conseil, projet, parole, qui lui est dite ou lui traverse l'esprit doit passer par ce filtre d'Amour, afin que l'esprit de l'Homme puisse rester dans des vibrations de conscience lui apportant bienfaits et bénédictions.

Raison pour laquelle l'Homme doit surveiller ses actes et ses paroles, afin de ne pas blesser son prochain, mais aussi de surveiller ce qui entre par ses oreilles, puisque toute parole peut ou non se graver dans son esprit. **Si vous faites attention à ce que vous mangez pour garder la santé, je vous le dis, prenez garde à ce qui sort de votre esprit et de votre bouche pour garder la vie.**

En effet, votre esprit ne possède ni le sens de l'humour ni ne fait la différence entre ce qui est bon ou mauvais pour vous. Seule votre âme est en mesure de faire ce tri, grâce à l'attention que vous lui portez, à votre évolution et à vos prises de conscience des Lois et Principes de l'Existence.

Alors assurez-vous de semer dans votre conscience ce qui vous apportera la vie et rien d'autre. Une question importante dans l'esprit humain doit donc sans cesse résonner : **« Que ferait l'Amour dans cette situation ? Que dirait-il ? Comment réagirait-il ? »**.

Si vous ressentez de la mélancolie, de la tristesse ou une quelconque forme de colère dans votre vie, c'est qu'à ce moment précis, vous manquez grandement de foi et que vous avez oublié à quel point vous êtes tant aimé. Vous voulez alors régler vous-même les problèmes, puisque vous vous sentez seul face à vos inquiétudes. Alors que vous n'avez aucune idée de comment vous y prendre et que vous êtes émotionnellement et mentalement perturbé par ces expériences. Et c'est ainsi que vous ne ferez que rendre votre situation plus désagréable encore. **Mais vous n'êtes jamais seul, l'être humain n'est jamais seul.**

C'est ici, c'est ici précisément que vous devez faire preuve de discernement et reconnaître vos perturbations. C'est là qu'est votre combat de vie !

Et non comme vous le pensez, combattre les évènements et les autres, ce que font la plupart des gens. Mais combattre <u>votre</u> volonté de régler les situations problématiques, car vous ne le pouvez pas.

C'est pourquoi je tiens à ce que la phrase suivante s'imprime dans votre esprit : **Jetez votre fardeau qui est en vous ! Jetez votre fardeau à votre Conscience Divine en vous !**

Priez et demandez, puis réjouissez-vous et vous aurez une réponse claire, car **c'est la Nature et la Volonté de Dieu de vous rendre la vie joyeuse, paisible et agréable. C'est la Volonté de votre Créateur Bien-Aimé de vous apporter les solutions harmonieuses là où règne le désordre dans votre vie, de vous donner la prospérité là où s'agrippent la pauvreté et la misère, de vous donner la santé là où sévit la maladie, de vous donner l'amour et la joie en votre cœur là où planent les doutes et la peur.**

Alors soyez attentif à votre situation mentale et émotionnelle. Combattez votre volonté de tout faire à votre manière et laissez votre Conscience de Vie se charger des problèmes et les renvoyer dans le néant d'où ils viennent.

Les combats extérieurs, quels qu'ils soient, ne vous appartiennent pas. Quelque soit votre souci, lancez-le à votre Père Créateur et rendez grâce pour sa résolution parfaite.

L'Homme se contente d'analyser les options et les chemins possibles en sa possession, mais Dieu crée ses propres voies, là où la raison humaine ne regarde pas.

Si seulement vous étiez capable d'une foi parfaite, vous ne pourriez passer une seule journée sans danser de joie, sans louer votre Créateur dans chacune de vos paroles, car vous verriez des montagnes de richesses spirituelles et matérielles qui n'attendent que vous et qui vous appellent.

Vous savez déjà que la foi est la conviction joyeuse en la réception de ce que vous demandez en prière ou par la simple expression d'un désir. **Mais la foi parfaite est la conscience de l'Amour et de Sa Volonté en chaque instant de votre vie. Car quiconque vit d'Amour pour son Créateur, lui-même et son prochain vit dans le Royaume des Cieux.** Notez bien que je ne dis pas « vivra » dans un futur où « on l'espère » sera plus joyeux, non, mais « vit » ici et maintenant cette merveilleuse félicité céleste !

Il n'y a pas de futur à espérer, mais un présent éternel à créer. Réjouissez-vous de ce que vous possédez et de ce qui peut être vôtre, et vous connaîtrez la véritable notion de l'abondance divine, qui donne sans compter. Car ceux qui gémissent de ce qu'ils ont ou n'ont pas et souhaitent ce qu'ils n'ont pas n'obtiendront rien de ce qu'ils veulent, et risquent de perdre ce qu'ils ont déjà.

Je vous le redis, jetez votre fardeau au Père en vous et réjouissez-vous de la délivrance prochaine, car c'est Sa Volonté et Son Amour. Ne cherchez pas *comment*, votre esprit n'est pas en mesure de le penser. Écartez la tristesse et la colère, elles ne sont que rébellion contre votre Créateur et un manque cruel de foi. Car la beauté du monde réside dans votre regard, et non dans les apparences extérieures. Tout l'amour qui vous attend avec joie, et qui est le vôtre par droit de naissance sur cette planète, ne vous demande pas d'avoir une profession particulière, ne vous demande pas d'avoir des diplômes ou des compétences précises. Non, **l'Amour, les bénédictions et l'abondance Divine sont sans condition et à la portée de tous, pourvu que vous vous déchargiez de ce qui pèse sur vos épaules et que vous demandiez en croyant. Alors vous recevrez.**

Puissent ces paroles pénétrer votre esprit et votre cœur pour la réjouissance parfaite de votre vie présente.

57.
Le Verger de l'Unité

Le 18 avril 2022

Comment puis-je ressentir l'éloignement ?
Oui, le doute inexistant s'empare de mon cœur, et la tristesse naissante engendre la colère, la colère engendre la haine et la haine engendre la souffrance.

Ô Toi mon Bien-Aimé, Tu es le seul sur l'esplanade de la vérité, Tu es le seul dans les consciences à Te témoigner. Je cherche dans les recoins les plus sombres, et là où mon regard se pose dans la contemplation paisible, Tu Es. Mais là où ma crédulité se pose, point de signe en vue.
Hors de moi, hors de moi le doute qui s'empare de mon cœur. Comment ? Honte à moi qui pense « moi » et « toi », hors de moi la conscience du deux, mirage persistant de l'éloignement.
Ô mon Bien-Aimé, je Te cherche et Te trouve, je Te trouve et Tu te dérobes à moi.
Ô Point de Pensée Lumineux sans dimension, ô Toi Cause des causes je T'en supplie, annihile mon « moi », que je m'évapore à Toi.
Puisse la goutte d'eau solitaire se fondre, se dissoudre dans l'Océan de grâce et de paix.
L'éloignement est dans ma conscience duelle, et j'en meurs.
Ô mon Dieu, brise-moi que je sois Toi.

Que de mots sans vrai fondement s'emparent de moi. Mon cœur est dans le désarroi car il ne reste que des ruines dans les paroles de ma plume.

Les pages restent blanches et le désespoir envahit mon cœur, dans l'impuissance de prononcer le moindre mot.

Je suis Toi car de Ton souffle Je Suis. Je Te demande qui Tu es et Tu me dis « Toi ».

Ô mon Bien-Aimé je Te cherche dans les illusions changeantes de ce monde, mais cela est vain.

Ô mon Dieu, mon cœur tremble en Ta présence, car Ta langue de la vérité murmure la douceur de l'Amour en mon âme.

Ô Toi, Amour rayonnant dans les cœurs paisibles, par Ta grâce et Ta bonté déracine mon âme à moi-même, car ma vie est dans ma mort.

Ô mon Dieu, sors-moi du désert de la dualité. Les puits de Tes envoyés se sont asséchés, les oasis de Tes enseignements recouverts par les dunes de la soif de connaissance, et les montures jadis fières et fortes aujourd'hui s'effondrent sous le poids de leur peau sur leurs os.

Ô mon Dieu, je Te cherche mais un « je » fait barrière.

Ô Toi qui n'as pas été engendré et dont rien ne Te précède ; Toi que rien en-dessous ne Te supporte ; Toi que rien ne devance et dont rien ne Te couvre de son ombre, je T'en supplie, éloigne de moi la tristesse du mécontentement et de l'illusion. Louange à Toi pour Ta Volonté. Louange à Toi qui abats en l'Homme les murailles de la personnalité. Ni de Toi, ni de « moi » entre nous. Loin de moi l'idée du deux. Ô mon Dieu, comment la terre supporte encore mes pas, alors que mon cœur est si lourd du besoin de Toi ?

Je Te loue, oui, je Te loue Ô mon Dieu, que la soumission de mon cœur perce le ciel par la foudre de mon Amour.

Je Te rends grâce pour avoir planté le verger de la connaissance dans les consciences des êtres passés.

Je Te rends grâce, par Ta vérité, d'avoir élevé la lanterne de Ta science au cœur des cités de toutes les nations.

Ô mon Dieu, je Te rends grâce d'avoir envoyé des archers d'est en ouest pour percer les âmes des flèches de Ta vérité qui transfigure le visage des Hommes.

Bien que Tu sois proche, mon âme s'envole au loin ;
Toujours en Toi, le monde est enclin à la rébellion, mais en mon cœur il n'en est rien ;
De grâce Ô mon Dieu, empare-Toi de moi, car mon âme T'appartient ;
Témoin de l'Éternel je vois que je suis Tien et que Tu es mien ;
De la puissance de Tes bras serrés, Tu embrasses toute l'étendue de la création en Ton sein ;
Mon Bien-Aimé, comment donc croire en la séparation et avoir l'idée du lointain ?
Alors qu'entre Toi et « moi » l'Amour est Un.

58.
Maître Créateur

Le 19 mai 2022

Combien d'entre vous pensent à ce qu'ils désirent et ne l'obtiennent pas ?

Combien pensent à ce qu'ils désirent et obtiennent l'inverse de la joie tant recherchée ?

Combien ont des bibliothèques remplies de livres et qui, pourtant, ne sont concrètement pas plus avancés qu'ils l'espéraient ?

L'Homme est encore aujourd'hui si faible et trop peu reconnaissant qu'il voit les œuvres de son esprit se diluer dans les méandres de ses croyances de l'aspect extérieur du monde. Il ne vivra donc que de manques et de limitations.

Tant de gens se disent croyants au travers de différentes religions, tant de gens disent ne pas croire au « dieu » des religions, mais tous sont si peu différents. Quelle que soit la religion, si l'Homme avait pris sur lui la responsabilité d'aller au cœur de celle-ci, alors il aurait été conduit dans un contact direct vers sa Source Créatrice et serait en mesure de se différencier des croyants et des athées. Mais les efforts et les questions sincères et honnêtes sont jugés trop contraignants et l'Homme continue de s'endormir, bercé par ses illusions.

Quel que soit le croyant en l'inexistence de Dieu, si celui-ci sortait également de ses illusions matérielles au-delà de ses barrières mentales issues de son observation du monde erronée de ses sens humains limités, alors il serait capable lui aussi de s'élancer au cœur de lui-même pour entrer en contact direct avec sa Source Créatrice. Mais trop d'entre eux ont la croyance persistante suivante : si Dieu existait, alors il ne laisserait pas ces horreurs arriver.

Si le dieu auquel vous imaginez que certains croient et que vous vous refusez à croire existait, alors il s'occuperait en effet de ce sur quoi votre mécontentement se charge de poser votre attention. La Conscience Divine n'est pas le dieu mythique du bien et du mal qui récompense les bons et punit les méchants. Mais le Dieu Un, le Dieu du Principe de Vie et de la Conscience Créatrice. De l'Amour Un et de la Puissance de la Créativité. Voyez-vous ici combien les histoires et mythes des anciens perdurent dans votre esprit, transmis par vos ancêtres et leurs ancêtres avant eux ? Voyez-vous ici que c'est sur ces mythes que se pose votre attention et qu'ils vous procurent un cruel sentiment d'injustice au vu des apparences du monde ? Vos pensées et émotions en sont si perturbées qu'elles sont des semences défaillantes, malsaines, que vous plantez dans votre conscience jour après jour, et que vous verrez se manifester dans votre vie, créant d'autant plus de conscience d'injustice dans votre vie, qui renforcera votre croyance de colère contre un dieu qui n'existe pas.

La Conscience Divine est Amour et l'Amour est créateur. Il Est la Source de la Vie au-delà de l'Homme au cœur de l'Homme. Ainsi, quand l'Homme pense à ce qu'il aime avec désir d'abondance et excitation de chaque instant pour cela, alors il le verra advenir. Il est ici demandé de devenir maître de soi, et pour cela d'avoir une **discipline stricte, un dévouement sans**

<u>**faille de chaque instant**</u> de votre existence pour maîtriser vos pensées et émotions. **D'utiliser votre pensée avec volonté, détermination et conviction à la manifestation de vos désirs par la répétition d'affirmations correctement formulées. Et en même temps, de prêter attention à vos émotions pour combattre et lutter en vous-même contre les émotions lourdes et pesantes afin de rayonner dans votre cœur la Puissance de l'Amour Inconditionnel de Dieu.**
Vous serez alors en mesure de visualiser vos désirs avec une foi réelle et puissante, née de l'alliance parfaite entre la pensée créatrice consciente et l'émotion attractive puissante.
Vous êtes mis au défi de devenir des incarnations de la puissance créatrice, des créateurs conscients d'être des créateurs de chaque instant.

Point de place pour la plaisanterie, point de place pour la paresse, point de place pour la critique et la médisance là où l'Homme <u>discipline</u> son cœur et son esprit à la puissance de la manifestation de l'Amour du Dieu Un.

L'Homme de foi est celui qui conquiert une ville, et qui par sa conviction met à terre les armes des soldats du doute. Alors que l'Homme de doute n'est qu'un chien fou qui court derrière sa queue sans jamais pouvoir la saisir.

Donc quand vous pensez, visualisez et affirmez ce que vous souhaitez en votre esprit, et qu'en même temps vous avez foi, désir, amour et joie dans votre cœur alors priez et méditez pour remercier sans cesse. Votre création est alors nourrie de la Puissance Créatrice et lui donnera vie.
Quand vos pensées et émotions sont en parfaite harmonie et illuminées par la Puissance Créatrice de l'Amour Divin, ce que vous souhaitez se manifestera dans votre vie.

L'être humain n'a pas besoin de chercher le bonheur, la santé ou la réalisation de ses rêves et aspirations. **<u>Tout cela est déjà en lui</u>, toutes ces merveilleuses réalisations sont déjà <u>À</u> lui.** Autrement dit, l'Homme n'a pas besoin de chercher à être, **IL EST DÉJÀ** ce qu'il aspire à être **ET QU'IL DEVIENT PAR SA FOI**. L'Homme n'est pas sur Terre pour se démener physiquement pour être, faire et avoir ce que son cœur désire, mais pour **<u>développer une foi ferme,</u>** pour ensuite agir afin de manifester les œuvres de son esprit pour sa joie parfaite **ET** celle d'autrui, car en relation directe avec son Créateur.

Débarrassé de toute peur et de toute crainte, l'Homme qui pense et ressent qu'il est et qu'il a, alors par la Puissance de l'Amour de son Créateur, il sera.

Par la puissance de l'Amour ou de l'ego l'Homme convoque, appelle et fait apparaître à lui les œuvres de son imagination.

59.

Illusions et Pertes Réelles

Le 23 août 2022

« Moi, dans la vie je veux ; moi dans la vie j'ai. »

Ô chers humains, je viens par ce présent message afin de mettre en lumière une particularité de la Vie, et donc de votre vie dont peu d'entre vous sont conscient.

Je viens pour vous parler de la perte, qui fait partie intégrante de votre existence. En effet, il est bien normal que dès la conception, puis durant toute votre enfance, et à la suite de cela durant l'âge adulte et même dans la vieillesse, l'Homme cherche à acquérir ce qu'il souhaite, désire, veut, ce dont il a besoin, ou ce qu'il est contraint de posséder.
Quand vous êtes enfant, vous voulez plus de jouets. Puis en grandissant, vous voulez des amis, puis des relations amoureuses, puis divers biens matériels pour votre plaisir et votre confort. Enfin, à l'âge adulte, en plus de tout cela, vous voulez le logement, les vacances, le travail, la promotion, puis plus d'argent pour l'investir, puis des enfants, puis des animaux de compagnie, de nouveaux biens, de nouveaux meubles et objets en tout genre. Bien évidemment, cela se poursuit tant que vous êtes vivant. Tout ce travail, parfois long, complexe et angoissant, se fait seul, par vous-même, ou accompagné de certaines personnes. Il vous arrive même de prier pour chaque

chose demandant l'intervention de la Puissance Divine pour obtenir toutes ces choses.

Mais ne voyez-vous pas un « hic » dans tout ce processus ? Ne voyez-vous pas un aspect contradictoire entre ce processus d'existence humaine et la Nature même de la Vie ? Non ? Alors laissez-moi vous l'expliquer.

Tout dans la vie de l'Homme est sous une forme ou une autre, l'accumulation et/ou le renouvellement de ces choses qu'il souhaite matérialiser dans sa vie, alors que la Vie même pour l'Homme est un processus de perte et de dépouillement, non sans lui avoir laissé l'opportunité de passer toute son existence dans l'illusion de l'abondance, de la possession et de l'accumulation.

Ne voyez-vous pas à présent ?
Vous étiez jeune et la jeunesse vous a quitté.
Vous étiez en forme et la vieillesse vous a rattrapé.
Vous aviez des cheveux et des dents et ils sont tombés.
Vous avez la maturité de la vieillesse, mais vous n'avez plus de mémoire ni la pleine capacité de raisonner.
Vous aviez des amis et ils sont partis.
Vous aviez des enfants et de la famille, mais c'est sans vous qu'ils ont fait leur vie.
Vous aviez une femme ou un mari et il ou elle est décédé(e).
Vous aviez un travail à haute responsabilité, vous aviez peut-être passé des concours où vous étiez premier, vous avez eu de formidables promotions, mais vous êtes à présent retraité.
Vous avez eu des honneurs mais vous vous retrouvez seul.
Vous avez peut-être beaucoup d'argent et de nombreux biens, mais lors de votre mort vous partirez sans eux.

Ne voyez-vous pas à présent toutes les illusions personnelles et parfois nécessaires de votre vie ?

Qui d'entre vous peut après cela dire « j'ai gagné » ? Quand, en fin de compte, tout vous quitte et qu'au dernier moment, c'est vous qui quittez votre corps dans lequel vous avez obtenu toutes ces choses.
Si donc vous perdez tous d'une manière ou d'une autre, comment pouvez-vous « gagner » ou vivre cette perte inévitable comme un processus où vous en sortez grandi et non diminué ?

Afin d'accomplir ce processus, il vous faut devancer l'ensemble de ces pertes inévitables. En ce qui concerne vos biens, cela signifie qu'il vous faut les donner encore et encore à ceux qui sont dans le besoin, et dépenser votre énergie et votre santé dans l'Amour, pour la joie de votre prochain.
Puisque tout ce que vous possédez, vous en serez tôt ou tard dépouillé, alors vous n'avez rien acquis, mais tout vous a été prêté pour un temps.
Mais voici la question que nous nous posons : comment vont-ils utiliser tous ces biens ? Seront-ils pour eux uniquement selon la volonté de leur égo ou pour leur voisin dans le besoin ?

Je vous laisse sur ces quelques paroles, afin que vous les méditiez pour en tirer des enseignements de vie. Mais rappelez-vous bien ceci : rien de tout ce que vous pouvez acquérir pour vous-même ne vous appartient. Tout ce que vous pourrez être et posséder sera ce que vous avez donné, car la Vie est le processus de l'Amour révélé.

60.

Le Verger de la Foi

Le 10 septembre 2022

Chalom Arouch : « Renforcez la foi, renforcez la joie ! Et si ta spiritualité ne va pas comme il faut, alors chante "si tu me donnes ou ne me donnes pas je te dis merci ; que tu me donnes ou pas je t'aimerai toujours ; que tu me donnes ou pas toujours je prierai vers toi". Tu me donnes, merci. Tu ne me donnes pas, merci, je continuerai à te vouloir, à me renforcer, à prier vers toi, à te remercier, à poursuivre ma recherche spirituelle. Ne tombez dans aucune tristesse, en aucune circonstance. Nous acceptons tout avec foi. »

....

— Moi dans la vie j'ai besoin de… moi dans la vie j'ai envie de… j'espère que j'obtiendrai… on verra bien si je réussis à avoir… Et toi, qu'attends-tu de la vie ?
— Moi je me repose à l'ombre de mon Bien-Aimé, tant que je le garde à l'esprit, je suis libre du besoin. Je suis heureux et je ne connais pas l'envie. Chaque jour qui passe, de sa main sur mon cœur il me bénit.

Ô mes chers, comment considérez-vous votre vie quand, à travers votre esprit, le désir, le besoin ou l'envie se fait sentir ?
Je vous adresse ce message afin de vous parler de la foi. Comme vous le savez certainement, la foi est la croyance, la conviction puissante d'obtenir ce que vous désirez, mais surtout le ressenti, la connaissance parfaite d'être aimé de votre

Créateur, au-delà de votre capacité d'aimer. Je tiens à vous faire prendre conscience que la foi n'est pas une simple croyance, car beaucoup croient un jour oui, et un jour non.

La foi est le plus important travail terrestre qui pèse sur vos épaules, avec la purification progressive de votre égo, dans le but d'exprimer avec votre conscience la Puissance de l'Amour Divin. Cela est votre seule raison d'être sur Terre.

Vos parents, votre famille et vos amis comptent pour vous ? Cela est bien normal, mais le jour où ils s'en vont que vous reste-t-il ? Beaucoup sont dans le désarroi lorsqu'un tel évènement survient dans leur vie, ils se sentent seuls et abandonnés. Le manque d'amour et de considération se paie cher pour les personnes dont le cœur est fermé. Mais ceci n'est pas de votre ressort, et il vous appartient d'utiliser votre amour et votre intelligence pour entrer en contact intérieur conscient avec votre Créateur Bien-Aimé, qui est votre seule source éternelle de joie, de réconfort et de satisfaction de vos besoins les plus infimes.

C'est pourquoi il est de votre devoir suprême de travailler sur vous-même, avec vous-même et en vous-même. Il n'est jamais trop tard pour l'Homme de se réveiller sur sa propre existence. Mais le jour où l'Homme ne se réveillera plus et gardera les paupières fermées, alors à ce moment là il sera trop tard.

Comment pouvez-vous agir sur cette planète comme si vous n'aviez aucune raison d'être, excepté celle de votre propre volonté, que vous imaginez être issue de votre libre arbitre ?

L'Homme n'est pas libre, il est contrôlé par son égo, son éducation, sa culture, sa religion, ses faiblesses, son arrogance, ses blessures, ses illusions, ses espoirs mêlés de foi et de doute, ses peurs et ses haines, qui imprègnent son subconscient qui dicte ses pensées, émotions et actes au quotidien.

Je vous le dis, **seul celui qui prend le temps de travailler en lui-même, avec l'aide de la Conscience Divine, est en mesure d'exercer durant ce temps de travail son libre arbitre. Dans le cas contraire, aucun d'entre vous n'est libre de ses pensées, émotions et actes.**

Alors comment trouver la liberté ? Comment vous libérer de l'esclavage mental et émotionnel sombre et lourd de vos vies malsaines, pour enfin respirer la joie de vivre chaque jour de votre existence ?

Quoi que vous cherchiez dans la vie, tout vous évitera ou sera sujet à la dualité joie-déception, tant que vous n'aurez pas développé une foi ferme, forte et puissante, à chaque instant de votre vie en l'Amour de votre Créateur à votre égard.

Pour votre propre bien, je vous prie et demande <u>en aucun cas</u> de prendre ces paroles à la légère. Car tant que vous n'aurez pas atteint les hauteurs de la foi, vous serez sujet aux douleurs humaines et forcé de revenir encore et encore à ces paroles. En effet, ne pensez pas, au cours de votre existence présente, avoir le droit au repos dans votre travail pour la foi et la purification de vos pensées et émotions cachées. D'habitude, vous commencez votre travail terrestre le matin, avec une pause déjeuner, et finissez votre journée en fin d'après-midi pour enfin vous reposer chez vous. **Ici, votre travail spirituel est celui qui a lieu à cet instant précis, un instant éternel qui nécessite une attention constante.**

Alors comment savez-vous que la foi est en vous ? La réponse est des plus simples et se résume en ces mots : la joie qui s'exprime par la gratitude. Si seulement vous étiez conscient de l'Amour qui vous dirige, vous ne pourriez vous retenir de travailler et de combattre votre tendance à la colère, à la tristesse, au doute et aux paroles perverties et trompeuses. Car je vous le dis, si vous aviez une foi ferme et pure, vous seriez dans le contentement constant, quelles que soient vos conditions de vie, car vous seriez dirigé par l'Amour parfait, pour votre plus grand bien, et vous seriez dans un état de gratitude permanent. **Aucun mal ne vient de votre Créateur Aimant, aucune douleur, aucune tristesse ne tire son origine de la Source de Vie. Priez pour une foi parfaite et remerciez constamment, car avoir conscience de la gratitude, de la perfection à venir est la clef qui ouvre les portails de l'abondance.**

Alors demandez, ayez foi et vous recevrez au bon moment. Si vous ne recevez pas, c'est qu'il vous faut encore travailler sur vous-même. Et si vous demandez puis obtenez mais que cela vous est ensuite retiré ou vous amène de la déception, c'est que cette création est uniquement la vôtre, issue de votre volonté, attirant son côté lumineux mais aussi son côté sombre, en raison de votre connaissance très limitée de vous-même. Dans votre vie, soit vous êtes sous le contrôle de votre égo ou bien sous la Protection Divine. Si vous avez foi en l'Amour Divin et que vous alignez vos pensées, émotions, paroles et actes sur cet Amour, alors tout ce que vous pouvez désirer viendra à vous au bon moment. Et personne ne sera en mesure de toucher à ce qui vous sera donné, car la Providence Veille sur vous.

Si vous aviez foi, vous seriez heureux de ce que vous avez et de ce que vous n'avez pas. Vous seriez conscient du plan merveilleux dirigé par l'Amour Divin qui sous-tend puissamment votre existence. Alors aucune envie, aucune jalousie n'envahirait votre cœur et votre esprit sur ce qui appartient à votre prochain ou ce qu'il a réalisé, car vous sauriez que vous êtes à votre place et que tout est pour le mieux pour vous.

Il y a bien un plan Divin immense pour chacun de vous. Mais tous vous passez complètement à côté des bénédictions ultimes, car vous suivez obstinément votre propre volonté, sans avoir aucunement conscience des impacts inéluctables dans votre futur. Vous faites selon votre nature, en prétendant connaître les conséquences, alors que ce n'est que fantasme et illusion. Vous êtes finalement dévorés par la déception, et vous accusez la Vie et les autres de vos terribles ratés, comme si votre existence n'était qu'une punition.

Je vous le dis, jamais Dieu ne punirait qui que ce soit. Et si cela était vraiment le cas, ce ne serait pas par des catastrophes, des maladies ou le déchaînement des éléments de la nature, mais uniquement par la réalisation immédiate de votre volonté quand une envie apparaît.

Vous devez donc travailler pour développer votre foi, et ne vous leurrez point en pensant l'avoir atteinte. Restez constamment vigilant aux réactions de votre égo, et alors seulement vous progresserez. Si dans votre vie, une épreuve survient et que vous faites face à l'adversité, alors prenez conscience que la peine et la négativité que vous ressentez sont là pour que vous vous en purifiiez. L'adversité est, suivant certaines circonstances de vie, la clef pour vous dépasser, prendre du recul, afin de gagner en conscience sur vous-même et de grandir dans votre foi.

N'ayez donc aucune crainte, ne vous préoccupez point de ce que vous ne voulez pas, ne prêtez pas attention à ce que vous n'aimez pas, et vous retirerez, à votre niveau, la puissance de la négativité qui pèse lourdement sur votre monde. Vos seuls malheurs dans votre vie proviennent de votre manque de foi et des pensées et émotions que vous avez en prêtant attention à ce que vous ne désirez pas.

Quelles que soient les réalisations que vous ressentez ou désirez atteindre dans votre cœur, priez, demandez et croyez. Soyez dans la gratitude constante et joyeuse, et alors vous recevrez. Aucune richesse, aucune capacité intellectuelle ne peut barrer la route à celui qui croit

fermement, car l'intellect du plus grand génie s'arrête là où la foi du plus humble commence. L'Homme raisonne sur les voies à prendre, mais seule la foi parfaite attire la Puissance Divine, qui trace la route de la réalisation ultime de l'âme humaine.

Vous comprendrez donc que lorsque la conviction joyeuse domine votre cœur et votre esprit, alors tout est parfait à chaque instant pour qui **a** et **vit** la foi.

Je vous le répète, n'ayez aucune crainte du lendemain, cela n'a aucun sens. Vous inquiétez-vous pour le fonctionnement de vos organes ? De savoir si votre cœur bat comme il faut jour et nuit ? Si vos reins filtrent comme ils le devraient ? Si vos poumons captent bien l'oxygène ? Si les milliards de connexions neuronales assurent la bonne mobilité et le bon fonctionnement de votre corps ? Non. Et pourtant ces fonctions sont capitales et nécessaires pour que vous puissiez continuer à vivre, à marcher, à respirer, à voir, à tenir en équilibre, à manger et digérer, pour votre plus grand confort. Alors pourquoi vous inquiétez-vous de vos projets et tâches du lendemain ? Contemplez et observez votre monde, vous verrez que votre planète est un jardin d'Eden, un paradis où la nature vibre la joie rayonnante et l'harmonie intelligente.

Croyez et vivez seulement en l'Amour et tout sera pris en charge pour vous assurer la joie du cœur et la paix de l'esprit. Tout est prévu et calculé pour votre plus grand bonheur. Et quand celui-ci sera prêt pour vous et que vous serez prêt à l'accueillir, alors par votre nom on vous appellera, à votre place on vous assiéra, bien plus que ce que vous désirez vous recevrez, et personne ne sera en mesure de toucher à un seul cheveu de ce qu'on vous donnera.

Luttez contre votre égo, car il n'y a point de place dans l'existence pour la tristesse et la déception. Travaillez constamment sur votre foi, et vous serez en mesure d'ouvrir les portails de la gloire intense et extatique. Car ce n'est que par la Puissance de la Conviction en l'Amour Divin que vous obtiendrez une vie plus abondante.

61.

De l'Ombre à la Lumière

Le 22 septembre 2022

Combien parmi vous ont déjà ressenti une émotion puissante et positive lorsqu'ils ont atteint un objectif cher à leur cœur ?

Combien ont ressenti de la fierté en atteignant des standards élevés de réussite humaine ?

Combien parmi vous ont utilisé ce sentiment de force et de pouvoir pour ensuite rabaisser et humilier autrui ?

Ce présent message a pour but de vous faire prendre conscience des réactions de votre égo, auxquelles vous êtes tous confrontés au cours de votre vie. Comme vous le savez probablement déjà, votre égo ou votre personnalité se manifeste au moyen de votre activité mentale électrique et par vos émotions magnétiques d'attachement et de rejet. Or, en raison de votre connaissance très limitée de vous-même et du fonctionnement complexe du conglomérat d'énergie qui vous compose, vous êtes sujet à des pensées et des émotions qui alimentent vos énergies de conscience personnelle, vous faisant vivre certaines expériences de vie plus ou moins belles, agréables, tristes ou désagréables. Toutes ces énergies modelées par votre égo et exprimées dans vos pensées et émotions se traduisent par des « je veux, je ne veux pas ; j'aime, je n'aime pas ». C'est ce qui se produit à chaque instant de votre vie, jusqu'à ce que vous preniez conscience et que vous travailliez en vous-même pour vous débarrasser de toutes ces pensées et émotions qui vous séparent du calme, de la douceur, de la tranquillité et de la paix de votre âme, en lien direct avec la Conscience Divine, à la fois immanente et transcendante.

C'est ce qui se produit constamment sur votre planète, où chacun est influencé par les standards de la société dans laquelle il habite. Chacun d'entre vous essaye comme il le peut, avec ses forces et ses faiblesses, de s'en sortir pour vivre une vie agréable. La seule et unique manière connue de vous pour atteindre ces standards d'existence plus ou moins élevés est d'utiliser votre force et l'intelligence mentale-émotionnelle humaine que vous possédez ; autrement dit, votre égo. Bien que limité dans sa capacité à vous apporter joie et bonheur, il est l'instrument dont vous disposez pour créer votre vie. Celui-ci ne doit pas être critiqué tant que l'être n'a pas appris à travailler avec son âme, car vous agissez tous plus ou moins avec votre égo. Ici, le problème auquel vous êtes tous confrontés à un moment ou à un autre est le fait d'atteindre un certain degré de réussite par le biais de votre propre intelligence. Lorsque cela arrive, lorsque l'Homme gravit les échelons de l'illusion humaine, il devient arrogant, suffisant, méprisant celles et ceux qu'il considère comme des ratés, selon ses critères de réussite. Ô combien sont aveugles ceux qui sont envahis par leur sentiment de supériorité. Alors qu'ils s'imaginent devenir des êtres forts et puissants, ils ne font que devenir de plus en plus faibles et esclaves de leur égo et de leurs facultés créatrices inconscientes. Car ils sont les fossoyeurs de leur propre chute dans les fosses de leur souffrance prochaine. L'Homme croit être ce qu'il est, mais ne croit pas que ce qu'il est n'est pas de son œuvre. D'où l'Homme intelligent ou intellectuel tire-t-il ses capacités jugées supérieures à la moyenne ? D'où tirez-vous votre beauté ? Votre force physique ? Vos capacités de raisonnement et d'analyse ? Tout ceci est l'œuvre du Divin en vous. Et si vous l'utilisez de manière égoïste, alors douloureux seront les résultats.

Vous vous considérez plus intelligent que la moyenne et en profitez pour rabaisser et humilier les autres ? Prenez garde, et veillez sagement à changer de voie. Car tout accident ou difficulté plus grands que votre intelligence pourra vous rendre bien plus triste et misérable que ceux que vous jugez avoir des facultés intellectuelles limitées. Vous vous estimez trop belle ou trop beau et en profitez pour être désinvolte et pour critiquer par votre sentiment de supériorité ? Alors prenez garde également, car ce qui fait votre beauté pourrait vous être enlevé. Ne voyez-vous pas ici l'activité de l'égo, qui a besoin, d'une façon ou d'une autre, de rabaisser autrui afin de se croire supérieur ?

Je m'adresse à présent à celles et ceux qui cherchent à aller au-delà des limites des énergies de conscience de leur personnalité, et à se relier aux énergies divines plus belles et de loin plus légères et subtiles. Lors de votre ascension en conscience, il est inévitable que vous soyez confronté à des personnalités qui auront du dénigrement, de la critique, de la haine, de la jalousie, du jugement et du sarcasme pour seul motif d'interaction avec vous. Il arrive malheureusement trop souvent que les personnes en quête d'amour et de spiritualité se laissent entraîner par l'égo d'autrui dans des abysses de pression, de doute et de noirceur de la conscience humaine. Ils utilisent pour cela leur seul moyen de défense, leur égo humain, pour qu'il vienne à leur secours afin de rejeter autrui et la situation désagréable dans laquelle il ou elle essaye de vous entraîner.

Il faut bien comprendre un élément essentiel de la vie, qui est encore contre-intuitif pour votre conscience. Rien dans votre univers et votre monde n'est solide. Ni la matière ou substance animée ou inanimée de votre environnement, ni même votre corps. Vous n'êtes pas votre corps. Celui-ci ne vous appartient pas, mais il vous a été confié pour accomplir des tâches bien précises. En effet, il est constitué dans son intégralité de cellules individuelles, et vivant elles aussi dans le but d'être les briques de construction du corps, de façon intelligente et harmonieuse, afin de le faire évoluer et de le maintenir en bonne santé, suivant les instructions de l'A.D.N. qu'elles contiennent.

Mais quel lien existe-t-il entre vos interactions avec autrui lorsque vous utilisez votre égo pour critiquer, juger ou vous défendre, rejeter et contre-attaquer, et votre corps, et donc votre vie physique, en relation avec votre environnement ?

N'avez-vous pas appris que tout est conscience ? Que tout est le résultat de fréquences de vibration de votre conscience ?

Or, que se passe-t-il quand vous critiquez, jugez ou calomniez ? De quelle impulsion de conscience relèvent de tels pensées, paroles, émotions et finalement actes ? Elles relèvent toutes de votre égo, et plus précisément de sa fonction magnétique de rejet/répulsion, soit pour critiquer, soit pour contre-attaquer et vous venger. Si vous analysez votre intégrité physique dans votre environnement, et au niveau de vos cellules, de votre vie, de votre environnement immédiat, de vos biens et de votre corps, vous comprendrez que tous sont maintenus en place par une énergie attractive issue de la Conscience Divine en vous et/ou en votre égo. Donc, quand vous utilisez le rejet magnétique sous diverses formes, vous fragilisez et pouvez même briser l'intégrité physique de votre environnement et l'attraction de vos cellules entre elles. C'est alors que des catastrophes et accidents arrivent, mais aussi les maladies, les douleurs physiques ainsi que les troubles mentaux et émotionnels.

Pour votre propre santé, ainsi que votre bonheur et votre félicité présents et futurs, veuillez bien prendre en compte les enjeux qui vous sont exposés. **Car tout est conscience, et avec votre propre conscience qui s'exprime sous forme de pensées,**

émotions, paroles et actes, vous impactez et modifiez la structure naturelle et harmonieuse de la Conscience Divine en vous.

Quoi qu'il arrive dans votre vie, n'en profitez en aucun cas pour vous sentir supérieur ou inférieur à autrui, puisque dans les deux cas, l'énergie de rejet/répulsion de votre égo sera mise en mouvement, et tel un boomerang, vous en subirez les conséquences tôt ou tard, car personne ne peut échapper à ses propres créations. De plus, attraction et rejet magnétique issus de votre égo fonctionnent bien souvent ensemble. Afin d'attirer la paix, la tranquillité ou tout autre chose que vous voulez, vous rejetez bien souvent les personnes et les biens que vous estimez vous barrer la route vers ce que vous recherchez.

Ce message a donc pour but de vous faire prendre conscience de l'importance de vous observer et de travailler en vous-même, avec l'aide de la Conscience Divine, à la purification progressive de la totalité de vos impulsions de conscience, en provenance directe de votre égo. Tant que vous utiliserez l'égo consciemment ou inconsciemment, vous serez sujets aux souffrances et douleurs humaines. Seule la foi parfaite, autrement dit la conviction puissante en l'Amour Divin, et l'équilibre de vos émotions vous permettront de ne plus jamais critiquer ou de penser à quelconque sujet faisant bouillir vos émotions, mais aussi de ne plus agir négativement face à la violence d'autrui. Comprenez bien que ce travail de maîtrise de votre égo est progressif. Alors tant que celui-ci garde l'œil ouvert, veuillez prendre garde et faire très attention à ne pas utiliser vos connaissances spirituelles ou votre mode de vie de plus en plus élevé comme base pour à nouveau critiquer ceux qui n'ont pas la connaissance et les standards spirituels que vous possédez. Si cela arrive, cela signifie que votre égo utilise vos perceptions spirituelles pour se croire supérieur. Restez donc humble et pacifique, l'esprit attentif à vos pensées et à vos paroles, avec un cœur débordant d'amour, de compassion et de compréhension des faiblesses d'autrui. En tout temps, veillez à faire attention à ce qui sort de votre bouche afin de ne blesser personne, même s'il s'agit d'une parole à but constructif. Seul l'Amour que vous pouvez puiser en la Conscience Divine est en mesure de briser les barrières mentales d'autrui. Et si malgré tout, vous êtes confronté à une personne renfermée sur elle-même, aux multiples contre-arguments qui parfois finissent en critique contre vous-même, alors acceptez la défaite et retournez à votre paix. Car le but n'est pas de gagner contre l'égo des autres, mais bien contre votre propre égo, qui ne veut que se sentir fort et dominateur, et même plus moral et spirituel qu'autrui.

Et je vous le dis, n'ayez jamais aucun jugement envers qui que ce soit. Peu importe ce qui vous semble nécessaire de considérer ou de juger dans votre environnement ou chez votre prochain, faites-le favorablement, avec une attitude qui cherche toujours la délivrance positive et non la condamnation. Si vous en êtes incapable, alors abstenez-vous de toute parole. Car il faut déjà avoir une grande sagesse avant de pouvoir porter une parole sur la vie d'une autre personne ou d'une situation humaine complexe. Vous vous éviterez ainsi les multiples revers de vos paroles et actes inconsidérés. Bien au contraire, cherchez à travailler ensemble, dans une collaboration réciproquement profitable, et vous verrez que la réussite de vos entreprises sera le résultat systématique que vous récolterez. Si chacun d'entre vous prenait sur lui d'apporter son aide à d'autres de manière inconditionnelle dans les divers domaines de la vie dans lesquels il a des compétences, alors il verrait sa puissance d'Amour tirée de la Puissance créatrice Divine pour autrui lui conférer une protection et une satisfaction de ses besoins comme jamais il n'en a eue. Vous-même seriez béni en retour en vous ouvrant à l'Amour Inconditionnel et seriez également aidé par autrui dans vos besoins. Vous tous, vous n'aurez plus jamais besoin de vous préoccuper des tâches pénibles de votre vie, car elles seraient partagées entre celles et ceux qui ont choisi de vous aider. Et même mieux, vous n'auriez plus jamais besoin d'utiliser une quelconque force mentale et de lutter contre votre doute naturel pour avoir la foi dans vos activités quotidiennes, puisqu'à chaque nouveau but ou désir que vous vous serez fixé, la Conscience Divine œuvrera en vous et à travers vous, d'une manière directe et quasi instantanée. Des buts et objectifs atteints très rapidement et des désirs et besoins satisfaits instantanément, ainsi que des expériences créatives toujours plus intenses, dans une spirale de joie durable et éternelle. Voilà une partie seulement de ce que réserve l'Amour Inconditionnel à celles et ceux qui se mettent sous sa Loi, à travers toutes les couches de vos sociétés. Alors prenez soin de votre prochain autant que de vous-même, et ne prêtez pas attention à ce qu'il peut faire en retour, car vous n'êtes plus dans le domaine de la matière où vous donnez suivant ce que vous recevez des autres. Vous êtes dans le domaine spirituel où lorsque vous donnez suivant vos capacités, c'est de la Puissance de la Conscience Divine que vous vivez et qui vous soutient à chaque instant, même si par la suite autrui vous délaisse. En attendant de pouvoir expérimenter cette félicité extatique à laquelle vous résistez toutes et tous si farouchement sur votre planète, pour celle et ceux qui sont sur la voie, cherchant à mettre en pratique l'Amour Inconditionnel, voici, en plus de vos paroles et actes lumineux qu'il est nécessaire de mettre en œuvre dans votre quotidien, un exercice spirituel pour apporter aide et guérison.

Si vous souhaitez procéder à un travail spirituel par l'esprit afin de donner force, courage et soutien à l'humanité ET à ce qui est sous le joug de l'humanité, diverses étapes sont nécessaires.
Mais avant de vous décrire la marche à suivre que je vous propose de faire, je tiens à souligner un point important afin de balayer tout sursaut illusoire possible. En aucun cas vous n'êtes

en mesure d'apporter de la lumière, autrement dit de l'Amour, à toute l'humanité, pour la simple et bonne raison que votre conscience personnelle n'est pas encore en mesure de réaliser ce travail. En revanche, vous êtes tout à fait capable, et je vous encourage à le faire, de réaliser ce travail en esprit pour un groupe de personnes, une population précise ou une zone géographique particulière, car votre conscience peut tout à fait s'élargir à de tels horizons.

Voici la marche à suivre pour envoyer de l'Amour Divin à une personne ou à un groupe de personnes, ou tout être vivant dans le besoin :

En prière :

1. Dans une profonde paix intérieure, prenez conscience de la **nature** de la Conscience Divine, et visualisez qu'elle est une **Puissance dynamique et transformatrice infinie,** colossale, qui a pour but de répondre à toute demande, et qui entre en action pour le bien de sa création. Puis rendez grâce.

2. Débarrassez votre esprit de tout doute, peur et négativité, et prenez conscience que vous tirez votre propre conscience de la Conscience Divine, et que vous êtes un canal d'expression de l'Amour Divin, dont le but ultime dans l'existence est d'exprimer la Conscience Divine. Et rendez grâce.

3. Prenez conscience de ce sur quoi vous voulez apporter la Lumière de l'Amour de Dieu et rendez grâce.

4. Prenez conscience que la matière n'est pas solide et qu'elle provient de la Conscience Divine, donc **ne visualisez jamais** l'objet de vos bonnes attentions dans l'état dans lequel il se trouve, mais plutôt dans l'état où il devrait être. Et rendez grâce.

5. Prenez conscience que la Conscience Divine est Amour et que toute son œuvre est de l'Amour manifesté et rendu visible. Et rendez grâce.

Tout ce travail peut se résumer ainsi : débarrasser son esprit et son cœur de toute négativité pour prendre conscience du Créateur et de Sa Nature, pour ensuite se connaître comme canal d'expression de l'Amour Divin et rediriger avec foi et gratitude cet Amour sur le ou les êtres dans le besoin.

Il est important que ce travail se fasse dans un état de paix intérieure, et de ne jamais au grand jamais ressentir une quelconque peur, peine, tristesse ou du désarroi en pensée et en émotion face à ceux que vous souhaitez aider. Il est capital et crucial de comprendre que l'on apporte de la Lumière en étant soi-même Lumière, et non une source d'empathie destructrice qui vous rabaisserait au niveau de conscience de ceux dans le besoin. Il vous appartient de tirer l'humanité vers le haut en étant vous-même dans les sphères de conscience spirituelle d'Amour Divin, et non d'amour humain, sans vous laisser tirer vers le bas.

Autre point important. Quels que soient les résultats, il vous incombe de rester dans un état de conscience d'Amour et de ne pas vous laisser emporter par la déception si le résultat ne correspond pas à vos attentes. Si la négativité mondiale est une mécanique géante aux rouages complexes, alors n'ayez aucun doute qu'un petit grain de sable lumineux peut, à la longue, enrayer et faire s'écrouler toute une machinerie. Au contraire, si le résultat vous convient, il vous incombe également de garder votre équanimité, et de ne surtout pas entrer dans un état euphorique exagéré. Car la déception ou l'exubérance proviennent de votre égo, et c'est par leur utilisation que vous perdrez votre conscience de la Puissance Divine et de son Amour.

Je vous souhaite un beau et merveilleux travail dans la paix et la joie intérieures. N'oubliez pas de garder à l'esprit que c'est en restant Amour que vous apporterez aide et guérison. Vous désirez répandre de la Lumière dans le monde, alors vous-même, devenez Lumière.

62.

Le Rappel

Le 20 octobre 2022

Ô toi qui plonges ton regard sur ces lignes, voici un message pour les êtres doués d'intelligence, afin de réveiller leur âme plongée dans le sommeil des habitudes de leur conscience humaine. Lis, étudie et plonge dans l'insondable, immerge-toi dans la méditation de grâce de ton Créateur, qui te fait renaître à chaque instant dans un mouvement perpétuel de Don de Soi. Source de Vie jaillissante, d'une âme Une l'humain est créé, et dans des hommes et des femmes elle s'est incarnée. Que les évènements de vos vies ne deviennent point des causes de tristesse, d'arrogance ou d'excès. Gardez conscience de la Puissance Créatrice qui est votre origine. Ne vous offusquez pas de ceux qui nient l'Intelligence transcendante de votre Seigneur ni de ceux qui refusent son Amour Immanent. Les Paroles du Souffle de Vie se présentent à leur cœur et à leur esprit, mais ils les rejettent ou les échangent à vil prix contre la jouissance éphémère du monde matériel. À eux leurs dieux et déesses, à vous la Conscience Divine.

Renforcez-vous dans la foi et ne vous laissez point entraîner dans la décadence morale et spirituelle de ceux qui expérimentent les temps de l'ignorance. Malgré la sécheresse et l'aridité du désert que vous traversez, ne laissez pas de place au doute. Creusez des puits dans la connaissance que je vous ai donnée, à savoir que l'Homme crée par sa conscience, que l'Amour est la Loi. Persévérez, ne vous laissez pas saisir par les illusions mentales et émotionnelles qui vous hantent. Alors la pluie se déversera dans vos puits en abondance. Votre coupe débordera, votre âme sera dans l'allégresse et votre esprit connaîtra la joie. Ainsi sont les paraboles pour ceux qui ont la foi.

Alors pardonnez l'ignorance et agissez avec équité avec votre prochain. Que votre regard soit l'incarnation de la douceur, que vos paroles soient sagesse, et que par vos mains, vos actes soient humilité et délicatesse. À quoi bon éprouver de la peine de la part de ceux que vous aimez ? L'Amour Inconditionnel n'est-il pas plus grand que cela ? **À chacun sa conscience, à chacun ses semences et ses récoltes. Le véritable Amour ne connaît pas la déception, quels que soient les paroles et les actes des êtres aimés. Bénissez votre prochain et ce, peu importe la douceur ou la dureté de son cœur, portez-lui secours et assistance, car l'Amour domine votre conscience. Si cela ne se fait pas avec simplicité et enthousiasme, c'est que vous n'êtes pas parfait en Amour.** Il vous appartient de discerner les murmures de votre âme et les soubresauts de votre égo. Gardez votre paix, observez l'ignorance avec calme, et ne laissez pas les sursauts émotionnels de votre personnalité dicter vos réactions conscientes et inconscientes.

Pardonnez donc, car s'il leur avait été révélé ce qui vous a été révélé, ils ne feraient pas ce qu'ils font. Et s'il ne vous avait pas été révélé ce qui vous a été révélé, alors vous ne seriez pas en mesure d'endurer ce que vous endurez ni de pardonner à autrui, en votre cœur et en votre esprit. Comment donc ne pas pardonner ?

Le Créateur est la Source de la douceur et de la miséricorde. Dans quelle joie serez-vous quand, avec Son aide, vous vous libérerez des chaînes de la rancœur qui vous attachaient au passé !

Ne soyez pas idolâtre de vous-même, de vos émotions, de vos concepts et idées sur votre vie et sur celle des autres. Gardez à l'esprit la Conscience de l'Un universel et de l'Unité bénie de votre origine commune. Ne succombez pas à la critique, au jugement, au sarcasme, à la médisance et à la calomnie, car ceci est le raccourci utilisé par ceux qui sont trop rapidement confrontés à leur ignorance face à la complexité de votre monde. L'Amour Universel qui habite l'intime de votre cœur n'est-il pas plus grand que cela ? Le Créateur Aimant est le pourvoyeur de bienfaits en abondance pour ceux qui croient, mais ne peut intervenir pour ceux qui s'obstinent à créer leur chemin de croix.

Ô toi qui lis, comprends ce dont il s'agit. Les clés d'une vie plus abondante te sont données. Ne les vends pas à vil prix par tes paroles et actes, car tu risquerais d'être rejeté. Et si tu ne crains pas les conséquences, exprime-toi ouvertement avec sagesse, discernement et avec respect de la conscience d'autrui. Sois une source de don et d'abondance pour ton prochain. Si vous avez de l'argent, alors donnez-en à ceux qui sont dans le besoin. Si vous n'en avez pas, donnez de vos biens. Si vous n'en avez pas, donnez de votre temps. Mais qui que vous soyez, quoique vous possédiez ou ce dont vous manquiez, priez inlassablement et avec ferveur pour ceux qui souffrent de la main des Hommes, mais aussi pour ceux qui font souffrir leurs frères et leurs sœurs, parce qu'ils n'ont pas la paix et souffrent eux-mêmes. Puissiez-vous vous souvenir.

Gardez conscience du merveilleux, du désir ultime de votre cœur projeté en votre conscience par votre Seigneur. N'ayez pas peur de passer au travers des apparences

matérielles humaines pour voir les félicités qui vous attendent, si vous croyez. La Présence Divine est permanente, sa Parole d'Amour pour vous est éternelle et sa subsistance et ses merveilles sont à la portée de votre conscience, si vous ne doutez point.

L'esprit de l'Homme est en équilibre sur le fil étroit de ses bénédictions et ne peut constamment y rester sans chuter. C'est pourquoi il vous appartient de vous relever et de maîtriser votre conscience, afin d'avancer dans la vie avec confiance et assurance.

Encore une fois, ne soyez pas idolâtres, n'associez pas vos émotions turbulentes à l'Amour Divin qui est en vous quand vous faites face à une situation déplaisante que vous trouvez révoltante. L'esprit doit rester centré sur l'Amour avec sagesse et intelligence, pour apporter guérison et délivrance dans le conflit. Si vous suivez vos pulsions et vos passions, alors vous raisonnez suivant les limites de votre esprit cloisonné. N'est-ce pas ce que font ceux qui mécroient ? Si votre pensée et votre sagesse ne peuvent renverser les croyances de votre monde, préétablies depuis déjà trop longtemps, alors votre spiritualité et votre réelle foi ne sont pas aussi avancées que vous le pensez.

Dans votre cœur et dans votre esprit, maintenez la conscience de la Puissance de la Nature Divine, et surtout de la Loi de Cause à Effet, car vous n'êtes victime et innocent de rien. Cherchez à être guidé pour chaque action, parole et surtout pensée et émotion dans votre vie, car Dieu guide celles et ceux qui cherchent guidance auprès de Lui. Quant à ceux qui s'imaginent pouvoir se guider eux-mêmes et sont exempts de toute faute et maladresse, alors ils ne peuvent obtenir la guidance de leur pas sur le chemin de la vie ni trouver la Source du bonheur et de la paix, car ils suivent obstinément leur propre volonté. Quand ils verront leur vie passée, c'est le regret qu'ils auront car il sera trop tard, si seulement ils savaient. Emmuré vivant dans une vie qui ne dit pas son véritable sens, l'Homme se perd et s'oublie. Cherchez donc le rappel éternel de Dieu, la Puissance du Silence qui saisit la conscience de l'Homme et le conduit dans la purification de son être sur le chemin de la connaissance de soi. Rappelez-vous sans cesse qu'à chaque instant, vous êtes la cause de vos lendemains au travers de vos pensées, de vos paroles et de vos actes. **Vous ne pouvez recevoir ce que vous n'avez pas donné. Soyez constamment attentif et luttez dans le chemin de l'Amour du Vivant, et vous connaîtrez la joie.** Discernez entre l'Amour et l'égo dans vos pensées et soyez la Lumière qui éclaire la misère et l'ignorance, ainsi sont ceux qui croient. **Dans ce rappel à ceux qui ont l'humilité comme vêtement et dont le travail intérieur crée un lien éternel avec la Puissance des cieux, Dieu pourvoira pour ceux qui vivent la foi.** Offrez donc généreusement, et ne courez point derrière les égarés, auquel cas vous vous égarerez vous-même, et il vous faudra vous repentir et lutter encore pour revenir sur votre route. Offrez votre Amour en guise de sagesse, et honorez même ceux qui vous déplaisent. Bénissez-les et continuez votre chemin au cœur de votre âme. C'est ainsi qu'à votre tour, vous obtiendrez la bénédiction de votre Seigneur, du Tout Vivant miséricordieux.

Vous ne recevez que ce que vous donnez. Votre conscience n'attire que ce qu'elle émet, que ce qu'elle donne, si seulement ceux qui ignorent savaient.

Alors prenez garde et soyez à l'écoute, car maintenant, vous savez.

Empressez-vous de pardonner et vous serez épargnés, car la colère n'aura plus d'emprise sur votre cœur. Empressez-vous de donner et Dieu vous donnera en abondance. Le manque n'intervient dans la vie que de ceux qui retiennent leurs mains quand Dieu souffle dans leur cœur l'Amour du Don de Soi. Malheureusement pour eux, combien ils sont nombreux.

Empressez-vous d'aimer sans imposer de condition et sans regretter votre amour, sans colère contre ceux qui n'ont que mépris et ingratitude. C'est ainsi que vous ouvrirez votre conscience à l'Amour Inconditionnel du Tout Rayonnant d'Amour.

Vous ne recevez que ce que vous donnez. Soyez conscient de Dieu et de vous-même, ne sombrez point dans l'association et l'idolâtrie. Exprimez l'Amour Inconditionnel, car à présent vous savez. Saurez-vous vous souvenir de ce rappel ?

C'est la Volonté Divine de manifester tous les désirs qui élèvent le cœur de l'Homme, puisque c'est Dieu qui les lui donne. Il est donc du devoir de l'Homme de garder une visualisation claire et juste de ce que lui souffle son âme. Par la parole prononcée dans la joie et par l'affirmation dans la foi, sa vision se réalisera, car Dieu se manifestera. C'est à l'Homme de travailler sa foi quotidiennement, avec discipline, pour ouvrir les réservoirs de bénédiction, afin que Dieu se déverse en abondance dans l'être et dans la vie des Hommes. Ceci est encore un rappel sans fin pour ceux qui croient.

Ton Seigneur est le Compatissant, il relève la tête des opprimés qui inclinent leur cœur et leur esprit. Il te donne sans compter, car Il est le Pourvoyeur de biens en quantité. Il est l'observateur de ton cœur serré dans la tristesse solitaire, car Il est le Miséricordieux. Il Est au-delà de toute spéculation, la Puissance Infinie qui connaît le besoin d'Amour, et ton Seigneur donne plus que vous ne pouvez l'imaginer, car Il est le Tout Rayonnant d'Amour pour qui se maîtrise et croit, si seulement vous saviez. Puissiez-vous entendre ce rappel.

L'univers entier est bâti par la Vérité. Alors, quelles que soient la perte, la tristesse ou l'injustice que vous vivez, n'en soyez point affligé. Pardonnez et bénissez ceux qui vous ont causé du tort, car ce n'est pas la Volonté de votre Seigneur. Gardez votre discipline spirituelle, faites confiance au Divin, demandez avec joie en croyant que vous recevrez, et voyez se produire la délivrance, car Dieu a parlé. Lui seul apporte la bonne solution, mais saurez-vous L'écouter ?

63.

Le Jardin de la Foi

Le 5 février 2023

Chalom Arouch : « Celui qui donne à l'homme sa raison m'a fait comprendre que c'est la première chose que l'homme doit savoir. "Créateur du monde notre Père Céleste. Fais en sorte que les paroles qui vont sortir de mon cœur pénètrent le cœur de ceux qui m'écoutent et qu'elles soient vraiment ancrées dans leur cœur et qu'ils vivent ces choses. Amen, qu'il en soit ainsi". Il faut toujours que l'homme se souvienne que quand on te met dans telle ou telle situation, rappelle-toi, commence par la foi ».

....

Ayez conscience de Dieu. Ayez la foi.
Tout dans la création glorifie la Source Vivante Créatrice. Chaque plante, chaque animal, chaque ruisseau, océan et courant marin glorifie son Nom.
Ô chers humains, votre âme a la grâce de s'incarner dans le jardin de la félicité de votre Créateur mais vous êtes si peu reconnaissants. Tout votre monde est sous le contrôle de la Loi d'Amour. Pourquoi vous plaignez-vous ? Combien manquent de foi alors que chaque jour est un signe pour ceux qui croient.
Vous arrive-t-il de vous plaindre, de gémir, de critiquer, et d'être en colère ? Où est donc votre foi ? Où est votre connaissance de Dieu ?

L'Homme souffre mais ce n'est pas sa destinée ni la Divine Volonté. Si seulement il savait.

L'Homme est debout, droit devant son monde et son Créateur. Chacun d'entre vous étend ses bras avec un livre à chaque main. Dans chacun de ses livres du destin vous écrivez votre destinée et celle du monde. Puissiez-vous comprendre.

Assurez-vous d'exprimer par vos pensées et votre bouche ce que vous désirez ou bien les intentions que le Créateur a pour vous. Quiconque critique, dénigre ou accuse son prochain manque de foi et inscrit dans son livre du destin les épreuves qu'il vivra, proportionnelles à son manque de connaissance.

Qui que vous jugiez, c'est avec votre accord que vous serez jugés. Qui que vous médisiez ou calomniiez, c'est avec votre accord que vous serez sujets de médisance et de calomnie. Il n'y a pas de place dans ce monde pour la souffrance. Alors pour quelle raison l'Homme souffre-t-il si cruellement ? Chacun de vous souffre parce qu'il fait souffrir son prochain. Chacun de vous souffre parce qu'il manque de connaissance du fonctionnement de l'existence et crée sans le savoir ses propres défis quotidiens. Tant de souffrance alors que l'Amour est la Loi. Si seulement vous saviez.

Pourquoi donc se plaindre et ainsi alimenter le feu de la destruction ? Pourquoi critiquer, être en colère, en haine, et inviter ainsi la bête pour réduire à néant ce que vous cherchez à construire ?

Si un évènement ne vous convient pas dans votre vie, alors ayez conscience de Dieu, ayez la foi car son Amour est réel, et dure toujours. C'est Sa Volonté de vous donner la paix, la joie, la santé, la sécurité, et la prospérité. Il n'y a rien, ni évènement, ni personne pour vous tourmenter. Dans votre vie il n'y a pas de souffrance sans faute, sans écart et déviance de conscience. Il n'est pas nécessaire de tomber dans la tristesse de la culpabilité. Si donc vous savez que vous vous êtes comportés égoïstement, reconnaissez votre erreur, demandez pardon et faites serment en votre esprit et en votre cœur de dépasser votre erreur et d'apprendre la leçon nécessaire. Finalement, remerciez votre Père Céleste car même dans l'erreur son Amour pour vous est sans limite.

Si vous souffrez ou qu'un évènement ne se déroule pas comme vous le souhaitez et n'avez aucune idée d'un comportement égoïste, n'haïssez pas, n'ayez point de colère et de parole blessante, car vous continuerez de souffrir. Reconnaissez qu'il y a une leçon à apprendre et prenez-en conscience car Dieu ne veut que votre bien. Quelle que soit votre souffrance, ayez conscience que vous l'avez invité à vous à un moment donné de votre passé et que si une personne vous cause des souffrances ponctuelles ou répétées alors celle-ci est innocente car vous êtes à l'origine de cette expérience. Avec votre conscience vous invitez les bénédictions ou le désastre. Arrêtez-vous, prenez conscience de Dieu, ayez de la gratitude et foi en son Amour et la délivrance suivra.

Si vous souffrez pour autrui alors priez pour lui avec amour et foi. Si le résultat n'est pas celui que vous avez désiré alors rendez grâce, car les ailes de vos prières accompagnent l'âme de celui qui renait auprès de sa Source de Vie.

Votre foi est votre seul pouvoir pour puiser en votre Créateur l'abondance et la joie de votre vie. Soyez en paix et réjouissez-vous, car c'est la Volonté de votre Père Céleste de vous donner ce que vous lui demandez. Alors pour toute souffrance ne hurlez pas à l'injustice et ne sombrez pas dans la tristesse, la peur et la haine, car vous inviteriez des armées étrangères contre vous.
Sachez que vous avez des leçons à apprendre sur le fonctionnement de la vie et de vous-même. Soyez heureux et

vous en sortirez grandi. Puis prenez conscience de Dieu et de Sa Puissance car l'Amour est Sa Volonté.

Toute souffrance que vous endurez ne trouve pas son origine dans un évènement particulier ou chez une personne de votre entourage. Non, toute souffrance trouve sa source dans vos pensées, vos paroles et actes quotidiens. Alors pourquoi cherchez-vous à vous défendre et à résister contre autrui ? Pourquoi ajouter de la tristesse et de la haine à vos souffrances ? Pourquoi ajoutez-vous de la souffrance à la souffrance si vous ne désirez que la paix, l'amour, et la joie ?

Détournez-vous de toute négativité, de toute personne et de tout média pour vous raconter les malheurs du monde vous entrainant dans les ténèbres sans même que vous ne le sachiez. Détournez-vous de toute négativité qui entre par vos yeux et vos oreilles et qui sort de votre bouche, et alors vous connaitrez la vie.

Acceptez que vous soyez à l'origine de tout ce qui vous arrive car si vous vous plaignez, gémissez, critiquez ou prenez plaisir à raconter à tout le monde vos malheurs dans la vie, alors c'est que vous manquez cruellement de foi.

Toute résistance augmentera votre souffrance. Faites face avec foi et alors elle s'effacera. Si d'une expérience négative vous avez réussi à en tirer du positif, à en sortir plein de sagesse et de connaissance, pourquoi dénigrer l'évènement ou la personne qui vous a fait souffrir ? Si vous aviez la foi, vous seriez en mesure de remercier avec amour celui qui vous a blessé et la lumière de votre gratitude plantée dans son cœur ferait un jour naître son esprit à l'amour qui fait évoluer et qui efface toute faute et toute souffrance.

Prenez chaque expérience comme une leçon car une souffrance indique des manques de connaissances. Cherchez et vous trouverez. Ayez conscience de Dieu. Ayez la foi et seulement ensuite priez avec ferveur, puis remerciez et soyez en joie. Alors les portails de l'Amour s'ouvriront et la paix, la guérison, la prospérité et la protection suivront. Tout l'Amour de votre Père vous sera donné. Si seulement vous aviez foi en son Amour et croyiez en Sa Puissance et Sa Bonté, vous mèneriez la vie rêvée. Si vous aviez une foi parfaite alors vous considéreriez toute souffrance avec joie, car vous sauriez que celle-ci vous sert à vous purifier de votre égo et de grandir en connaissance de soi. Vous seriez dans la gratitude envers votre Créateur car à travers votre foi la délivrance se manifestera. Aimez votre Père Céleste, aimez votre prochain, aimez votre vie, ayez la foi et alors votre monde changera.

64.

La foi dans le conflit

Le 14 février 2023

Chalom Arouch : « Un jour j'ai dit à ma femme : Veux-tu te disputer ? Elle me dit : avec toi on ne peut pas se disputer.
Il n'y a pas de partenaire vous voyez ? Elle peut dire ce qu'elle veut, j'accepte tout dans la foi et c'est la fin du différend. Pour se battre il faut être deux. Te battre ? Tu vas te quereller avec toi-même ? De plus en plus de gens divorcent, que se passe-t-il ? Il n'y a pas de foi. Que chacun se prenne en main et fasse le travail sur sa volonté pour avoir la paix dans son foyer. Quelle drôle d'idée de se disputer ?! »

....

Mon Père Céleste Tu es le roc qui soutient toute mon existence. Tu es ma Cause Première et mon chemin. Tu es ma destination et la Lumière qui guide mes pas. Je te rends grâce car tu me donnes la vie et me fais renaître à chaque instant. Tu es la Source de ma santé et de mon bien-être quotidien. Je te rends grâce car Tu me donnes tout ce dont j'ai besoin quand j'ai la foi et que mon cœur s'approche de Toi dans la joie.

Ne vous êtes-vous jamais demandés pourquoi il est si difficile d'entretenir des relations saines dans la vie ?
Pourquoi est-ce si compliqué de ne jamais avoir de conflit avec votre famille, vos amis ou dans vos relations amoureuses ?

Vos relations sont bien plus complexes qu'elles n'y paraissent et beaucoup trop d'entre vous passent complètement à côté du but à atteindre lorsqu'ils s'engagent dans une relation amoureuse ou bien en tant que parents. Cet échec s'observe très clairement lors de vos conflits qui déchirent des familles, créent des traumatismes pour les parents et les enfants qui sont les germes de futures luttes des enfants quand ils deviendront des adultes.

Lors d'une relation amoureuse vous ressentez une puissante attraction envers une personne dont vous ignorez complètement la raison de votre attraction. Seulement cela est appelé « amour » mais ne l'est pas, elle sert uniquement à créer une relation durable entre les partenaires pour faire naître peu à peu un véritable amour. Cette attraction n'est pas de l'amour car elle est basée sur une attraction physique où les qualités du partenaire sont artificiellement amplifiées et où les défauts sont passés sous silence. Enfin, cette attraction est basée sur la peur de perdre l'autre, la jalousie de voir le partenaire parler, rire ou interagir dans la joie avec une autre personne que vous.

C'est lors de l'officialisation d'une relation que les partenaires retrouvent finalement leur esprit et observent le conjoint avec crainte et doute sur l'avenir de leur relation car les qualités n'étaient pas aussi nombreuses et les défauts peut-être bien plus grands qu'ils n'y paraissaient. Or, c'est à ce moment que les partenaires vont commencer à se faire des reproches accusant l'autre d'avoir menti ou bien d'avoir changé car la romance des débuts s'est envolée pour laisser place à une réalité plus triste, morose, voire répugnante pour certaines relations.

Mais je vous le dis, l'autre est complètement innocent et vous êtes seul responsable. Personne ne subit de mensonge si ce n'est soi-même. Chacun se ment à soi-même et accuse le partenaire d'avoir changé alors que VOUS n'avez pas été conscient de qui était en face de vous depuis tout ce temps.

C'est la raison pour laquelle l'attraction se meurt rapidement. C'est durant cette période qu'il vous est nécessaire de créer, de bâtir un amour véritable basé sur des valeurs inconditionnelles de don de soi pour l'autre. Le véritable amour se crée par le don de soi, l'investissement que vous pouvez avoir pour votre partenaire et non sur la peur de le perdre.

Quelle est la raison d'une situation conflictuelle ?

Vous vous disputez afin de faire admettre à l'autre votre logique et vos idées alors que vous ne prenez pas le temps de prier pour obtenir l'inspiration nécessaire. Vous ne prenez pas en compte la logique de l'autre, vous ne prenez pas en compte la logique de communication de l'autre lui permettant de comprendre certaines idées qui ne sont pas les siennes, et vous ne prenez pas garde aux mots et au ton employés pour faire passer votre message. Comment donc pouvez-vous vous comprendre avec votre partenaire si vous ne prêtez pas attention à ne pas réveiller l'instinct de défense de son égo, et ne prêtez pas attention à ne pas vous-même utiliser des paroles émotionnelles instinctives de votre égo ?

Ce que je m'apprête à dire pourrait être jugé blessant mais je ne vous le dis que pour votre évolution car seule votre évolution spirituelle présente un véritable intérêt.

Lors de chaque dispute vous vous contentez d'argumenter avec colère et émotions hostiles concernant des sujets souvent sans aucune valeur. Mais la réalité est la suivante : à chaque dispute vous n'êtes pas à un contre un, mais vous êtes à un contre six dans le conflit et si vous ne faites pas intervenir la Conscience Divine alors vous serez toujours perdant.

Ne voyez-vous pas que vous devez avec votre esprit ou conscience (numéro 1) choisir des paroles provenant soit de votre égo (numéro 2) le plus souvent ou de votre âme divine (numéro 3) le plus rarement que vous communiquez ensuite à l'esprit/conscience (numéro 4) de votre partenaire, qui à son tour utilisera son égo (numéro 5) ou bien son âme (numéro 6) pour vous répondre ? Toute parole de votre égo ne peut engendrer qu'une réaction de l'égo d'autrui. Alors vous vous plaignez et vous vous considérez être une victime de l'autre et finalement de la vie.

Vous n'êtes pas innocent, chaque dispute en réalité est un test, une période d'examen qui doit vous faire réfléchir sur les raisons précises de vos réactions émotionnelles profondes. C'est, en d'autres termes, un moment spirituellement exalté pour observer SON propre égo afin de travailler sur soi. Mais au lieu d'agir avec le regard de votre âme sur vous-même, vous avez le regard de votre égo qui accuse autrui dans le conflit d'agir égoïstement. Ne voyez-vous pas à quel point est absurde et d'un non-sens total d'agir ainsi ? C'est la raison pour laquelle vous vivez encore et encore, et encore et encore les mêmes expériences désagréables de conflit, car vous ne prêtez pas attention au fonctionnement de l'autre et de vous-même et par-dessus tout, vous refusez consciemment ou non de vous purifier de votre égo puisque chaque conflit n'est un révélateur de votre nature profonde.

Prenez conscience de vous-même et invitez la Puissance Consolatrice de votre Père Céleste pour résoudre tout conflit et pour vous purifier de chaque particularité égoïste que vous savez posséder au fond de vous. Ne cherchez jamais à imposer votre point de vue sans connaître intimement la réalité de votre partenaire, ses forces et ses douleurs ainsi que le vocabulaire que vous utilisez, et de la source de vos émotions. Soyez intelligent et ne laissez pas l'hystérie et les reproches moralisateurs prendre possession de votre esprit car non seulement le conflit s'envenimera mais votre égo sera le seul et unique gagnant.

Vous êtes sur Terre pour prendre conscience, pour gagner en connaissance et toute leçon que vous refusez d'apprendre entrainera une répétition sans fin des conflits. Il va de soi d'ailleurs que tout conflit où vous laissez votre égo s'exprimer n'est pas uniquement une joute verbale à laquelle vous participez pour apprendre une leçon. Un conflit c'est aussi une semence en conscience dans lequel vous récolterez les fruits de votre égo tôt ou tard vous enseignant là encore une leçon spirituelle si vous êtes assez humble et avez une foi suffisante pour le comprendre.

Autant vous dire qu'il est très aisé de sombrer dans les abîmes de souffrances mentales, physiques et émotionnelles si vous agissez sans vous poser les bonnes questions, sans prêter attention à votre état d'être et sans inviter quotidiennement votre Père Céleste dans la paix et le calme de vos prières et méditations. Puissiez-vous évoluer.

Chaque négligence est une barrière que vous serez forcé de surmonter à l'avenir et si une barrière vous fait utiliser votre égo alors encore une autre barrière dans votre futur. Ainsi se perpétue les conflits et les douleurs dans la vie humaine. Ceci continuera tant que vous ne prenez pas conscience de votre propre nature sur laquelle travailler pour vous purifier de votre égo. La purification de votre être, la prise de conscience de la Nature Divine et le travail de votre foi sont vos seules raisons d'être. Puissiez-vous comprendre.

Si l'autre n'est que la révélation de vous-même, pourquoi se disputer ?
Quand vous serez conscient et aurez appris à travailler sur vous-même vous serez alors passé maître dans l'art délicat de la communication.
Ne voyez-vous donc pas à présent que tout est issu de vos choix de vie ?

Pourquoi vous querellez-vous avec autrui si vous êtes seul responsable ?

Au contraire, tout vous montre un pas nouveau vers votre évolution intérieure. Une personne réellement spirituelle serait en joie et heureuse de tout conflit car elle est sincère et sait être à l'origine du problème. Elle sait qu'elle a une occasion d'évolution et sait qu'elle a l'opportunité d'exprimer l'Amour du Divin pour résoudre le conflit pour réinstaurer la paix. Voilà encore une autre manière de démontrer sa foi car la personne sait que Dieu est avec elle et que tout est pour son bien.

Pourquoi donc se disputer ?

Puissiez-vous entendre ce message avec amour et humilité.

65.

L'Éveil

L'Homme n'a-t-il pas reconnu qu'il est issu d'un moment de jouissance entre un homme et une femme ? Pourquoi vivez-vous de souffrances et de craintes alors que l'Homme tire son existence de la joie ?

L'Homme n'a-t-il pas vu ses pairs être rappelés à la Lumière auprès de son Seigneur puis enfoui sous terre ? Quel sens tirez-vous de vos luttes quotidiennes pour la survie alors que l'Amour est le commencement et la destination ?

Les ignorants n'y voient que fatalité et corps fragiles qui retournent à la poussière, et malgré cela ils agissent comme s'ils étaient étrangers à leur sort prochain. Combien sont aveugles ceux dont la vue leur est donnée que par leurs yeux. Votre Seigneur vous a octroyé vos sens pour jouir du monde mais vous y voyez des menaces, alors vous ne vivrez que de douleurs.

N'avez-vous pas vu ceux qui vous ont précédés dans le prestige et l'extravagance de leurs cités décadentes ? Ils se sont répandus autour du monde mais par leur conscience ils ont invité la destruction, et la destruction les a rattrapés. Prenez garde à ce que vous créez.

Pour vivre, l'Homme sème puis fauche le blé, le bat pour en retirer les grains, le moud en farine et en fait du pain. Ne voyez-vous pas la grâce de votre Seigneur enfoui dans le sol qui assure l'existence même du grain puis de Sa Puissance Il assure la germination quand il fait souffler le vent pour y apporter la pluie ? Là est le véritable travail, le miracle perpétuel que l'Homme aveugle ignore. L'Homme est ingrat et ne fait preuve d'aucune reconnaissance. Alors célébrez la gloire de votre Seigneur car son Amour dure toujours et sa Miséricorde de génération en génération.

Quant à ce moment précis de l'année où l'étoile brillante se rend visible alors la crue du fleuve envahit les terres et apporte le limon qui fertilise vos sols. Il donne des herbages à vos bêtes et vous permet de vous nourrir de fruits et de légumes en abondance alors que sans cette harmonie il n'y aurait rien d'autre que du sable. Les graines des plantes, les éléments de la terre et votre climat sont reliés aux étoiles du cosmos et aux mouvements des astres. Alors n'avez-vous pas vu ? N'avez-vous pas entendu ? Quels sont les signes de votre Seigneur que vous êtes en mesure de nier ? L'Homme se croit en dehors de tout, menacé de pénurie et supérieur à tout être alors qu'en réalité à ses origines, ses racines plongent dans l'humidité de la terre pour rejoindre les nuages au contact de la Lumière des Cieux car Tout est Un. Tout est un signe de ton Seigneur si tu crois.

Dieu donne la vue à l'Homme, alors puisse-t-il écouter son cœur et son esprit au contact de son Seigneur où il verra ce que les yeux ne voient pas. Pourquoi donc nier les bienfaits et les promesses de Dieu quand l'harmonie joyeuse et la bonté sont apparents aux sens des intelligents ? Ceci n'est qu'une confirmation pour ceux qui croient. Quant à ceux dont les yeux sont fermés et que leur sont rappelé les Lois et les merveilles de ton Seigneur, ils réagissent par un haussement d'épaule, détournent le dos aux signes de sagesse et maudissent la

Lumière. C'est ainsi que ceux qui mécroient retournent aux mirages de l'aridité de leur désert.

Nous vous éveillons, nous vous enseignons, alors puissiez-vous écouter, et prenez garde à ce que vous croyez. Toute douleur et souffrance ne vient que de vous. Toute bénédiction et tout bonheur ne vient que de votre Seigneur. Assurez-vous d'aimer et d'entendre Ses Lois. **Les bénédictions sont pour ceux qui se rappellent l'Amour de leur Seigneur, et lui demandent dans la joie. Ils ont la vision de ce qui est, et dans la gratitude de la foi, ce qui n'est pas sera. Alors Dieu donnera, car celui qui croit vivra ce qu'il voit.**

Ne voyez-vous pas à présent que ceux qui nient l'Amour et la Vérité vivront tôt ou tard l'horreur et la souffrance de leur croyance ? Ceux-là sont ceux qui se moquent et vivent de faux-semblants, de tromperies, de stratagèmes et d'apparences, et qui manient l'art de la médisance. Quelle ruse aurez-vous face à Celui qui dévoile au monde ce qui est caché alors que c'est Lui qui vous a fait naître et qui vous a rappelé ? Quel signe pouvez-vous encore nier ? Puissiez-vous entendre ce rappel à la vérité. Car le jour où ceux qui répandent le désordre et le chaos récolteront les fruits de leurs destructions là où étaient l'harmonie et la beauté, alors ils maudiront le jour de leur naissance et rendront grâce de l'enfant avorté.

La Vérité est offerte à ceux qui la recherchent. La Miséricorde et l'Amour sont donnés à ceux qui demandent et qui ouvrent leur cœur et leur esprit car Dieu donne à ceux qui tendent la main. Puissiez-vous comprendre, et prendre refuge auprès de votre Seigneur. Lui seul connaît votre vie, Lui seul connaît votre raison d'être. Comment donc pouvez-vous prétendre savoir ce qui est bon pour vous si vous n'écoutez que votre volonté dont vous ignorez totalement l'origine ? **Cherchez la guidance,**

ayez conscience de l'Amour Divin, alors demandez, croyez en la réception, remerciez constamment et vous recevrez.

Le plus grand des négateurs devient le plus grand sage s'il se repend du mieux qu'il peut, accepte les récoltes avec foi et accueille les leçons dans la joie. Ton Seigneur est plus proche de toi que tes douleurs. C'est par le cœur que tu peux le voir et non par tes peurs. Tu es la manifestation de Son Esprit. Sa Pensée est le commencement et précède la pensée même de commencement. Il n'est nulle part car Il est présent en tout et contient tout ce qui est concevable. Il est la Connaissance Suprême et tout est issu de sa Connaissance mais peu l'ont connu. Sa Puissance s'adapte avec Amour et Douceur à ses créatures mais l'Homme reste intransigeant. Il crée des temps pour l'évolution qu'Il inspire en Son mouvement mais Lui-même est immobile et Éternel dans le temps.

Puissiez-vous vous détourner de la noirceur de vos pensées et paroles de destruction pour vous tourner vers Sa Lumière de réconfort et de bénédictions. Lui seul est la Source d'une vie plus belle et abondante pour vous ouvrir les portails de Ses merveilles. Ceci n'est pour votre âme qu'un rappel à l'éveil.

66.

Promesses et Éducation

Le 17 mars 2023

Ô mon Dieu, Tu es la Source de mon existence et je te rends grâce pour chaque moment d'évolution que tu m'accordes si joyeusement. Toi Seul es la Mère qui me donne naissance et le Père qui assure ma subsistance. Gloire à Toi Source de Vie qui m'amène à l'existence et qui me rappellera à la Vie. Je te rends grâce, ô mon Dieu, car Tu es la Lumière de mes jours et la voute étoilée qui éclaire mes nuits. Je te prie de fermer les liens de la langue de mon égo et d'ouvrir ma bouche aux paroles de mon âme car toi seul est la source de la paix et de la résolution bienveillante des conflits. Toi seul élève mon cœur dans la paix du jardin de la joie et le parfum de Ta douceur transporte mon âme dans les hauteurs de la foi. Je te rends grâce car Toi et moi nous sommes Un et L'Amour est Ta Loi.

Je viens à vous par ce présent message afin de vous faire part d'éléments importants pour votre vie, qui n'ont pas encore été abordés dans les précédents messages. Je veux vous parler dans un premier temps de l'éducation qui est actuellement un problème pour un très grand nombre de parents dans vos pays. Hommes et femmes élèvent leurs enfants et se plaignent du débordement du comportement de ceux-ci lors des années de jeunesses, d'adolescence et parfois plus tard durant l'âge adulte. Les parents se plaignent que leurs enfants sont infernaux mais oublient bien vite un point crucial de la reproduction des êtres vivants sur Terre. **Tout enfant dont la naissance n'a été poussée que par l'envie du désir charnel ne peut qu'engendrer la naissance en ce monde que d'une âme du même niveau de fréquence vibratoire que celles expérimentées par les partenaires lors de la conception de l'enfant. Tout est conscience ou vibration de fréquence de conscience, intention.** Ceci est une des caractéristiques de votre existence terrestre à tous les niveaux de votre vie. Vous ne récoltez donc que ce que vous semez, au sens figuré ou au sens propre du terme. Malheureusement pour beaucoup d'âmes qui s'incarnent sur votre planète, beaucoup trop de parents ne sont pas des parents mais uniquement des géniteurs et génitrices qui ne réussiront jamais à incarner dans leurs pensées, émotions, paroles, et actes, les véritables qualités qui font toute la beauté et la noblesse d'un réel parent. Comment pouvez-vous obtenir la moindre forme de respect et de reconnaissance quand durant l'enfance vous vous contentez de dire rudement « non », ou une quelconque forme de remontrance à un enfant alors que celui-ci possède les réactions instinctives issues directement de son âme ou de son égo en développement. Vous pensez que cela suffit et qu'ils oublieront car les enfants ne comprennent pas le monde des adultes. Mais je vous le dis, leur esprit est issu de multiples incarnations, et le moment venu de leur développement ils comprendront. Comment pouvez-vous refreiner vos enfants alors qu'ils sont la génération qui doit lutter dans un monde aux valeurs issues d'un passé prônant la richesse individuelle, la réussite par tous les moyens, le mépris des différences humaines et des pauvres, aux difficultés traditionnelles et religieuses entre individus et nations, et au cruel manque de compréhension entre les hommes et les femmes ?

Vous voulez que les enfants grandissent vite mais avec des valeurs qui ne sont pas les leurs et qui de toute manière

sont devenues archaïques et obsolètes dans un monde en quête de sens et au besoin de vérités spirituelles pour le sauver d'un chaos planétaire que vous et vos ancêtres ont contribué à réaliser et que vous léguer à vos enfants. Comment voulez-vous une once d'amour et de respect véritable quand l'égoïsme est roi et que l'égo tient votre planète entre ses griffes ? **Je vous le dis, vous n'êtes pas les parents de vos enfants et ils ne vous appartiennent pas. Ils sont les enfants de la Conscience Divine, de la Puissance Créatrice qui œuvre à travers leur esprit juvénile pour leur faire prendre conscience de l'Amour et du merveilleux avant que leurs géniteurs, les éducateurs et la télévision ne viennent pervertir leur esprit pour le restant de leur vie.** Car sinon à leur tour, eux-mêmes transmettront ces valeurs perverties à leur descendance. **Vous n'êtes pas des parents, mais uniquement des canaux par lesquels la Conscience Divine œuvre, pour peu que vous appreniez à cesser de gémir pour lui laisser la place de s'exprimer pour vous et pour ceux que vous avez appelés au monde.**

Alors qu'est-ce qu'un véritable parent ?
* Un véritable parent est celui ou celle qui prend pour modèle les qualités d'Amour Inconditionnel et de l'Intelligence Universelle de la Conscience Divine.
* Un véritable parent est celui ou celle qui exprime ces qualités à travers ses pensées, ses émotions, ses paroles et ses actes envers ses enfants.
* Un véritable parent sait refreiner son égo car il connaît les Lois de l'existence et veille sagement à éveiller l'âme de sa progéniture et non son égo.
* Un véritable parent sait que lui aussi doit continuer d'apprendre et par conséquent n'enferme pas ses enfants dans les geôles bâties des réponses humaines, mais laisse la porte ouverte au questionnement qui libère les ailes de l'esprit par les

enseignements spirituels qui imprimera, peut-être imperceptiblement pour un temps, la conscience de l'enfant.

* Un véritable parent se sait constamment observer, sous le regard de Dieu au travers du regard de l'enfant, et prend donc garde à ses paroles et à ses actes.

Pensez soigneusement à cette dernière déclaration. Comment un enfant grandira-t-il s'il observe ses parents agir et parler d'une manière que les parents eux-mêmes lui défendent de faire ? **Vous ne pouvez pas récolter chez autrui ce que vous ne semez pas en lui.** Là encore, vous ne récoltez que ce que vous semez. Alors priez pour faire taire votre égo quand ce dernier perd patience, et redoublez d'effort pour laisser votre âme s'exprimer pour apporter l'harmonie là où précédemment était le désordre et le chaos. Puissiez-vous comprendre que l'Amour et la bienveillance sont les règles d'une éducation réussie qui se situe bien au-delà de toute considération matérielle de confort et de réussite sociale. **Votre monde est en évolution, alors libérez votre esprit de vos anciennes valeurs et ayez l'humilité d'accepter que vous aussi êtes en évolution.** Vous libérerez ainsi l'esprit de vos jeunes par votre honnêteté et ils deviendront ainsi des modèles d'intégrité pour les futures générations. Tous ensembles vous serez alors prêt à mener une transformation planétaire à tous les niveaux de votre société pour le bien-être de tous. Vous vivrez avec le respect mutuel et la création d'une harmonie puissante où les anciens parleront avec une véritable sagesse divine (et non une réaction émotionnelle à la dureté des expériences) et où les jeunes les soutiendront et les écouteront.

Je vais à présent m'attarder sur une notion qui est utilisée à tort et à travers dans votre monde et qui est à l'origine de terribles douleurs émotionnelles et physiques. Je vous parle ici des promesses, des paroles que vous avez avec votre prochain qui, bien trop souvent et très maladroitement, sont complètement bafouées. Vous offrez votre parole à votre prochain, autrement dit l'assurance d'un soutient présent et avenir en sa conscience que vous rompez avec mépris, indifférence, vulgarité et voilé par de lâches excuses. Ne voyez-vous pas ici un acte gravissime ? Non, ce ne sont que des paroles vous dites-vous sans doute. Si vous assistez dans la rue à une agression où une personne âgée ou handicapée se fait rouer de coup et jeter à terre par une personne qui cherche à lui voler ses maigres sous dans son porte-monnaie. Comment réagirez-vous ? Cela vous révolterait si vous avez un tant soit peu de compassion et de savoir vivre car vous voyez un acte terrible se perpétuer sous vos yeux. Mais qu'en est-il de la conscience d'autrui quand vous faites une promesse que vous ne tenez pas ? Et bien je vous le dis, il n'y a aucune différence car vous brisez votre prochain. D'autant plus que vos paroles non tenues sont aussi une forme d'action non réalisée et vous faites chuter lourdement autrui à un niveau mental et émotionnel, parfois pour de longues années. **Par vos mensonges vous créez une faille, un gouffre abyssal dans lequel un jour où l'autre vous tomberez lourdement sous forme de rejet violent d'autrui, d'échec permanent, ou de maladie.** Alors je vous le dis, tenez vos promesses et assurez la matérialisation de vos paroles quand vous vous engagez et alors vous avancerez dans votre vie sur un terrain solide qui ne se dérobera pas sous vos pas comme pour ceux qui se dérobent par les paroles de leur Moi.

Puissiez-vous faire preuve d'Intelligence pour comprendre le triptyque de ce présent message. Seul Dieu donne l'Amour et l'Intelligence, alors puissiez-vous les rechercher. Si seulement vous saviez.

67.

Feu d'égo et d'Amour

Je viens à vous par ce présent message pour vous faire part d'une notion cruciale pour votre présent et surtout pour votre avenir afin de pouvoir traverser les évènements de votre existence de la manière la plus paisible et sereine possible.

Il vous a été dit à mainte reprise de faire attention à vos pensées, vos émotions, vos paroles et vos actes. Mais malheureusement très peu d'entre vous comprennent réellement la loi de Cause à Effet en raison du temps plus ou moins long entre la semence en conscience et la récolte en actes. La dimension de l'espace et du temps est parfaitement expérimentable dans votre monde et vous donne l'illusion que toute expression en conscience n'est sous forme que de pensées et émotions cachées que personne ne peut connaître, de paroles qui s'envolent et des actes pas si graves qu'ils n'y paraissent car vous avez de toute façon de bonnes raisons d'agir comme vous le faites.

Mais laissez-moi vous dire une chose, absolument toute cause même anodine sans exceptions, engendre un effet semblable. Il n'y a pas d'effet sans cause ni de cause sans effet. En conséquence, quoi que vous fassiez à votre prochain, assurez-vous que vous aimeriez recevoir la même chose. Il vous faut à tout prix et urgemment vous mettre à la place de l'autre quand vous penser à lui, quand vous lui parler, et agissez envers lui car tout ce que vous faites, il vous sera fait ensuite. Vous pouvez réagir avec un haussement d'épaule en prétendant déjà savoir cela. Je vous le dis, oui vous le savez, mais vous continuez toujours d'agir sans avoir pris conscience de cette loi qui influence de façon directe et radicale votre propre destin et celui du monde. Vous pouvez argumenter que vous êtes une personne innocente qui ne cherche pas à causer du tort aux autres à partir du moment où ils vous laissent tranquille.

Vous pouvez vous trouvez toutes les excuses du monde si cela vous plaît car humainement il vous semblerait que vous ayez raison, soyez en légitime défense ou dans votre bon droit moral ou bien encore en droit de réagir ainsi suivant les lois de votre pays. Comprenez ceci : il n'existe aucune excuse dans le domaine de la spiritualité, la loi de Cause à Effet ne connait pas les excuses personnelles car vous ne récoltez que ce que vous semez. Il n'y a pas de juge pour trancher une décision et dire que votre façon d'agir est légitime contre quelqu'un d'autre. Donc même si vous êtes « en droit » de faire ou de ne pas faire une certaine chose, sachez s'il vous plaît que toute cause engendre ses conséquences. Raison pour laquelle vous devez pardonner rapidement et complètement autrui pour vous protéger de vos propres ressentiments destructeurs.

- Alors prenez garde à vos pensées, et assurez-vous que vous aimeriez que l'on pense de vous ce que vous pensez des autres.
- Prenez garde à vos émotions et à vos paroles, et assurez-vous que vous aimeriez que l'on ressente et que l'on dise de vous ce que vous ressentez et dites des autres.
- Prenez garde à vos actions, et assurez-vous que vous aimeriez recevoir des autres ce que vous leur faites.

Adressez-vous à votre prochain dans l'humilité avec un sourire et un regard compatissant car vous ne savez pas ce qui se déroule dans sa vie, dans son cœur et dans son existence malgré les apparences extérieures car ses douleurs sont peut-être déjà suffisamment présentes pour que vous ne veniez y ajouter du poids à son chemin de croix.

Je vous le dis, et prenez-en bonne note : <u>Toute pensée, émotion, parole, et acte de votre égo que vous exprimez pour autrui est un véritable brasier, un tourbillon de tourmentes pour votre avenir. À chaque fois que vous agissez d'une quelconque manière égoïste, aussi succincte ou grave soit-elle, vous créez un pacte de feu signé de vos mains et cacheté par un tampon de votre sang.</u>

Il n'y a point de place pour la moquerie, la tromperie, la ruse, le mensonge, la haine, la critique, la médisance, le sarcasme, la calomnie, la violence, la dureté de cœur, le jugement et l'intolérance. C'est la raison pour laquelle le pardon est absolument nécessaire. Le pardon pour ne pas devenir comme la personne qui vous a blessée, et devenir ainsi une victime de vous-même à l'avenir. Agissez avec douceur et tranquillité et prenez comme exemple les qualités d'être de la Conscience Divine, et jamais vous ne vous tromperez.

- Quiconque vous demande de l'aide, offrez-lui plus qu'il n'en faut pour le soulager car Dieu est protection et satisfaction des besoins.

- Quiconque ne voit pas dans sa vie, alors guidez-le pas à pas vers un sentier plus sûr dans son chemin de vie car Dieu est votre guidance.

- Quiconque a mis un genou à terre, alors relevez-le car Dieu est votre force.

- Quiconque est rejeté par les autres et le reste du monde, alors soyez son soutien car l'Amour de Dieu est Un.

- Et si vous savez que vous pouvez aider celles et ceux qui n'osent pas vous demander, alors proposez-leur votre aide,

soyez conscient d'eux et ne restez pas dans l'ignorance de leur détresse.

Qui que vous ayez blessé, consciemment ou inconsciemment, volontairement ou involontairement, alors demandez le pardon d'autrui. Faites preuve d'humilité car le remord est un feu qui consumera votre égo pour vous purifier de ses influences néfastes. Vous pourrez donc vous approchez de votre Père Céleste en prière avec un cœur pur pour renouveler votre existence et vous vous libérerez des chaînes de votre passé.

- Tant que l'Homme n'écoutera pas son cœur alors il vivra de tristesse et de douleur et entrainera le monde dans sa tombe de misère et de malheur.

- Tant que l'Homme n'écoutera pas les paroles que Dieu adresse à son cœur alors il souffrira et il fera souffrir les personnes qu'il aime autour de lui.

La peur, le doute, le passé, l'éducation, la religion et les traditions sont les armes plus terribles que la mort que l'égo utilise et qui vous sépare de l'Amour de Dieu.

L'Homme est coupable du pire crime qui soit. Il est coupable d'assassinat volontaire de sa propre vie, de sa conscience et le jugement du coupable contre lui-même sera des plus terrible contre sa propre existence.

Alors libérez-vous des apparences extérieures du monde que vous appelez votre « réalité ». Réveillez-vous, levez-vous et ayez le courage et la foi de lutter contre toute parole extérieure et illusion personnelle de tristesse, de barrage, de souffrance que vous percevez. Ayez conscience de Dieu et de son Amour pour vous. Ayez conscience que les plus beaux désirs de votre cœur vous sont donnés par le Père en vous. Ces réalisations merveilleuses sont vôtres et attendent uniquement que vous les reconnaissiez, les visualisiez, croyiez en leur

réalisation, et demandiez à la Conscience Divine de vous les manifester. Alors si vous avez la foi ils se réaliseront car Dieu aura parlé.

68.

Évolution de Conscience

Le 8 août 2023

Qui d'entre vous a donné de ses biens et de son temps à celles et ceux qui le souhaitaient ou qui étaient dans le besoin mais qui, en échange n'ont témoigné que d'égoïsme et de manque de considération ?

Je viens à vous aujourd'hui pour vous faire part d'une notion essentielle pour les personnes qui souhaitent avancer sereinement et avec assurance sur le chemin de l'Amour Inconditionnel.

Je viens à vous pour vous parler d'évolution. Beaucoup d'entre vous qui ressentent et comprennent que l'Amour est la Loi sont encore trop souvent embourbé dans leur vie quotidienne avec l'égoïsme de leurs proches, leur famille, leurs amis ou bien encore leurs collègues de travail. Il est temps pour vous chers humains pleinement dévoués à la spiritualité ou non de comprendre que l'évolution est la première caractéristique de la Conscience Divine, de la Vie elle-même et donc en conséquence de votre propre vie.

Bien que les apparences semblent vous donner raison si vous affirmez que tout a toujours été ainsi dans le monde ou dans votre existence, je vous le dis, absolument tout évolue. Tout possède son propre rythme dans l'univers que ce soit celui des étoiles et des galaxies ou bien d'une plante, d'une fourmi et de l'Homme lui-même d'un point de vue collectif ou individuel.

Et pourtant combien d'entre vous agissez comme si rien n'était en perpétuel changement car vous refusez d'y croire. Non pas parce que vous ne voyez pas d'évolution et de changement dans votre monde et dans votre vie, mais bien plutôt parce que vous refusez d'évoluer dans votre conscience. Vous acceptez plus ou moins facilement les changements matériels de votre vie qu'ils soient voulus, forcés ou involontaires. Vous pouvez en effet évoluer dans vos conditions de travail, dans vos possessions, vos relations, votre santé etc. Mais quand comprendrez-vous que vous évoluez et devez évoluer dans votre conscience ?

Vous vivez et continuez de vivre des expériences désagréables dans votre quotidien uniquement car vous refusez d'évoluer, c'est-à-dire de faire des efforts de réflexion, d'introspection afin de corriger vos croyances et comportements pour vous emmener vers un mode de vie plus paisible, sain, joyeux et agréable de courtoisie, de considération mutuelle, de paix et de joie dans votre esprit, votre cœur et votre vie.

Tant que vous refuserez d'admettre que votre priorité dans la vie n'est pas votre femme ou votre mari, vos enfants et vos bien ou encore votre travail, mais au contraire votre lien avec la Conscience Divine en vous, autour de vous et au-dessus de vous, alors vous serez sujet au contraintes matérielles d'autrui.

Mais quel est donc le lien entre faire de la Conscience Divine votre priorité dans la vie et la notion d'Évolution de votre conscience ?

Votre lien à la Conscience Divine est votre lien d'Amour immanent et transcendant qui vous dirige, qui connait votre passé, votre présent et votre avenir. Elle vous pousse à chaque instant vers une expression de vous-même toujours plus exaltante dans votre vie dans le but de vous unir à Elle d'une Union puissante et extatique bien plus belle et plus glorieuse que vous ne puissiez l'imaginer. Or cette évolution constante se fait bien souvent à votre détriment car vous refusez de prendre conscience de vous-même pour évoluer à l'unisson avec la Conscience Divine en vous. Il en résulte alors des conflits internes qui s'extériorisent dans votre vie et qui ne sont que le reflet de vos incohérences intérieures.

- **Vous savez que l'Amour est la Loi, mais pourtant vous continuez de porter votre attention sur ce qui n'est pas issu de l'Amour.**
- **Vous savez que l'Amour est la Loi, mais pourtant vous continuez d'approuver autrui quand ce qu'il dit n'est pas issu de l'Amour.**
- **Vous savez que l'Amour est la Loi, mais pourtant vous continuez d'agir par des actions issues de vos pensées et émotions issues de votre éducation et expériences de vies qui ne sont pas issues de l'Amour.**
- **Vous savez que l'Amour est la Loi, et pourtant vous raisonnez et avez des paroles et réactions qui ne sont pas différentes des hommes et femmes fiers de leur mécréance, de leur arrogance et de leur mépris des Lois Universelles car ces pensées, paroles et croyances ne sont pas issues de l'Amour.**

Je vous le dis et prenez bonne note de ces paroles car elles détermineront le cours de votre existence future. Plus vous êtes évolués en spiritualité, en d'autres termes plus votre lien avec la Conscience Divine est puissant, plus la récolte de vos semences en conscience est rapide et puissante dans votre vie, dans le bon comme dans le mauvais, dans le positif ou le négatif. Il vous est permis de vous égarer pour un temps seulement car le temps de l'égarement pousse l'Homme à trouver les ressources nécessaires de confiance, de foi et de connaissances pour retrouver son créateur. Mais une fois le chemin retrouvé alors toute erreur et égarement entrainera de nouvelles conséquences douloureuses pour celles et ceux qui prennent le risque d'emprunter un chemin de traverse alors qui souhaitent une vie de vérité. Ils sont sur le chemin de la Vie et celui-ci est très étroit et très clair sur les intentions à porter envers soi-même et son prochain.

Alors je vous le demande, pourquoi souffrez-vous malgré toutes les bonnes intentions envers votre prochain ? Pourquoi souffrez-vous si vous ne leur témoigner que de l'Amour ?

Aussi dure puisse-t-elle paraître, ma réponse est vraie car l'exigence de vérité est dans l'Amour qui pousse à l'Évolution et non dans la crainte qui maintient la conscience dans la stagnation. Vous souffrez de tout « l'amour » que vous donnez uniquement parce que vous manquez d'Amour pour ce que la Conscience Divine vous donne, en d'autres termes parce que vous ne vous aimez pas suffisamment vous-même. Vous acquiescez à autrui non pas pour des buts d'Amour mais pour convenir aux exigences de son égo et vous détruisez ainsi tout ce que la Conscience Divine peut vous donner. Comprenez bien cela, il n'y a pas de sentiment dans l'Amour, l'Amour pur n'est pas un sentiment de pitié et d'acceptation passif quand l'égo d'autrui vous prend par les sentiments faibles et d'ignorance que vous possédez. L'Amour véritable est un état d'Être, une force, une puissance qui vous dépasse et transcende toute forme de religion, de culture, de tradition et bien surtout toute forme d'ignorance de la conscience humaine face à l'égo d'autrui.

Tant que vous agirez par un sentiment de pitié ou de compassion sans Intelligence Divine pour autrui et vous-même alors cela ne sera pas de l'Amour et les armées menées par l'égo écraseront tout ceux dont le cœur est ignorant et prisonnier de la bienséance, du politiquement correct et des traditions humaines. Vous pensez agir par Amour Divin mais vous serez piétinés par les bottes de l'égo d'autrui car vous refusez l'Intelligence du véritable Amour, de la remise en question et les efforts nécessaires pour votre Évolution.

<u>L'Amour est inconditionnel, il n'y a donc aucune condition pour donner de l'Amour, mais sachez aussi que l'Amour ne cède face à l'égo sous aucune condition.</u>

Si vous refusez l'Évolution qui est le plan Divin pour vous, par votre résistance et votre persistance à vouloir rester embourbé dans vos marécages d'ignorance, alors ce seront vos conditions de vie et vos biens qui en seront impactés, et c'est votre santé qui sera touchée par les douleurs et les infirmités.
Ne faites donc pas preuve de négligence par paresse mentale sur votre nature profonde et votre conscience, autrement cela vous rattrapera car vous ne pouvez échapper aux fruits de votre ignorance où la seule action nécessaire est la remise en question de vos croyances et actions pour accepter votre inévitable Évolution.

Mais quoi que vous viviez et subissiez, prenez conscience que tout évolue et que l'Amour-Intelligence de Dieu est votre seul et unique but, votre seul et unique soutient permanent sur cette planète. Tout dysfonctionnement mental, émotionnel et physique que vous vivez quotidiennement peut être transformé et rendu à un état de parfaite intégrité si vos croyances sur vous-même et sur Dieu n'entravent pas la Puissance de son Œuvre d'Amour pour vous et que vous gravez dans votre esprit et votre cœur Sa Nature Divine, les Lois de l'Existence et que vous alignez vos croyances, pensées, paroles et actes sur celles-ci.

69.

Confiance en soi et réussite

Le 3 janvier 2025

Ô maitre de toute vie, Tu es l'étoile de mon existence qui me guide dans la voie droite de ta gloire divine. Tu es le maitre du pardon pour les cœurs repentants qui s'ouvrent au pardon et à la miséricorde pour leurs frères. Point d'autre dieu ni de divinité en dehors de Toi, point de peur ni de danger pour ceux qui, en amour et en vérité croient en Toi. Tu es l'Un, l'Unique, l'Unicité parfaite. En toi tout réside et Tu résides en tout. Rien n'est à appeler en dehors de Celui qui appelle la conscience de l'Homme à l'existence et dont la Parole ininterrompue le pousse à la croissance et le maintien en vie.

Tous te cherchent, font entendre leur voix et étendent leurs bras mais seuls ceux qui demeurent dans la paix entendent ta Parole silencieuse, murmure au cœur de soi.

Ô Puissance Créatrice, maitre de l'univers, gardien de la Lumière de la Connaissance, Tu es l'auteur de tous les prodiges et des merveilles.

Devant Toi les cœurs frémissent, l'épée se brise et l'esprit rayonne d'une vie nouvelle et retrouvée.

Tu es le maitre de ma vie, le souffle vivant de mon esprit, purifie-moi et accorde-moi la grâce de la force de la foi et de la réalisation de tes miracles, la manifestation de l'Amour. Ô mon Dieu, mon Père, tu entends ma voix et ma prière car Tu es ma vie et par ton Amour mes besoins sont comblés, la Parole de mes désirs accomplis.

Ô vous dont la vie est ponctuée de hauts et de bas, il vous est souvent dit de garder confiance en vous, où la confiance en soi est vécue comme la clé de la réussite d'une vie de richesse et d'intensité à expérimenter. Or, que savez-vous réellement de votre « soi » ? Comment savez-vous définir quoi que ce soit de vous-même quand vous ne savez pas qui vous êtes en réalité ? Vous n'avez aucune connaissance intime de votre âme ni de votre esprit, et encore moins de ce qui est en votre cœur. Comment l'être humain peut-il croire qu'il se connait alors qu'il n'a aucune connaissance du fonctionnement complexe de son corps et qu'il ne voit même pas ce qu'il y a dans son dos ?

Qu'est-ce que « soi » ? Le véritable « soi » est votre âme, la flamme divine, la Conscience Créatrice, Dieu, la Puissance de l'Amour parfait. Or vous êtes très peu à Le connaitre et à en avoir conscience.
Ce que vous appelez votre « soi » n'est rien d'autre que votre capacité physique et mentale à pouvoir avancer dans vos ambitions, vos expériences matérielles de la vie, autrement dit, votre égo qui puise de différentes manières sa puissance de vie directement de votre âme. Cette création issue de l'égo est nécessaire pour votre propre évolution mais reste très limitée dans la réelle expression de soi. Vous la voyez quand cette création engendre richesse et célébrité et vous pensez que celles et ceux qui atteignent ces niveaux élevés ont réussi. Or bien souvent cette création de l'égo qui crée de la richesse matérielle se fait de manière violente, vicieuse, perverse ou par la force et un jour ou l'autre ce qui a été semé se récolte. Les masques tombent, la personne chute du haut de ses richesses matérielles dans les abymes de détresse, de pauvreté, de haine personnelle ou collective, et de maladie.

Voilà ce qu'engendre une formidable confiance en vous

La véritable confiance en soi est la connaissance parfaite de Dieu qui vit en soi, qui assure votre subsistance de toute sorte, votre protection au quotidien et qui attend dans la paix que l'on fasse appel à Lui pour se manifester pour soi et pour ceux dans le besoin. L'Homme conscient de son unité avec son Créateur possède véritablement la confiance en soi.

Ce que certains voient comme étant de la réussite, nous l'appelons échec. Vous n'êtes pas sur Terre pour avoir une profession particulière, gagner de l'argent ou d'avoir du pouvoir sur les autres. Toutes ces choses masquent le but réel de votre incarnation et ne sont que des moyens d'expression de soi pour votre âme qui cherche sa réunion à la Conscience Divine et à l'exprimer. C'est ainsi que beaucoup de riches et d'hommes et de femmes de pouvoir échouent lamentablement et où des pauvres et inconnus qui ne laisseront rien derrière eux seront élevés dans la Lumière divine pour s'être donné corps et âme pour leur prochain.

<u>N'oubliez pas et ô grand jamais les principes suivants</u> :

1. Votre Père Céleste, la Conscience Divine en vous, autour de vous et dans l'infini des cieux est la Puissance Créatrice d'Amour dont la volonté est d'assurer votre croissance, nutrition, protection, satisfaction de tous vos besoins, votre guérison pour votre survie à un rythme et suivant un ordre et une harmonie parfaite.

2. Vous puisez la vie et l'être directement de votre Père Créateur et ainsi vous êtes créateurs en pensées, émotions, paroles et actes. Tout ce dont vous avez besoin et désirez est en vous, est déjà à vous. En ayant la Foi, le sentiment

du désir accompli, ce que vous croyez être vrai, vous ouvrez tout votre être en élevant les fréquences vibratoires de votre conscience, et alors ce que vous désirez se manifeste dans votre vie par une visualisation naturelle et non forcée issue de l'imagination de l'égo. Quand vous avez foi et amour en votre désir et que vous savez et croyez sans aucun doute que c'est la volonté de Dieu de répondre à votre demande, vous unissez votre intention créatrice à la Puissance Créatrice de Dieu et alors votre création sera parfaite. Rendez grâce, exprimez votre gratitude, ayez conscience du désir accompli et vous ferez naître des bénédictions.

3. Finalement votre but ultime est la purification de votre égo, d'avoir la connaissance parfaite du Divin pour exprimer sa puissance créatrice à chaque instant de votre vie pour votre prochain. Voilà la véritable confiance en soi, celui qui a confiance en Dieu et qui exprime Son Amour.

Voilà la véritable réussite. Plus jamais vous ne connaitrez la mort et votre vie sera éternelle car vous apporterez les graines et paroles de l'éternité dans la vie de vos frères. Le véritable Amour de l'Infini.

70.

Amour et égo-créateur

Le 1er janvier 2026

Qui suis-je devant toi ? Juste le petit « moi ».

L'Homme n'est que poussière et cendre et il T'a oublié en oubliant qui il est alors que c'est par la lumière de ton souffle que la flamme de son âme le maintien en vie.

Tu es Lumière et elle est Amour source des bénédictions. Rien n'est séparé de Toi. Qui est celui qui ne reçoit pas alors dans ton infinie bonté jamais tu ne rejettes la prière du pauvre et la ferveur du mendiant qui T'implore.

Or Tu nous couronnes par la connaissance de tes Lois de l'Existence et tu nous élèves par les applications de tes Principes de Vie. Heureux est l'Homme qui ne se détourne ni à droite ni à gauche de tes Lois et qui marche dans la droite lignée du chemin de la conscience de soi. Bien heureux est l'Homme qui brise les verrous de la malhonnêteté et du mensonge, qui brise les chaînes de la tromperie et de l'orgueil.

Sur la balance de la vérité tous pèsent leurs croyances et traditions, évaluent leurs désirs, examinent leurs actions et considèrent leurs peurs. Mais rien ne tient et ne fait le poids face à une seule étincelle de la Lumière de la Vérité car tout n'est que brouillard et vanité. Toi seul es la source de l'éternité qui précède le commencement et suit la fin. Toi seul es la Lumière Créatrice, alors qui est l'Homme véritable si ce n'est celui qui vit en Toi par ton Amour et dans l'amour de tes Lois. Ce n'est qu'ainsi qu'il vivra et demeurera en joie.

Prenez garde de vous-mêmes, le mensonge n'est qu'une caverne de voleur de vérité où le menteur se réfugie quand il est trop faible pour assumer sa conscience et se tenir droit avec assurance devant le monde de sa création.

Vos mensonges, vols, tromperies et manipulations qui vous accordent ce que vous voulez attendent tapis dans l'ombre comme des prédateurs aux yeux qui ne se ferment jamais. Ils attendent le meilleur moment, à savoir celui de votre faiblesse et de votre manque d'attention pour fondre sur vous. Vous mentez et trompez mais ce dont vous usez témoignera contre vous. Ainsi est la Loi de la Conscience qui rend à chacun selon ses voies récoltant les fruits de ses œuvres.

Vous êtes esclaves de votre mode de vie et des œuvres de vos mains puis quand la vérité vous rattrape pour vous éclairer sur vous-mêmes et votre propre conscience vous osez implorer pour obtenir la délivrance pour vous replonger dans vos chaînes mentales-émotionnelles égoïstes de votre vie et dans votre confort matérialiste.

Quelle abomination que la recherche de la richesse, des apparences trompeuses mais somptueuses que vous avez jour après jour. La course à la richesse, au pouvoir et aux honneurs vous fait tomber dans l'adoration et l'idolâtrie d'un mensonge issu de vos mains. L'Homme a rompu sa conscience et incline son esprit devant la matière, il a prostitué son cœur et vendu son âme pour les confier aux exigences despotiques de son égoïsme.

Le plus grand trouble est que vous en êtes arrivé à croire dans votre vie que la Puissance de Dieu n'est pas suffisante !

Vous récoltez ce que vous semez. Chacun de vos actes de conscience, pensées, émotions, paroles et actes sont pour vous des décrets au tampon d'argile et vous pouvez les briser et ainsi inverser la tendance. Mais il est parfois des décrets que vous créez pour vous-mêmes cachetés par des tampons de sang. Alors prenez garde de ce que vous remettez à d'autres et à ce que vous invoquez à la matérialisation dans votre vie. Fort heureusement pour vous, Dieu est Lumière et la Lumière est Amour qui répond toujours quand on l'appelle et lui demande de l'aide pour peu que vous croyiez et soyez prêt à changer.

Et je vous le dis, vous n'obtiendrez rien de ce que vous souhaitez ou de ce que vous voulez car la volonté n'entre pas dans le processus de manifestation mais dans celui de la discipline de poursuite des efforts dans la direction désirée et de celui du changement d'état de conscience.
Vous n'obtenez rien de ce que vous voulez mais vous obtenez ce que vous êtes, l'énergie que vous émettez. Vous obtenez ce qui est en résonance avec votre énergie de conscience et qui entrera dans votre vie au bon moment.
Vous obtenez et vivez donc ce que vous croyez être, ce que vous croyez mériter, que ce soit ce que vous voulez ou ne voulez pas.

Faites que votre volonté soit celle de votre Père Céleste et alors il fera votre volonté comme étant la Sienne. Ainsi l'Homme et son Créateur seront Un.

71.

Du retour

Le 1er juin 2021

Puissance Créatrice, la Conscience Rayonnant l'Intelligence.
C'est à Toi que je cherche à m'unir.
Cause des causes, Intention Première, remplis mon être de Ta sublime Présence.
Tu es ma Vie, Volonté ultime d'abondance,
Tu réponds avec joie à tous mes besoins.
D'une Parole Silencieuse je T'appelle pour me purifier de moi-même, car c'est Toi seul que mon cœur désire.
Je Te rends grâce — Conscience Divine — l'Un.

Conclusion

Tous ces messages que j'ai partagés avec vous m'ont permis de comprendre que tous nous pouvons faire des expériences formidables de la Vie. Elles nous seront d'une aide bien plus importante que l'on ne peut l'imaginer lors des moments de doutes, de souffrance ou de difficulté.

Chacun peut s'élever de là où il est, à la hauteur qu'il souhaite et qui l'inspire le plus. Notre seule limite est celle que nous nous créons, or rien n'est impossible. Le travail sur soi est le plus long et compliqué qui soit, mais que la récompense est grande lorsque nous atteignons une nouvelle connaissance, une nouvelle vision de notre être ! C'est la raison pour laquelle beaucoup de gens ne la recherchent pas, car il faut oser se regarder intérieurement, dans chaque recoin sale et poussiéreux. Nous pouvons tous être qui nous désirons, faire et avoir ce que nous voulons, même si le reste du monde s'oppose à nous, car le Divin, source de nos désirs les plus puissants, est la puissance sur laquelle se reposer pour manifester nos désirs.

Prendre la décision de mettre ces messages par écrit afin de les diffuser me trottait dans la tête depuis longtemps. Ce genre de connaissances ne m'est pas destiné exclusivement. D'autres personnes peuvent en avoir l'utilité car cela concerne notre propre réalité d'être, notre bien-être et la raison même de notre existence terrestre, pour peu qu'on soit convaincu que notre existence a une raison d'être.

Rédiger tous ces messages m'a donné la conviction que nous avons tous une raison spirituelle, celle de notre évolution sur notre chemin de la joie. Quelque soit ce chemin, nous allons tous vers quelque chose de plus glorieux et de plus lumineux. Nous avons entamé le chemin du retour au Divin en nous, notre dimension d'existence, notre véritable maison, notre chez nous.

Même si beaucoup de personnes souffrent, nous avons tous la volonté de continuer à vivre notre existence présente. Étrangement, même si cela est dur, compliqué ou bien négatif pour nous, nous avons tous cette flamme intérieure qui nous pousse à aller de l'avant. Car personne ne souhaite mourir, et peu osent même y penser.

Pourtant, en y réfléchissant à l'aide de ce qui nous est transmis à travers ces messages, de notre réflexion personnelle ainsi que de nos propres expériences, nous pouvons constater que notre vie est reliée à la mort. Sans vie, pas de mort et sans mort, pas de vie. Et si la vie terrestre peut être glorieuse, alors combien la mort, qui n'est pas limitée par le temps et l'espace, peut être plus glorieuse encore que notre propre vie !

D'après mon expérience personnelle de ces dernières années, j'ai pu comprendre que la mort n'existait pas telle que nous la pensions. Seule existe la Vie sous diverses formes, et elle peut être expérimentée sous différentes dimensions d'existence. Notre vie sur Terre n'est qu'une dimension parmi tant d'autres, qui ne sont pas matérielles. Et pour les expérimenter, il nous est nécessaire de quitter notre corps une fois le travail fini. C'est, je pense, voir Dieu en toute chose.

Voir, ressentir la Vie sous toutes ses formes, dans un brin d'herbe, dans l'écorce et le bois d'un arbre, dans la lumière traversant le feuillage, dans le mouvement d'une feuille qui tombe, dans une mélodie ou le regard d'un être humain ou d'un animal ; c'est, je pense, comprendre que Tout est Vie. Et que rien d'autre que la Vie n'existe. C'est ainsi que l'on transcende l'idée de mort. Ce qui nous permet ensuite de vivre une vie épanouie en étant en confiance, car nous sommes cette Vie qui nous anime continuellement et nous soutient à chaque respiration.

Finalement, nous sommes tous pris dans une voie « planifiée » qui est celle du mouvement, du dessein de Dieu vers quelque chose de plus grand qui nous est donné, et dont nous ignorons l'existence, tant cela est le reflet le plus glorieux de l'Intention Divine. Et si nous arrivons à nous aligner sur cette vibration qui fait exister le monde et qui le porte, alors nous pouvons être sûrs que toutes les portes s'ouvriront pour nous.

Nous sommes le seul rempart à notre félicité ultime et glorieuse. Nous devons utiliser notre esprit pour nous construire et ne pas le laisser dans les mains de notre égo, auquel cas nous serions esclaves de nous-même.

Si seulement nous étions capables ne serait-ce que d'y croire un peu, et que nous avions juste à travailler sur nous pour nous rapprocher de l'Amour inconditionnel dans nos pensées, paroles et actes, nous serions dans un paradis terrestre.
Tout nous est donné, tout vous est donné pour votre joie et votre bonheur. Alors arrêtons-nous pour écouter le silence de notre âme divine nous murmurer ses questions et ses enseignements, et grandir en tant qu'être spirituel incarné sur Terre, et pas uniquement dans les illusions de nos entreprises terrestres.
Tout est Amour et Intelligence absolus, et tout en est issu et soutenu en continu par cette Source Divine. Tout est Amour et rien d'autre n'existe, même si c'est difficile d'en prendre conscience. Mais quand on le vit, même un seul instant, on ne peut plus jamais en douter. C'est ce que j'ai compris, c'est tout ce que j'ai compris…

Il me semble utile d'ajouter ici quelques mots avant que vous ne refermiez ce livre. Comme vous avez pu le remarquer, il y a beaucoup de notions, de principes qui se répètent et qui se meuvent dans des phrases différentes, dans le but que vous les compreniez au mieux. En revanche, il est nécessaire de s'adapter à la logique de ces principes qui se veulent universels, car non tributaires d'un contexte historique, d'une époque ou d'une zone géographique. Il est donc nécessaire d'y revenir de temps en temps et de pouvoir aller au-delà de la simple compréhension intellectuelle, afin d'en prendre conscience. Ce n'est que par la prise de conscience que l'on pourra incarner ces principes dans notre vie matérielle, qu'on pourra les faire passer de la théorie à la pratique.

Si vous êtes arrivé jusqu'ici dans votre lecture, c'est que vous avez peut-être apprécié ces messages et leurs principes. Mais je dois quand même poser un avertissement concernant leur contenu. Je ne m'étais pas vraiment rendu compte de ce que suivre leur enseignement impliquait. Car bien que l'Amour, non l'amour humain mais l'Amour Universel, y soit constamment abordé, celui-ci exige une rigueur, une discipline et une vigilance de chaque instant. Vous pensez peut-être que c'est un peu exagéré de ma part, cependant je peux vous garantir que cette vigilance envers soi-même est, à mon sens, notre plus grand travail, car la voie de l'Amour est d'une pureté et d'une droiture sans faille. Malheureusement, il est très simple de perdre la foi, de détourner notre attention de l'Amour, pour nous laisser dévier inconsciemment vers les apparences, l'illusion extérieure que l'on considère comme vraie. Cela conduit en conséquence à devoir lutter, combattre avec force, courage et détermination notre tendance terrible et persistante à critiquer, à juger autrui, médire, maudire, calomnier, user du sarcasme, de la moquerie, à être triste, à devenir violent, arrogant,
suffisant, insolent, jaloux et plein de haine, et toutes les horreurs que l'on expérimente.

Nous vivons tous en effet des moments de hauts et de bas, des fluctuations de notre niveau de conscience que nous ressentons sous forme de bien-être ou de mal-être plus ou moins intense. C'est ici qu'il convient de lutter contre toute notre négativité et de se rappeler sans cesse la nature douce, aimante, lumineuse et puissante de la Vie qui soutient notre existence. Cela nous permettra de ne pas tomber dans le puits de notre négativité et de ne pas creuser notre propre tombe en déversant notre venin du mécontentement. Car si tout est conscience et que nous récoltons ce que nous semons, alors veillons à ne semer que de la joie, de l'amour, de l'entraide et du bien-être pour soi-même et autrui. Qu'importe les jugements d'autrui, nous sommes fils et filles de cet Un, de cette divinité universelle. Aucun pouvoir extérieur n'est en mesure de limiter son action si nous lui accordons toute notre confiance et que nous remettons notre vie entre ses mains. Alors tentons, avec toute notre force et notre courage, de garder l'Amour dans notre cœur et notre esprit, pour nous-même et autrui, pour atteindre la félicité qui nous est donnée par la Vie.

Je vous ai transmis ces messages, et j'espère que vous en ferez bon usage pour votre vie quotidienne. Puissiez-vous surmonter l'adversité et en ressortir fort et grandi. Soyez courageux, et vous en sortirez victorieux. Que l'Amour soit votre puissance au quotidien, et que la Lumière vous guide sur votre chemin, car vous et votre monde êtes bénis.

Le mot de la fin

Je vous remercie d'avoir pris le temps de lire ce petit livre. Dans un souci d'authenticité de l'action entreprise, à savoir exprimer de l'Amour-Intelligent dans ces lignes, j'ai jugé bon de vendre ce livre au prix minimum obligatoire requis par Amazon KDP, afin de toucher un maximum de lecteurs. Je ne toucherai donc aucune redevance, mais au moins, cela vous aura permis de l'acheter le moins cher possible.

Demande de contact

Voici mon adresse e-mail afin de me contacter si vous avez des interrogations et souhaitez entrer en contact avec moi :

71messages@gmail.com